世界一わかりやすい！

株価チャート実践帳

88の練習問題と詳しい解説つき

5つのキーワードを習得するだけでOK！

渋谷高雄

あさ出版

◎はじめに

　思い起こせば、2005年に訪れたバブル相場。
　新規公開株であるIPO株が毎日のようにストップ高をつけ、新興市場の銘柄が短期間で公募価格の10倍以上になることもありました。東証1部の大型株でさえ、最安値から10倍以上になるものが続出したほどの大相場でした。
　なかには、自己資金を200億円近くまで増やした方もいるようです。
　そんなバブル相場において、私の株式トレードによる利益は年間約1700万円でした。
　「意外と少ないんだ……」
　そう思われる方もいらっしゃるでしょう。
　しかしながら、そのときの私は約4年にわたる試行錯誤の末に株式トレードの"本当の設計図"を理解できたようで、サラリーマンとしての仕事のかたわら、毎月平均100万円前後の利益は上げていたのです。
　そんな単なるサラリーマントレーダーにすぎなかった私ですが、人とのつながりをたぐり寄せた末、2005年夏に『株チャートパターン投資術』（ダイヤモンド社刊）という書籍を発行する運びとなったのです。
　その本は予想外の好評を得て、1年後の2006年夏、なんと2冊目の書籍『株のステップアップ講座』（ダイヤモンド社刊）も発行することができました。そして、その年の前半、私の株式投資による利益は、毎月平均500万円前後にまで拡大していたのです。
　　かつての年収が、いまの月収？
　信じられないようなうれしい気持ちの反面、この成績が、
　「本当の実力なのか？」
　「それとも単なる偶然なのか？」
　いまだ半信半疑の自分がいたことも事実です。
　そして、株式トレードに本気で取り組むために、会社を休職することにしました。不安な気持ちはありましたが、自分を背水の陣に追い込むことによって、より真剣に株式トレードに向き合おうと思ったのです。

そして、その翌年の2007年。

株式相場は決してよかったわけではなく、むしろ世界同時株安やサブプライムローン問題などで、ニューヨーク市場や日経平均が暴落する場面が何度もありました。

しかし私の株式トレードによる利益はなんと**2年前の10倍**、つまり**毎月平均1000万円以上**にまで拡大したのです。

そして2008年3月、ありがたいことにあさ出版からのご提案で、3冊目となるこちらの書籍を発行することになったのです。

いまや、私が株デビューをしてから得た利益の総計は2億円を超えました。

そんな私自身、株式トレードで利益を出すための一連のプロセスは、大学や資格試験における合格までの過程に似ていると思っています。

基礎知識やトレードに対する心構えを覚えたら、あとは実践あるのみ

真剣にこの作業を繰り返してきた結果、いまの私があります。

「トレードの期間を数日から数週間、せいぜい半年以内という視点でとらえると、最後に株価を決定づけるのは"買いたいという力"と"売りたいという力"の需給関係である」と私は考えています。それは完全とはいわないまでも、大部分が株価チャートに反映されるのです。

そこで本書は、私のような株式トレードの経験者が、日ごろ株価チャートをどのように見ているのかを問題集として実践できるようなつくりにしました。

基礎的な知識（5つのキーワード）を習得し、繰り返し問題を解く

本書は、その実践帳になります。

それでは、さっそく始めていくことにしましょう。

目　次

はじめに …………2

プロローグ
株で儲けるには コツがある！

この1冊で株価チャートの分析力が 驚くほど身につくのはなぜか？

株価チャートの分析に必要なスキルとは …………12
大きな損失を出してしまった！ …………15
株での失敗体験が貴重なワケ …………16
トレードを再開するが、またしても…… …………17
株式トレードに必要な2つのスキルとは …………17
株式トレードには向き、不向きがある …………20
損切りラインを決めておこう …………22
なぜ「デイトレ」より「スイングトレード」なのか …………23
マーケットに自分を合わせる …………26
銘柄研究でリスクを回避する …………27
日経平均のチャートも大いに利用しよう …………28
「森を見て木を見る」ことを心がける！ …………29
株式トレードを成功させるための流れ …………30

PART 1 ❺つのキーワードを習得しよう

株価チャートに必須の「❺つのキーワード」はこれだ！

キーワード❶ 「トレンドライン」で株価の傾向がわかる！ …………34
キーワード❷ 「出来高」で買いのタイミングをはかる …………38
キーワード❸ 「支持線・抵抗線」で株価上昇を予測する …………41
キーワード❹ 「ローソク足」からトレンドの転換をつかもう …………45
キーワード❺ 「移動平均線」から売り、買いのサインをつかむ …………50

キーワードを活用して儲かるパターンを習得しよう

❶ 安値圏で出来高が急増するパターン …………54
❷ もみ合いのブレイクアウトのパターン …………55
❸ 急騰後、高値もみ合いのブレイクアウトのパターン …………57
❹ W底のネックライン突破のパターン …………58
❺ 上昇トレンドの押し目買いのパターン …………60
❻ そのほかのチャートパターン …………61

株式市場には必ずサイクルがある。ワナに落ちないように気をつけよう

上昇トレンドのときにも注意を …………62
損切りをためらってはいけない …………63
日経平均株価に沿った有効な戦略とは …………63

PART 2
2004年～2007年の日経平均を読みこなそう

日経平均についてしっかりと理解しよう

　日経平均から、株式市場の状況がわかる …………66

　Q1～Q4 …………68～69

　A1～A3 …………70～71

　線を横に引くことを覚えよう …………71

　A4 …………72

　Q5～Q8 …………74～75

　A5～A7 …………76～77

　「絶望のなかで生まれ、懐疑のなかで育ち、歓喜のなかで終わる」………77

　A8 …………78

　Q9～Q12 …………80～81

　A9～A11 …………82～83

　A12 …………84

　Q13～Q16 …………86～87

　A13～A15 …………88～89

　下落する株価を冷静に見る …………89

　A16 …………90

ナスダックの見方と、「利益目標ライン」「損切りライン」の決め方をマスターしよう

　トレンドラインのブレイクをチェック！ …………92

　Q17 …………93

　ナスダックとは？ …………93

　A17 …………94

　Q18～Q19 …………95

A18～A19 ………… 96
Q20～Q21 ………… 97
A20～A21 ………… 98

PART3 チャートパターン別練習問題で実践力をつけよう！

チャートパターン「ブレイクアウト」に関する練習問題

Q22～Q23 ………… 101
A22～A23 ………… 102
Q24～Q25 ………… 103
A24～A25 ………… 104
Q26～Q27 ………… 105
A26～A27 ………… 106
Q28～Q29 ………… 107
A28～A29 ………… 108
Q30～Q31 ………… 109
A30～A31 ………… 110
Q32～Q33 ………… 111
A32～A33 ………… 112
Q34～Q35 ………… 113
A34～A35 ………… 114
Q36～Q37 ………… 115
A36～A37 ………… 116
Q38～Q39 ………… 117
A38～A39 ………… 118
Q40～Q41 ………… 119

A40〜A41 ………120
Q42 ………121
A42 ………121

チャートパターン「ブレイクダウン」に関する練習問題

Q43〜Q44 ………123
A43〜A44 ………124
Q45〜Q46 ………125
A45〜A46 ………126
Q47〜Q48 ………127
A47〜A48 ………128
初心者からの質問コーナー ………129

チャートパターン「支持線・抵抗線」に関する練習問題

Q49〜Q50 ………131
A49〜A50 ………132
Q51〜Q52 ………133
A51〜A52 ………134
初心者からの質問コーナー ………135

チャートパターン「出来高」に関する練習問題

Q53〜Q54 ………137
A53〜A54 ………138
Q55 ………139
A55 ………139

チャートパターン「ローソク足」に関する練習問題

Q56〜Q57 ………141
A56〜A57 ………142

Q58〜Q59 ………143
A58〜A59 ………144
Q60〜Q61 ………145
A60〜A61 ………146
Q62〜Q63 ………147
A62〜A63 ………148
Q64 ………149
A64 ………149

チャートパターン「ゴールデンクロス」に関する練習問題

Q65〜Q66 ………151
A65〜A66 ………152
Q67 ………153
A67 ………153

チャートパターン「デッドクロス」に関する練習問題

Q68〜Q69 ………155
A68〜A69 ………156
Q70〜Q71 ………157
A70〜A71 ………158
Q72〜Q73 ………159
A72〜A73 ………160
三尊天井のさまざまなパターン ………161

チャートパターン「W底」に関する練習問題

Q74〜Q75 ………163
A74〜A75 ………164
Q76〜Q77 ………165
A76〜A77 ………166

Q78〜Q79 ………… 167
A78〜A79 ………… 168
Q80〜Q81 ………… 169
A80〜A81 ………… 170
初心者からの質問コーナー ………… 171

チャートパターン「日経平均」に関する練習問題

Q82〜Q83 ………… 173
A82〜A83 ………… 174
Q84 ………… 175
A84 ………… 175

チャートパターン「好条件と悪条件」に関する練習問題

Q85〜Q86 ………… 177
A85〜A86 ………… 178
Q87〜Q88 ………… 179
A87〜A88 ………… 180
事故に巻き込まれたら損切りする ………… 181

「例外」のチャートパターン

世界同時株安後に株価が上がった ………… 183
汚いチャートには手を出さないほうがいい ………… 184
株の世界では「確信は禁物」 ………… 185
もみ合いゾーンの入れ替わりには注意を ………… 186
日経平均が強くても「下がるものは、下がる」 ………… 187

平成19年に株で1億2000万円以上稼いだ確定申告書の控えを掲載

………… 188

おわりに ………… 190

プロローグ
株で儲けるには コツがある！

この1冊で株価チャートの分析力が驚くほど身につくのはなぜか？

株価チャートの分析に必要なスキルとは

「日経平均が好調なときでないと、株では儲けられない」
と思っている方はいませんか？
　実際は、そんなことはありません。
　日経平均がどんな状況であっても、株価チャート（図1）を読み解く「テクニカル分析」の手法を理解すれば、短期間でも株で利益を得ることは可能なのです。
　テクニカル分析とは、過去の株価や出来高などのマーケットデータをもとに、将来の株価動向などを予測して、売買タイミングを考える分析手法です。
　もちろん、企業の業績や経営内容などを分析（ファンダメンタル分析）して株を買うことも重要です。しかし、「その銘柄の最適な売買のタイミングはいつか」というところまでは判断がつきません。その点、テクニカル分析は、そのタイミングをはかるうえで非常に有効に働く手法なのです。
　私は、株式トレードは個人で投資信託を運用するようなものだと考えています。ファンドに任せるか、自分で行うかだけの違いなのです。
　自分でトレードを行うからには、数字として結果を出すことが大切です。これは、営業マンと同じです。営業マンの場合、しっかりとした営業スキルを身につけずにただ顧客を訪問していても、営業成績に結びつきません。
　株式トレードも、スキルを学ばずに漠然と「株価が下がったから買う」「上がったから売る」を繰り返していては、利益を伸ばすことはできないのです。
　この『株価チャート実践帳』では、「これだけ知っていれば、大丈夫！」というテクニカル分析の5つのキーワードを解説し、それをもとにして、「どんな場面でも株価の動向を推測できるスキル」を身につけられるようになっています。

プロローグ　株で儲けるにはコツがある！

図1　株価チャートの構成はとてもシンプル！

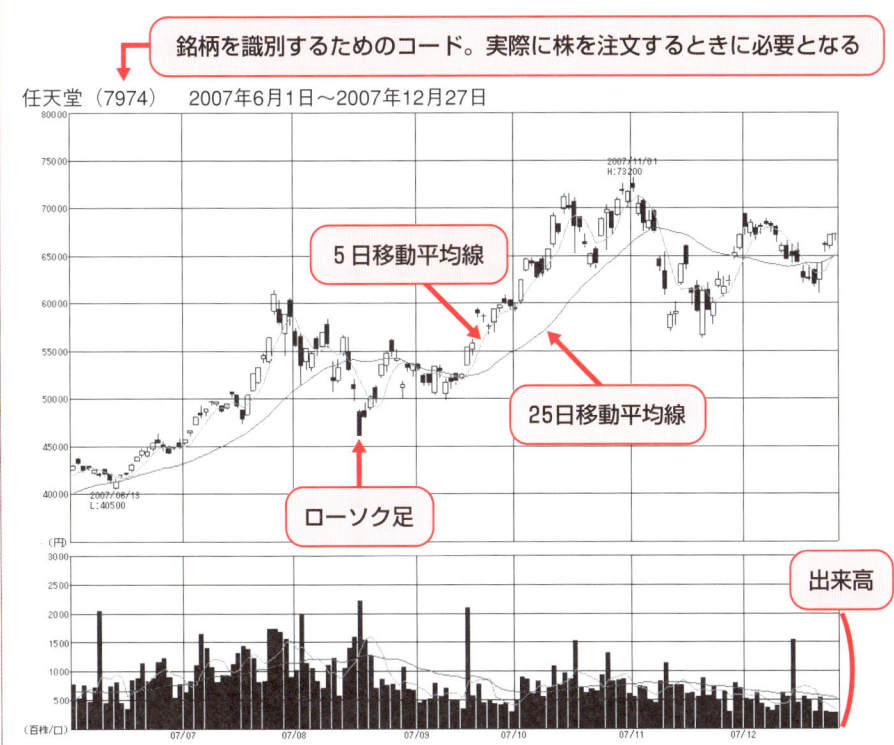

銘柄を識別するためのコード。実際に株を注文するときに必要となる

任天堂（7974）　2007年6月1日〜2007年12月27日

5日移動平均線

25日移動平均線

ローソク足

出来高

※株価チャート：楽天証券の「Market Speed」より

株価チャートでこれだけは押さえておこう！

❶ ローソク足、移動平均線、出来高の3つの要素で成り立っている
❷ 上場している会社の株価はすべて見ることができる
❸ 株価チャートはポータルサイト「YAHOO!」の「YAHOO! ファイナンス」で見ることができるほか、「楽天証券」や「マネックス証券」などの各証券会社のサイトや「投資レーダー社」が発行している雑誌『週刊チャートブック』でもチェックできる

基本は意外とカンタンなんだね　これならできるかも

さらに「想定外の動きをいくつかイメージできるスキル」を養うこともできます。これは非常に重要です。どんなに分析力を高めても、100％予測することは不可能だからです。

自分が描いた予測のシナリオがはずれてしまったとき、想定外の動きを考える力をつけていないと対処ができません。そんな場合も柔軟に対応できるように、事前にメインシナリオ以外にいくつかのサブシナリオを描いておくことが必要なのです。

私がこのような考えを持つようになるまでには、長い間の試行錯誤がありました。その間には、一度に500万円もの損失を出したこともあったのです。

しかし、この大失敗から学んだことが、現在の私のトレードに対する考えや姿勢をかたちづくっています。

そして、いまの私は、月1000万円以上のペースで安定して稼げるようになりました。これも、過去の失敗から得たものを基盤にして、株価動向を予測する力を磨いていった結果といえるでしょう。

図2　株価予測のシナリオは複数考えよう

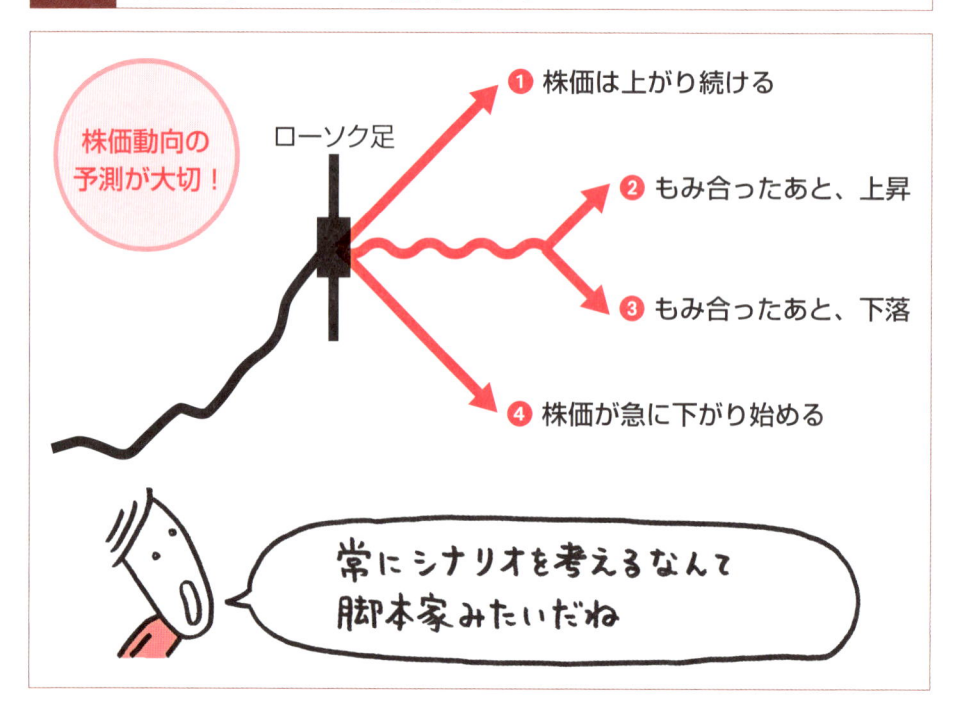

株価動向の予測が大切！

ローソク足

❶ 株価は上がり続ける
❷ もみ合ったあと、上昇
❸ もみ合ったあと、下落
❹ 株価が急に下がり始める

常にシナリオを考えるなんて脚本家みたいだね

大きな損失を出してしまった！

　私が株式トレードを始めたのは、ちょうどネットバブルが起こり始めたころです。私は当時、不動産会社に勤めるサラリーマンだったのですが、友人のすすめもあって、ソニー株を買いました。そしてわずか数日間で、5万円もの利益が出たのです。

　このときのサラリーマンとしての私の年収は約500万円。それが、トレードによってわずかな期間で5万円も儲かったのですから、株に大きく心が傾いたのです。

　それからというもの、私は株に関する本をかたっぱしから読んで勉強を始めました。そして1999年、当時の貯金300万円全額を株に投入したのです。その年の10月には、ネット取引も開始しました。

　このときの私の売買手法は、

❶「Yahoo! ファイナンス」などに出ている値上がりランキングを見る
❷ 株価が上昇している銘柄を買う
❸ 少し利益が出ると、売却して何万円か儲ける
❹ 株価が下がってしまったら、売らずにそのまま放置する
❺ 株価が値下がりから回復して、少しでも利益が出たら売却する

　というものです。

　インターネットなどの情報通信関連の株ならば、とにかく上昇するときだったので、一時的に株価は下がっても、待っていればほとんど戻ってきたのです。

　ネットバブルの影響で、300万円の投入資金は、ネット取引を始めてから半年後の2000年4月には、なんと600万円に倍増しました。

　ところが、このときをピークにネットバブルは崩壊してしまったのです。

　このとき持っていた株は、NTT、KDDI、CSKなどの優良会社の株だったのですが、株価は戻らず、下落する一方でした。

　そして、買った株のほとんどが塩漬けになってしまったため、300万円あった利益はゼロになり、手持ち金は元の300万円に戻ってしまいました（「塩漬け株」とは買い値より大幅に価格が下がり、含み損がある状態のまま持ち続けている株のこと）。

　株の初心者にはありがちなパターンなのですが、最初に買った株が上昇トレンドに乗って儲かっただけなのに、それを自分の実力だと勘違いしていたのです。

そのため、株価が下降トレンドに変化しても売ることができずに持ち続け、結果的に大損してしまったのです。

ネットバブルでの失敗によって、私は「株式トレードにはスキルが必要だ」としみじみ感じました。

何となく取り組んでいても、安定した利益を得ることはできません。スキルやノウハウがあって、はじめて儲けることができるのです。

それからは、株価チャートや売買法などについて詳しく書かれている本を読み、勉強に励みました。そして、株式トレードの技法や戦略を意識しながら、地道にトレードを行っていきました。

その結果、約1年後の2001年3月には、資産を600万円まで戻すことができたのです。

株での失敗体験が貴重なワケ

自分の株式トレードのスキルにある程度の自信を持った私は、会社をやめて専業トレーダーになる道を選びました。「会社勤めをしながらではなく、株の取引時間のすべてを使って売買をしたほうが、利益をもっと伸ばすことができる」と考えたのです。

実際に専業トレーダーになってからは、順調に資産を増やしていくことができました。株式トレードの専門学校にも通うなど、スキルを高めることにも時間を費やしました。

ところが、再び株で大失敗をしてしまったのです。

あるとき、非常に自信のある予測のもとで売買を行ったのですが、それが裏目に出て、含み損が500万円にまで達してしまいました。途中で損切りをすればよかったのですが、なまじっか自信がついていた分、損切りに踏み切れなかったのです（「損切り」とは損失を抱えた状態の株式を売却すること）。

それから、やっと損切りをしましたが、そのときの身を削られるような思いは、いまでも忘れることができません。

ですが、「損切りを早めに行わないと、このような結果になる」ということは、その後に活かしていこうと決意しました。

トレードを再開するが、またしても……

　それからまた、気持ち新たに株式トレードを再開し、順調に利益を伸ばしていきました。しかし、しばらくすると、また500万円近い損失を出してしまったのです。
　順調に利益を積み重ねては、一度の大失敗でその利益を吐き出す。その繰り返しは、非常につらい体験でした。まさにどん底に突き落とされたり、はい上がったりという感じです。
　それでも専業トレーダーをやめなかったのは、株に感じた可能性を信じ、夢を抱き続けていたからです。そして、「大失敗からは、必ず何かひとつでもいいから学ぼう」と決意しました。
　それから私は、大失敗したトレードすべての取引明細を見ながら振り返り、その原因を考えました。つらいことでしたが、とにかく繰り返し失敗する原因を突きとめて、それを克服しなければ、また同じことを繰り返してしまうと感じていたのです。
　そして、失敗を振り返る作業をするなかで、株で「失敗するメカニズム」と「成功するメカニズム」がはっきりと見えてきました。
　それと同時に、株式トレードに必要なものは、2つのスキルだということもわかったのです。

株式トレードに必要な2つのスキルとは

　「株価動向を予測するスキルさえ鍛えれば、いくらでも利益を伸ばすことができる」と考えている人は多いと思います。
　もちろん、予測するスキルは重要です。最初にも述べたように、「どんな場面でも株価の動向を推測できるスキル」「想定外の動きをいくつかイメージできるスキル」を身につけていただくことは本書の重要な役割になっています。
　しかし、値動きを予測するスキルだけでは、トレードに失敗してしまう危険は高くなります。なぜなら、失敗は心理面にも原因があるからです。
　私に足りなかった部分も、まさに心理面のスキルでした。
　そして、私がどん底に落ちたときに、株式トレードに必要だとあらためて悟

った2つのスキルとは、「株価動向を予測するスキル」と「リスク管理と心理コントロールのスキル」です。

では、その2つを説明していきましょう。

◎株価動向を予測するスキル

これは、言うまでもなく重要なスキルです。

たとえば、自動車の運転免許を持たない人が、見よう見まねでハンドルを握れば、必ず事故を起こします。また免許を持っていても、技術が未熟な人やペーパードライバーでふだんほとんど運転しない人は、やはり事故を起こす危険が高くなるものです。運転技術が低い人は運転中に心理的な余裕がないため、状況判断がうまく行えず、さらに危険度が増すのです。

株式トレードもこれと同じです。

株価動向を予測するスキルが高まれば、心に余裕ができて、状況判断も的確に行うことができます。

ところが、スキルが未熟だと、株価動向の予測に常に不安がつきまとうので、心にゆとりを持つことができず、状況判断も鈍ってしまいます。

日経平均が上昇トレンドのときに、仮に一時的に儲かることはあるとしても、長期的に利益を上げることは期待できないでしょう。

そこで、株価動向を予測するスキルについては、本書で基礎的な知識（5つのキーワード）を理解したうえで、実際の銘柄を例とした問題を解きながら身につけていただきたいと思います。

しかし、何度も言いますが、株価動向を予測するスキルをどんなに高めても、勝率を100％にすることはできません。相場が予測どおりに動かなかったときに、どのように対処するか。損失をできるだけ少なくして、利益を伸ばすためには、この対処の仕方も非常に重要な要素になります。それに関連するのが次のスキルです。

◎リスク管理と心理コントロールのスキル

数年前、「企業のリスク管理」が注目されました。

しかし、リスク管理は企業の問題だけではありません。株式トレードにおいても、それは不可欠なのです。

そして、専業トレーダーになった私にもっとも足りなかったものが、このリスク管理と心理コントロールのスキルでした。
　株式トレードで一番やってはいけないことは、**塩漬け株をつくること**です。含み損のある株を持ち続けていることは、株式投資でもっとも危険なことです。
　ところが、多くの株式トレードの初心者が陥ってしまうことであり、長年トレードをやっている人でも、塩漬け株をつくってしまうことはあるものです。
　株価が下落しても「いずれ戻ってくるだろう」と期待して持ち続けているうちに、株価が買ったときの10分の1になり、さらに下落が止まらないという例はたくさんあるのです。
　あとのページで、テクニカル分析に必要な基礎的な知識（5つのキーワード）や株価チャートの儲かるパターンについて説明しますが、株価下落のシグナルが出たら株を売却して、損失を確定させることが不可欠です。
　多くの人は「そんなことはわかっている」「自分なら危険なシグナルが見えたら、すぐに損切りできる」と思うかもしれません。しかし、実際に株式トレードを始めると、それができない人がたくさんいるのが現実です。
　株は考えているのと、実際にやってみるのとでは大きな違いがあります。
　やる前は「塩漬け株は絶対につくらない」と思っていても、いざ損切りしなければならない状況に直面すると、なかなか実行できないものです。
　それは、なぜかというと、**心理的なメカニズム**が大きく影響しているからです。
　株の場合、上がる確率と下がる確率は五分五分と仮定できるでしょう。
　しかし、ちょっと考えてみてください。株価が上がったらどうしますか？
　少し上がるとすぐに売って利益を確定する人、なかなか売らないで利益が伸びるのを待つ人など個人差はありますが、売ることに抵抗を感じる人は少ないようです。私自身も少しでも上がるとすぐに売ってしまうタイプでしたし、こういう人は多いようです。いずれにしても、利益が出ている場合には、適当なところで売ることができるでしょう。
　では逆に、下落したときはどうでしょうか？
　実際に経験してみるとわかりますが、下落するとなかなか売却することができません。株価を見ることさえつらく、どうしても損切りしようという気にならないのです。それを避けるためにも、リスク管理と心理コントロールのスキルを身につけることは、非常に大切なことなのです。

株式トレードには向き、不向きがある

次のことを想像してみてください。

あなたがある銘柄を買ったとします。その株価が2万円上昇したら、売却して2万円の利益を確定することは比較的容易だと思います。

ところが、2万円下落してしまったらどうでしょうか？

あなたは迷わず売却できますか？

多くの人は「ここで売ったら、確実に2万円も損をしてしまうのか」と思って、なかなか売却できないと思います。「待てば、戻ってくる」と自分に言い聞かせる人も多いでしょう。

実際、損切りして損失を確定させることに大きな抵抗感を持つことは、人としてあたり前のことだと思います。

しかも、損失金額が1カ月分の給料と同じだったりすると、よけいに損失を確定しづらくなります。こうしているうちに、持っている株のほとんどが塩漬け状態になり、身動きがとれなくなってしまうのです。

前にも書いたとおり、株式のトレードで勝率100％ということはありえません。私の経験でいえば、せいぜい勝率6～7割くらいがいいところ。そして負けた3～4割の損失を勝った6～7割で補填(ほてん)しますから、概算すると手元に残る利益は約3～4割ということになるのです。

これを少ないと感じる人もいるかもしれません。

しかし、100戦100勝をねらって、下落のサインに目をつぶり、含み損のある株を持ち続けるほうが、結果的には損失を大きくしてしまうことは確かなのです。

勝率7割でも、「**利益はできるだけ伸ばし、損失はできるだけ小さくする**」ことを心がければ、私のように**安定的に稼ぐ**ことは可能なのです。

また、株が下落したときにその現実を受け入れることができず、「いつか戻るだろう」という期待にすがりながら、株を買い増ししてしまう人がいます。このように、損切りせずに、下がるたびに買い増しすることを「**ナンピン買い**」といいます。

ナンピン買いを続けていると、その株に対する思い入れが強くなりすぎて、手放せなくなってしまいます。これは、株式トレーダーが陥りがちな心理的暴走です。

プロローグ　株で儲けるにはコツがある！

図3　あなたは株向き？　それとも……

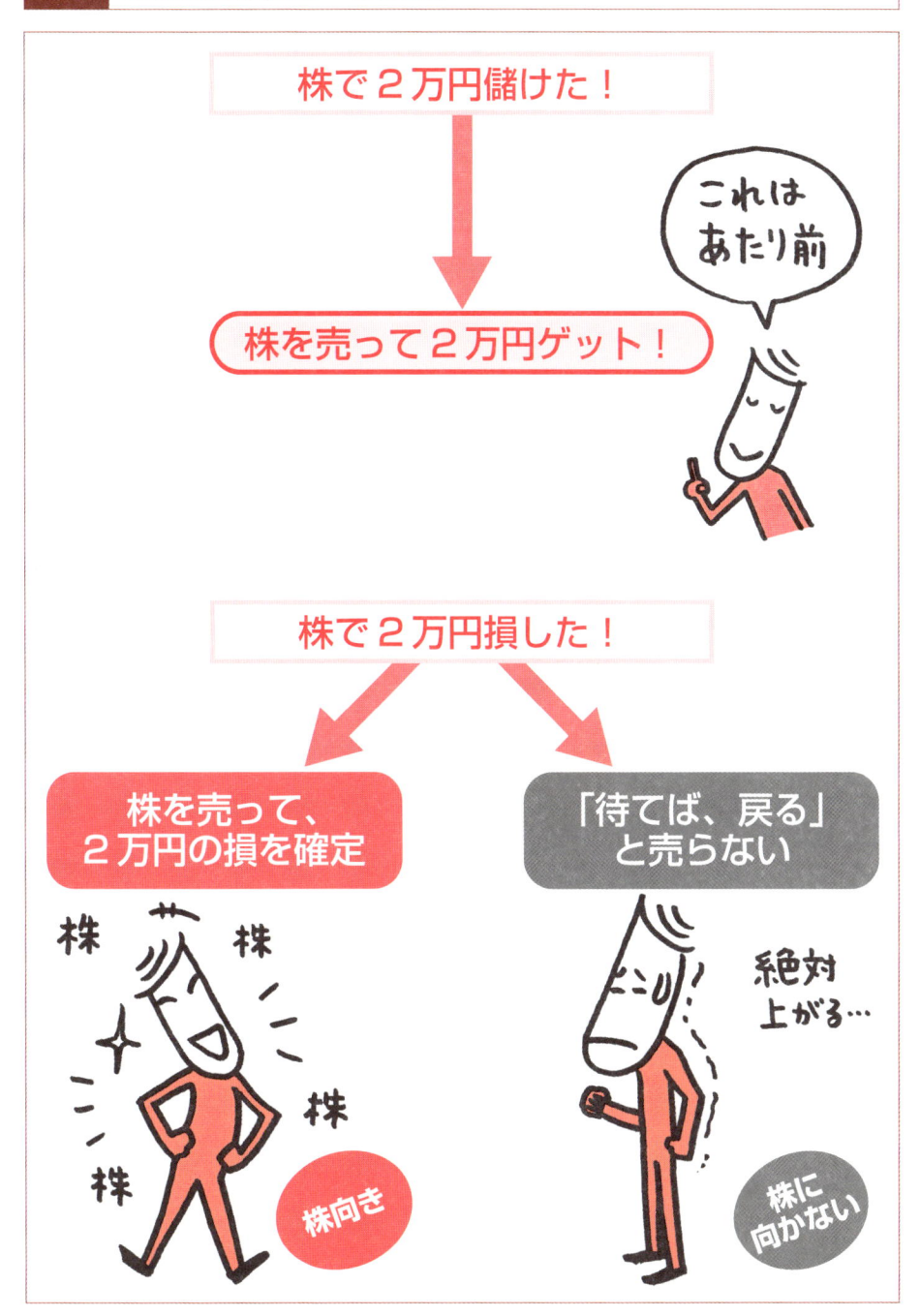

株で2万円儲けた！
↓
株を売って2万円ゲット！

これはあたり前

株で2万円損した！

株を売って、2万円の損を確定　　株向き

「待てば、戻る」と売らない　　絶対上がる…　　株に向かない

私が経験した２度の大失敗も、この心理的暴走が原因でした。
　塩漬け株をつくらないためには、先ほど書いたように「利益はできるだけ伸ばし、損失はできるだけ小さくする」スキルを地道に実践することが大切なのです。
　つまり、損が出た株は早めに売却し、利益が出た株は利益が伸ばせる限り持ち続けることです。
　これが、私が２度の大失敗からつかんだセオリーであり、成功している多くのトレーダーが実践していることなのです。

損切りラインを決めておこう

　ここで、ひとつ質問をします。
　株式トレードをする際、あなたにとって許容範囲となる損切りの金額（損切りライン）はどのくらいですか？　2000円？　２万円？　10万円ですか？　それとも30万円ですか？　あるいは、それ以上ですか？　ちなみに私は20万円です。
　それとも「損切りなどもってのほか。１円たりとも損をしたくない」と考えますか？
　私は、トレードの前に「利益目標ライン」や「損切りライン」を設定し、なるべく守るようにしています。そしてそれを守ることによって、投資額が多くなりすぎないようにしているのです。「日足で２本の移動平均線が下に傾きかけたら損切りする」というような基準を設定するのもいいと思います。（「日足」「移動平均線」については、PART １の「５つのキーワードを習得しよう」で説明します。いまは「移動平均線が下に傾いたら、株価下落のシグナル」とだけ覚えておいてください）。
　とにかく、損切りしたあとに株価が戻ってきても、くよくよしないことが大切です。
　むしろ怖いのは、「間違った成功体験」が身についてしまうことなのです。
　その「間違った成功体験」とはなんなのか。仮に、あなたの持っている銘柄が下落したとしましょう。
　しかし、あなたは損をするのが嫌で、損切りせずに持ち続けています。すると、その株が何らかの理由で上昇しました。あなたは「やっぱり、予測どおり株価が戻ってきた。損切りしないで持ち続けていてよかった」と思うかもしれません。

こうした経験があると、次に同じような状況になったときに「あのときは株価が戻ってきた。今度も回復するだろう」と同じことを繰り返してしまうのです。

これが「間違った成功体験」です。

一度下落した株価が下げ止まる、あるいは回復するという保証はどこにもありません。

以前の経験をもとに株を持ち続けていると、株価が10分の1、100分の1になって大損する危険な銘柄にいつか遭遇するでしょう。

これを回避するためにも「損切りライン」をあらかじめ決めておき、そのラインまで株価が下がったら、いさぎよく損切りする勇気を持つことが大切なのです。

このような基本を忠実に守ると、少額資金でのトレードでも、勝率高く、利益を得ることができるようになるのです。

みなさんも株の値動きを予測するスキルと同じくらい、リスク管理と心理コントロールのスキルを重視することです。

また、株を買う前には次の3点をチェックすることを心がけてください。

❶ 投資額が多すぎないか
❷ シナリオをきちんと考えた結果の購入か（思いつきで買うのは絶対にNG！）
❸ 株価が大幅に下落したから「買い」だと単純に思っていないか

とにかく、株式トレードは実践していくことで、どんどん力がついていきます。

まずは、本書の練習問題で売買タイミングをつかむコツを学び、同時に心理状態をうまくコントロールできるようになりましょう。

なぜ「デイトレ」より「スイングトレード」なのか

私は一時期、専業トレーダーをやめて、サラリーマントレーダーに戻りました。その理由は私の著書（『「株」チャートパターン投資術』／ダイヤモンド社）に詳しく書いたのでここでは省きますが、取引時間中に株価を見なくても、月ごとの利益が100万円くらいで安定していたのです。

私の現在の実力は、数日から数週間、最大でも1〜2カ月程度なら、最大7割程度の確率でマーケットの先行きを予測することができます。

そして、「人間の脳ではこれが限界なのではないか？」とも感じています。マーケットの先行きを100％当てることが無理ならば、この実力の範囲内で

トレードを続け、利益を伸ばすことが大切だとわきまえているのです。

　ちなみに、私が行っているトレードは「スイングトレード」といい、数日から数週間の範囲内で取引を完結させています。

　それに対し、いまはすたれてきたようですが、「デイトレード」とは1日のなかで売買を完結させてしまう取引方法をさします。ネット取引の普及により昔に比べて手軽に株の売買が行えるようになり、手数料も値下がりしているため、デイトレードを行う人が一時期かなり増えたようです。

　私は専業トレーダー時代、主としてデイトレードを行ってきましたが、デイトレードは株売買のなかでも最難関の手法だと思います。

　まず、13ページの株価チャートをご覧になってください。

　株価の推移を示すグラフには、ローソクのような形をしたものが並んでいます。これは「ローソク足」と呼ばれ、1日の始値、終値、高値、安値を視覚化したものです。ローソク足だけでも長いものや短いもの、白いものと黒いもの、あるいは十字の線だけのものなど、いろいろな形があり、なかなか複雑です。

　スイングトレードでは、主にこの「日足チャート」を使います。

　一方、デイトレードは1日の株価の動きを、より細かく追っていく必要がありますから、「分足チャート」を用います。たとえば3分足のチャートであれば、ローソク足は3分ごとの値動きを示しているのです。

　これだけでも相当に複雑で、見てもよくわからないことも多いのです。

　さらに、前場（午前9時〜11時までの取引）で上がった株価が後場（午後0時30分〜3時までの取引）で下がったり、その逆だったり、前場でも後場でも上がったり、下がったりと実にいろいろな動き方をします。

　このように、1日の動向を予測して売買のタイミングをつかみ、利益を出すということは非常に困難なのです。

　また、デイトレードを行うには、サラリーマンなどの仕事をやめて取り組まなければなりません。

　安定収入を断ってトレードに取り組むことは、精神的にはかなりのプレッシャーになります。デイトレーダーとして株の利益だけで生活している人もいますが、初心者がいきなりデイトレに挑戦するのはあまりに無謀です。

　それよりもスイングトレード、長くても1〜2カ月程度の期間で株価の動きを予測し、上昇しそうなものはあらかじめ買っておいたほうが、利益が得やす

プロローグ　株で儲けるにはコツがある！

図4　投資期間によって、名称が変わる

期間	名称	手法
1日	デイトレード	分単位で変わる株価チャートを分析し、売買を完結させる手法。株の上級者向き。初心者が挑戦すると、利益は小さく、損失は大きくなりやすい。
数日	スイングトレード	日足を中心とした株価チャートを読みこなし、株の値動きを予測する手法。株の初心者・中級者向きで、安定して利益を得やすい。
数カ月	中期投資	スイングトレードに応用をきかせたやり方。株価が上昇しているとき、すぐに利益を確定せず、できるだけ伸ばして儲けを大きくする手法。
無期限	長期投資	ファンダメンタル分析を中心とした手法。ただし、10〜20年後の株価を予測することは非常に難しい。

↑ 期間が短い　　　期間が長い ↓

いと私は思います。

しかも、基礎的な知識（5つのキーワード）をきちんとマスターして、使いこなせるようになれば、スイングトレードで株価を予測することは可能なのです。

まずはスイングトレードで力をつけて、安定して利益を上げられるようになってからデイトレに挑戦することを考えても遅くはありません。

数カ月以上～無期限でトレードを行う「長期投資」は、テクニカル分析よりもファンダメンタル分析による投資が中心になります。つまり、長期的な成長が見込める企業の株を買う、株式投資本来のやり方だといえます。

しかし、一般のトレーダーが長期投資で利益を上げるのは簡単ではないと思います。

また、スイングトレードが目的で買った株が下がると、長期投資を言い訳にして損切りせず、塩漬け株にしてしまっている人も多いようです。

スイングトレードと長期投資の間に、数カ月程度の期間でトレードする「中期投資」があります。

私は、スイングトレードのつもりで始めた取引が、株価の動きを追いかけて利益を伸ばしているうちに、1カ月たって相当な利益が得られる、という中期投資がよいと考えています。いわば、スイングトレードの発展形が中期投資になるということであり、そのなかで気に入った銘柄があったら、長期保有するのが私の理想です。

マーケットに自分を合わせる

どんなに基礎知識を重視して予測を立てようとも、マーケットは自分の思うように動いてくれるものではありません。油断するとどんどん値動きを変えてしまいます。

「昨日まではこんな動きをしていなかったのに、どうして突然、こんな値動きになってしまうんだろう？」

と思うことはいくらでもあります。

マーケットは「気まぐれな人」と同じなのです。

しかし、トレーダーが「なんでそんなにわがままなんだ！」と怒ってしまうと、利益を上げることはできません。

トレーダーにとって大切なことは、「気まぐれなマーケットに自分を徹底的に合わせていく」ということなのです。

損切りするときには損切りして、戦略を変更することが必要なら、すばやく気持ちを切り替えることが成功へのカギになります。そういう柔軟な発想ができる人ほど利益を伸ばすことができ、自我を通してしまう人が失敗する。株式トレードとはそういうものなのです。

自分では柔軟に対応しているつもりでも、知らず知らずのうちにあるパターンにはまってしまうこともあります。

たとえば、トレードを開始した時期もその人の投資行動に影響を与えます。

私がデイトレーダーとして活動を始めた1999年の終わりごろ以降しばらくしてからは、下げ相場が始まった時期です。

チャート分析をしていても、下降トレンドにある銘柄ばかりでしたから、最初に身につけた手法は急落した株の反発（下げから上昇に転じること）や空売り（信用取引の一種）をねらうものがほとんどでした。

一方、2005年後半、株価が上昇トレンドにあるときにトレードを始めた人は、上昇トレンドのなかで株価が一時的に下がったところで買う手法を好んで実践する場合もあります。

しかし、ひとつの手法にこだわると失敗の原因になります。

自分の投資行動を冷静に見て、マーケットに合わせて、投資パターンを修正していくことがとても重要なのです。

相場には「上昇トレンド」「下降トレンド」「もみ合い（横ばい）」といった局面があります。

相場の変化を敏感に察知し、それぞれの局面に応じた戦略を立てられるように、常に自分をマーケットに合わせることを念頭に置いておくようにしましょう。

銘柄研究でリスクを回避する

相場全体の流れをつかんだり、リスクを回避したりするために大切なのは、まめに銘柄研究をすることです。

頭ではわかっていても、私自身、少し調子よく儲かっていると銘柄研究をおろそかにしてしまうことがあります。そして、ちょっとでも思うとおりにならないと、つい熱くなって株を買いすぎてしまったり、下がっている株を持ち続けて損失を大きくしてしまったりします。

　こういうときは、銘柄研究を怠っていたために、すでに魅力の薄れてしまった銘柄にこだわっていることが多いものです。

　しかしながら、銘柄研究をすると、魅力的な新規の銘柄を開拓することができますし、自分が持っている銘柄の状況、相場全体のトレンドも理解できて、リスクを避けることができます。たとえば、私の場合は

❶「株価のチャートブック」で全銘柄をチェックするのは、月1回以上
❷「ランキング情報」や「過去のトレード銘柄」のチェックは週1回以上
❸ 実際に取引している株の銘柄をチェックするのは、1日1回

を目安にしています。

　特に、「トレード対象にしようかと考えている銘柄」と「すでに保有している銘柄」についてはインターネットですぐにチェックできるように登録するなどして、できるだけ2〜3日に1回は株価チャートで値動きをチェックすることをおすすめします。

日経平均のチャートも大いに利用しよう

　ある銘柄のチャートを見ていても、株価の動きを予測できないこともあります。

　PART 1で説明しますが、チャートのパターンに「N字型」と「M字型」というものがあります。それぞれアルファベットの「N」「M」に似ている形なので、こう名づけられました。

　しかし、株価の動向は、N字型とM字型では逆になります。N字型になれば株価は上昇していきますし、M字型なら下落してしまうのです。

　このように個別の銘柄だけでは、N字を形成してそのまま伸びていくのか、M字をつくって終わってしまうのか、予測できないことがしばしばあります。

　そのとき役に立つのが、日経平均のチャートです。

　日経平均は、日本経済新聞社が算出している東証1部の株価指数で、225銘

柄の株価から計算されています。つまり、マーケット全体の動向を示す指数です。これを参考にすることによって、大きな流れをつかむことができます。

実際に個別銘柄は、おおむね全体指数と同じような動きをすることが多いと考えることができます。つまり、全体指数が上げ相場であれば個別銘柄も上昇、全体指数が下げ相場であれば個別銘柄も下落することが多いのです。

個別銘柄が日経平均に追随して同じような動きを見せる場合と、個別銘柄が日経平均に先がけて動き、日経平均が後追いするようなかたちで動くケースがありますが、いずれにせよ、似たような動きになります。

ただし、すべての銘柄が日経平均と連動するわけではありません。

日経平均が上昇しているのに下落してしまう銘柄や、日経平均が下落しているにもかかわらず、値上がりする銘柄もあります。詳細は練習問題で説明していきます。

「森を見て木を見る」ことを心がける！

「木を見て森を見ず（小さなことに気をとられて、全体を見通さないことのたとえ）」ということわざがあります。

個別銘柄を見て全体指数を無視するのは、まさにこのことわざと同じことになります。「森を見てから木を見る」、つまり全体の流れをつかんでから個別銘柄を見ることによって、予測の精度を高めることができるのです。

全体指数として利用すべき指標は、日経平均だけではありません。**ジャスダック、東証マザーズ、大証ヘラクレス**といった新興株式3市場の値動きも重要な指標といえます。

たとえば、2006年の新興株式市場は下げ相場でした。ところが「森」を見ないで「木」だけ見て、「値下がりしたから、買いのチャンス」とばかりに新興株に資金投入してしまうと、痛い目にあうのです。

全体指数が下がり続けていることを確認していれば、「安い」ということだけでは買わないはずです。株の基礎知識やチャートパターンを理解して、下落している株でも上昇のサインが見えたものは、きちんとチョイスすることができる。そのためには、マーケットの全体像を把握することが重要なのです。

新興株式市場の動きを把握することのメリットはもうひとつあります。

時期によっては、日経平均が下がっているのに、新興株式市場の指数が上がっているというケースがあるのです。「東証１部の調子があまりよくないから、新興株を買おう」というトレーダーが増えて、新興株式市場に資金が流れるためです。

　このような動向を把握するためにも、新興株式市場の指数も把握する必要があるのです。これも「マーケットに自分を合わせる」ことのひとつです。「自分は新興株があまり好きじゃないから」「苦手だから」という理由だけで新興株式市場を無視してしまうと、チャンスを逃すことになってしまいます。

　それと同様に、好き嫌いを抜きにしてぜひ見てほしいのが、アメリカの株式市場の指数です。特に、NYダウ平均株価（ニューヨーク証券取引所に上場している工業株30銘柄の平均株価）やナスダック（店頭株式市場）総合指数は要チェックです。

　株式市場がアメリカ経済に大きな影響を受けていることは、まぎれもない事実です。ですからトレードで利益を出そうと思ったら、「日本人たるもの、アメリカの株式市場など関係ない」などと言わず、マーケットに自分を合わせるようにしてください。

　実際、2007年は、アメリカのサブプライムローン（アメリカの金融機関が信用力の低い人を対象に貸し出す住宅ローン）の焦げつきにより、NYダウ平均株価が下落、その影響で日経平均も下降してしまいました。

　本書では、個別銘柄の練習問題に入る前に、日経平均のチャートの読み方も練習問題としてのせています。それらをマスターしたら、ぜひ新興株式市場やアメリカの全体指数も見るようにしましょう。

株式トレードを成功させるための流れ

　右上の図を見てください。これが株式トレードを成功させるための流れです。このなかのどれが欠けても、トレードは成功しません。まるで飛行機の部品のようなものです。ひとつ欠けたら、大惨事につながるかもしれないのです。
　「100戦100勝はありえない。勝率７割が人間の脳の限界ではないか？」
　「ひとつの手法にこだわると失敗の原因になる」

> **株式トレードで結果を出すためには
> マーケットの「正体」「設計図」を理解する**
>
> **5つのキーワード(基礎的な知識)の理解**
> ① トレンドライン
> ② 出来高
> ③ 支持線・抵抗線
> ④ ローソク足
> ⑤ 移動平均線
>
> **日経平均株価を読みこなす**
>
> **「利益目標ライン」「損切りライン」を決める**
>
> **儲かる株価チャートパターンを理解・暗記する**

「新興株式市場やアメリカの全体指数もチェックする」

などは、すでに解説したとおりです。

そして、この本の大きな柱は「基礎重視」です。

PART 1で詳しく解説している「5つのキーワード」や株価チャートパターンの理解、さらにそれを多くの練習問題を解くことによって、実践で身につけていただきます。

PART 2の前半の問題は、「こんな簡単な問題で力がつくの?」と思うかもしれません。しかし、ページを追うごとにどんどん難しくなっていきます。

また、個別銘柄に関する練習問題は、私が実際にトレードした銘柄のチャートを使っています。

私自身の失敗例も記していますから、ぜひ参考にして、同じ轍を踏まないようにしてください。

PART 1
❺つのキーワードを習得しよう

株価チャートの参考書には、「グランビルの法則」「オシレーター」「ストキャスティクス」など、難しい株用語が羅列してあるものも少なくありません。
しかしながら、本書ではPART1で解説するたった5つのキーワードを習得するだけで、利益を上げることが可能となるのです。

株価チャートに必須の「❺つのキーワード」はこれだ！

キーワード❶ 「トレンドライン」で株価の傾向がわかる！

　キーワードのひとつ目は「トレンドライン」です。トレンドラインとは、チャートに自分で引く補助線のことです。これによって株価の動向、つまりトレンドを見ることができるのです。

　トレンドラインは、基本的には高値と高値、そして安値と安値を結んで2本の線を引きます。

　線を引くときには、ローソク足のヒゲ（45ページの図12参照）は無視してかまいません。高値にせよ安値にせよ、それぞれ2点が決まれば線を引くことができますから、とにかく引いてみてください。多少ずれても気にしないでください。正確な線を引くことよりも、**トレンドラインによって株価の傾向を知ることが大切**だからです。

　株価が上下しながらも、すう勢として上昇しているなら「上昇トレンド」で、高値や安値が切り上がっていくのが特徴です。トレンドラインで株価が上昇しているときは、しばらく、このトレンドが続くと判断できます。

　一方、株価がすう勢として下落しているなら「下降トレンド」で、高値や安値が切り下がっていくのが特徴です。

　トレンドラインに沿って株価が下落しているときも、しばらく、このトレンドが続くと予測できます。

　ところで、トレンドラインには株価の動きを転換させる機能があります。

　たとえば、下降トレンドのとき、**株価がトレンドラインを突破すると**（図6の上の**A**）、**株価が上昇するポイントになりやすい**のです。つまり買いのめどになります。さらに、**前回の高値を突破すると**（図6の上の**B**）、**上昇トレンド入り**

PART 1　❺つのキーワードを習得しよう

図5　トレンドラインで株を買うタイミングがわかる！

上昇トレンド

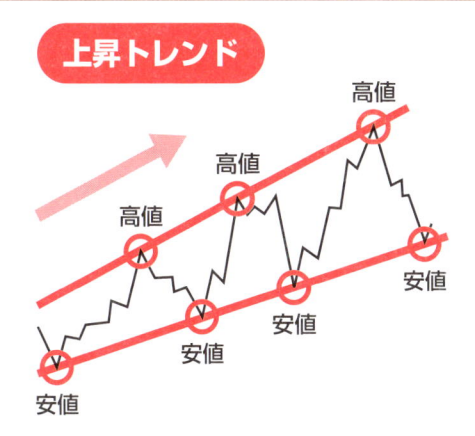

高値・高値・高値・高値
安値・安値・安値・安値

安値で買って、高値で売れば、うまくいくよ

下降トレンド

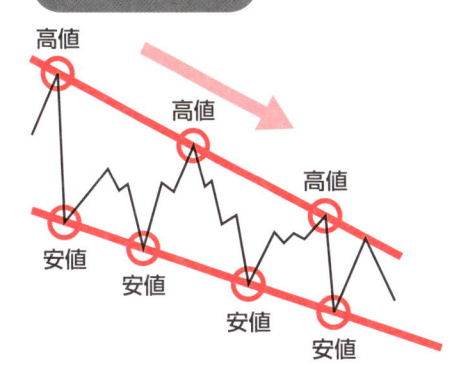

高値・高値・高値
安値・安値・安値・安値

しばらく様子を見るほうがいいかもね

横ばいトレンド

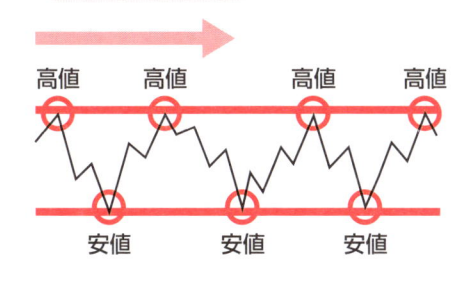

高値・高値・高値・高値
安値・安値・安値

安値買い、高値売りという地道な努力が必要だね

35

図6 トレンドラインは株価動向を転換させる機能がある！

下降トレンド時の買いのタイミングは？

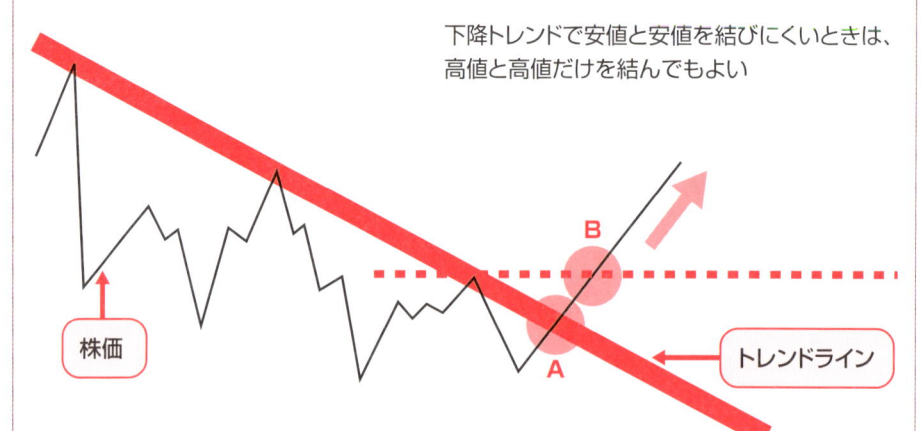

下降トレンドで安値と安値を結びにくいときは、高値と高値だけを結んでもよい

株価 / トレンドライン

Aでトレンドラインを突破し、かつ**B**で前回の高値を突破したら、上昇トレンドに転換した可能性が高い。出来高増加をともなったら、なおよい

上昇トレンド時の売りのタイミングは？

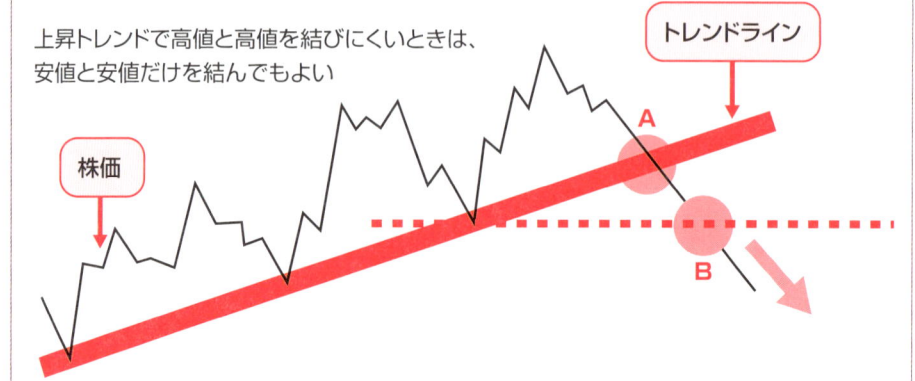

上昇トレンドで高値と高値を結びにくいときは、安値と安値だけを結んでもよい

株価 / トレンドライン

Aでトレンドラインを割り、かつ**B**で前回の安値も割ったら、下降トレンドに転換した可能性が高い

が濃厚になります。

　株価が上昇トレンドのときに、トレンドラインで反転せずにこれを割り込むと（図6の下の**A**）、下降トレンドに入ったのではないかと予測できます。

　さらに、前回の安値を割ってしまうと（図6の下の**B**）、下降トレンド入りが濃厚になります。

　いったん、下降トレンドになってしまったら、株価が上昇してもトレンドラインで押し戻されてしまう傾向にあります。そのため、株価がトレンドラインを割ったときが、売りのポイントになるのです。

　株価の動き方によっては、トレンドラインがうまく引けないことがあります。

　その場合は、上昇トレンドなら安値を結んだ線、下降トレンドなら高値を結んだ線を引いてください。そしてもう1本は、その線に平行に（上昇トレンドなら高値の方向に。下降トレンドなら安値を通るように）引いてみます。それでもうまく引けないようなら、1本だけでもOKです。

　逆に、何本も線が引けることもあります。そのときには線ではなく、"層"としてとらえて、傾向をつかむようにしてください。

図7　トレンドラインが引きにくい場合は、"層"としてとらえる！

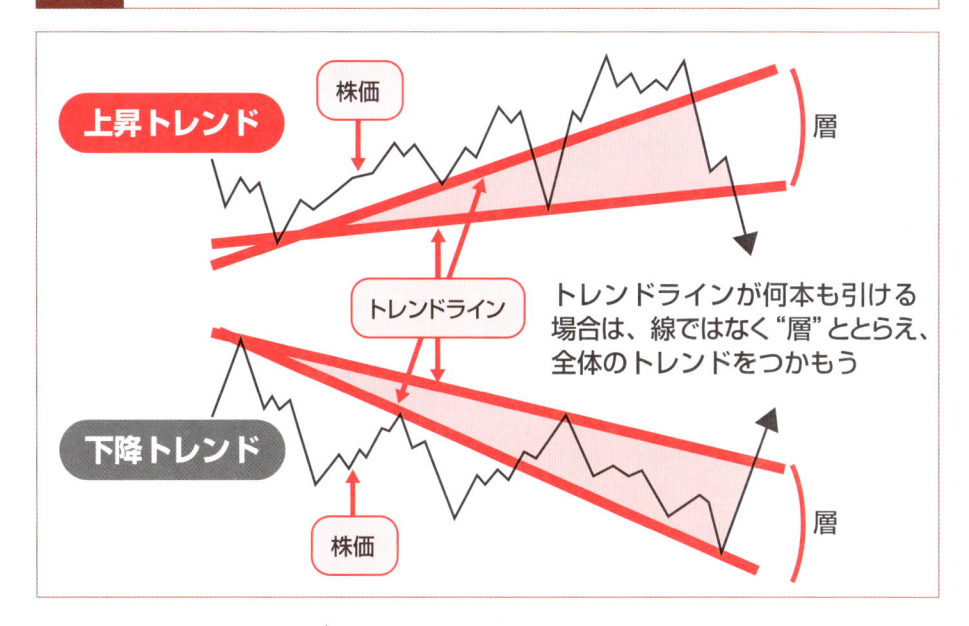

トレンドラインが何本も引ける場合は、線ではなく"層"ととらえ、全体のトレンドをつかもう

キーワード❷ 「出来高」で買いのタイミングをはかる

　キーワードの2つ目、「出来高」とは、証券取引所で売買が成立した株数のことです。
　「売買が成立する」のは、株の「売り」と「買い」の希望価額が一致したときです。
　出来高は、株価チャートの下に棒グラフで示されています。
　ある銘柄に多くの人が注目して売買が増えれば、出来高は増加し、逆の場合には出来高が減ります。つまり、

◎ 出来高が増える＝人気が出てきた
◎ 出来高が減る＝人気がなくなる

ということを示しているのです。
　株価を動かす要因にさまざまなものがありますが、投資家やトレーダーの売買がその原動力になっていることは間違いありません。
　ですから、出来高というのは相場のエネルギーの表れだと考えられます。
　出来高が増加すれば「上昇エネルギーが出てきた」と判断でき、少なければ「ひと休みしている」状態だとわかります。
　特に注目していただきたいのは、出来高が急増したときです。
　株価が下落して安値圏にあるときに、出来高が急増して株価が上昇し始めたら、「資金が流れ込み、上昇トレンドが始まったのではないか」と考えられます。「そろそろこの株を買おう」という人が出てきたため株価に上昇エネルギーが生じ、底（株価が下がるだけ下がった、一番安いところ）を打った可能性があるからです。
　逆に、株価が上昇して高値圏にあるときに出来高が急増したら、警戒すべきです。その株に対する人気が過熱して、天井（これ以上、上昇しないという株価水準）をつけたことのサインになることが多いからです。
　したがって、出来高が急増して下落し始めれば「資金が逃げ始めて、下降トレンドが始まったのではないか」と考えることができます。
　出来高を見る際には、

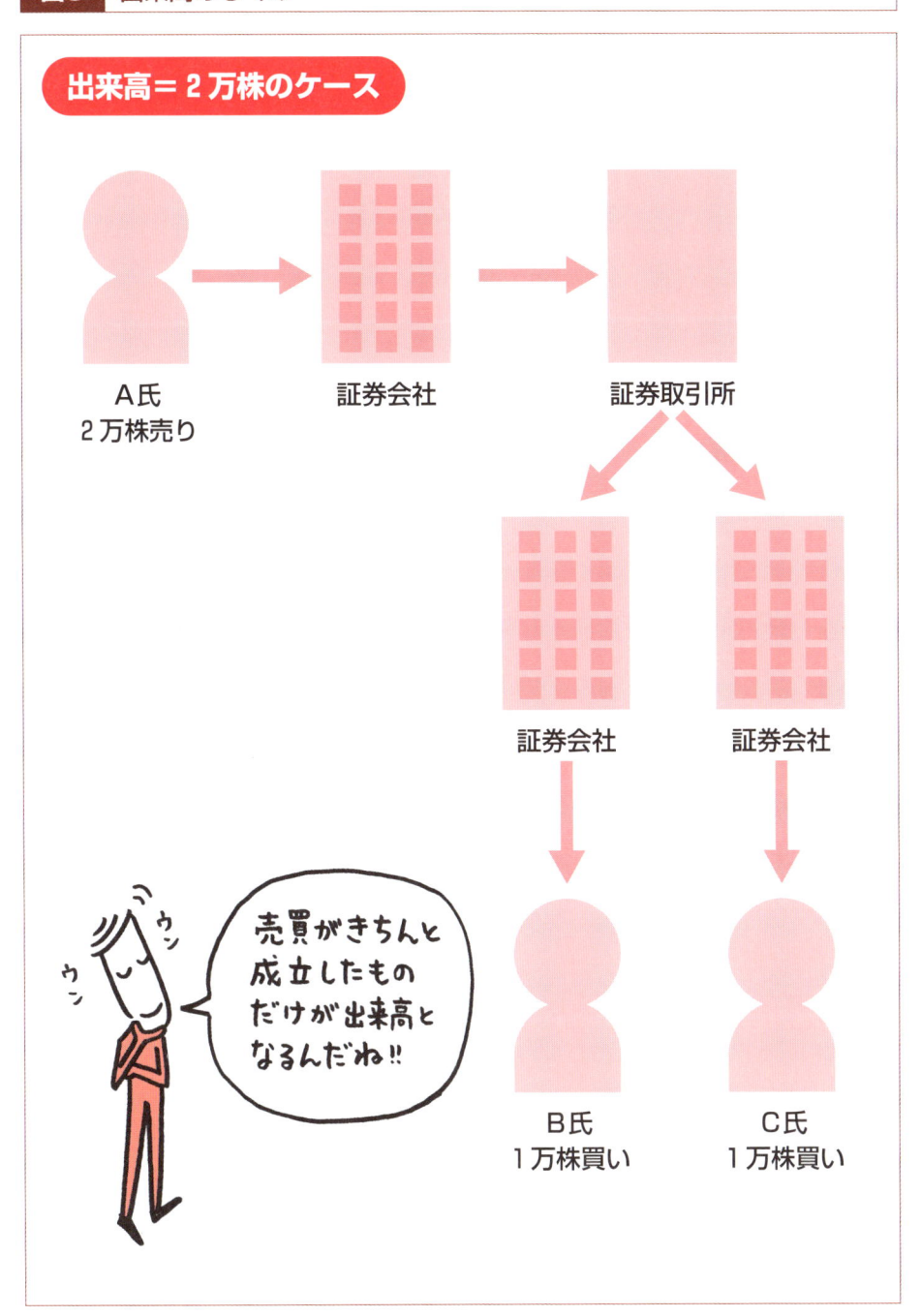

PART 1　❺つのキーワードを習得しよう

図8　出来高のしくみ

出来高＝2万株のケース

A氏
2万株売り
→ 証券会社 → 証券取引所
↙　　↘
証券会社　　証券会社
↓　　　　↓
B氏　　　　C氏
1万株買い　1万株買い

売買がきちんと成立したものだけが出来高となるんだね!!

◎ 安値圏で出来高が急増する＝買いのサイン
◎ 高値圏で出来高が急増する＝売りのサイン、または警戒サイン

と覚えておいてください。

後半の練習問題のページには、出来高をテーマにした問題ものせています。それを見ればわかると思いますが、出来高は、見方は非常にシンプルであるにもかかわらず、株価の動きを予測するうえで重要なポイントになっています。

これが「出来高は株価に先行する」といわれるゆえんでもあります。

出来高急増のときに株を買うと、短期間での大きな値上がりも期待できますが、株価がすでにピークに近づいている場合には、高値づかみの危険性もあります。もちろん、出来高だけで株価動向を100％読むことは不可能ですが、出来高に着目することによって、トレードの勝率を高めていくことは十分可能なのです。

図9　出来高で株価のトレンドがわかる

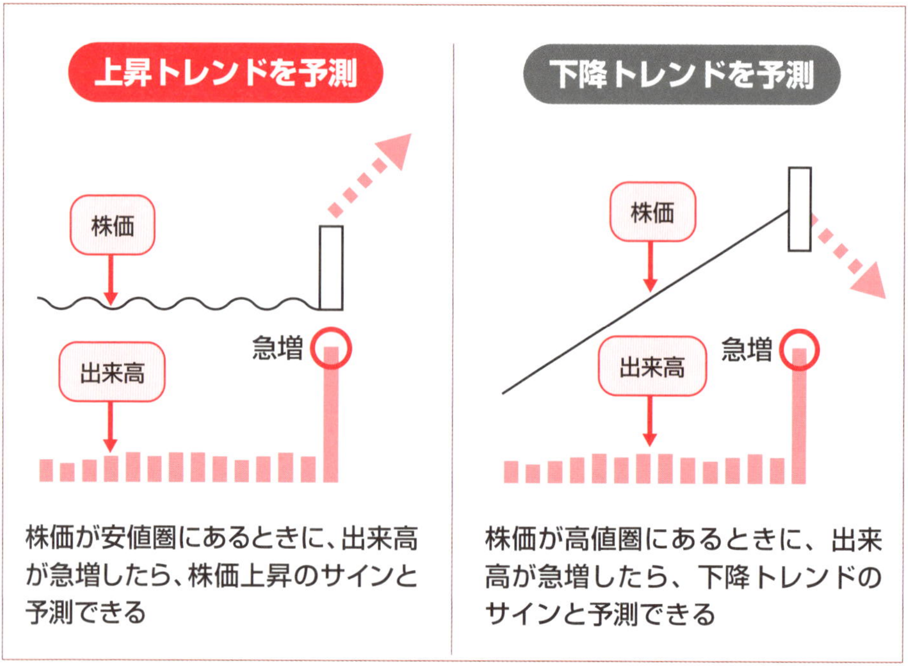

上昇トレンドを予測

株価 → 出来高 → 急増

株価が安値圏にあるときに、出来高が急増したら、株価上昇のサインと予測できる

下降トレンドを予測

株価 → 出来高 → 急増

株価が高値圏にあるときに、出来高が急増したら、下降トレンドのサインと予測できる

キーワード❸ 「支持線・抵抗線」で株価上昇を予測する

キーワードの3つ目、「支持線・抵抗線」は、トレンドラインと同様、チャートに自分で横に引く線です。

支持線は、**株価が過去に何回か、そこを基点に上昇に転じたポイントを結んだ線**（図10の**A**）です。そして、今後もそのポイントまで下落したら、また上昇に転じるのではないかと考えます。

たとえば、株価が一定期間、ある水準でもみ合ったあとに上昇に転じた場合、その価格帯で買おうかどうか迷っていて結局買い逃してしまった人は、株価が再び支持線の水準まで下落したときに買おうという心理になります（※もみ合い＝株価が小さな値動きのなかに収まって、上げ下げを繰り返している状態）。

そして、実際にそのポイントまで株価が下がると、買い注文が増えるため、株価の下落がいったん止まることが多いのです。それで株価が支えられるため、支持線と呼ばれるのです。

図10　支持線・抵抗線の役割は？

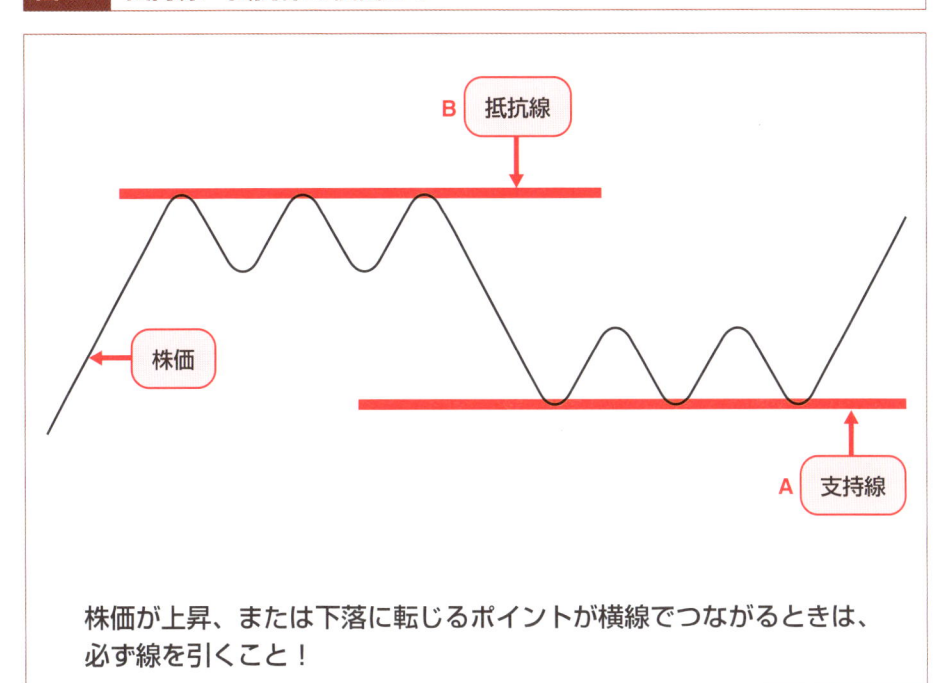

株価が上昇、または下落に転じるポイントが横線でつながるときは、必ず線を引くこと！

抵抗線は、**株価が過去にその位置で何度も下落に転じているポイントを結んだ線**（図10の**B**）をさします。今後も株価が上昇しても、そこで反落するのではないかと考えられるポイントです。

　株の動きが一定期間もみ合っていて、そこから下落に転じた場合、抵抗線より上の株価で買った人は、含み損（潜在的な損失）を抱えることになります。

　しかし、多くの人は「損をしたくない」という心理から、この段階で損切りに踏み切ることができません。「せめて株価が回復したら、損益ゼロでもいいから売りたい」と考えます。このような心理状態の人が多数いるため、株価が上昇してもとの水準にまで戻ると、売り圧力が強くなります。そして株価が再び反落する。すなわち、株価がその線より上に行かないため、その水準が抵抗線になるのです。

　このように、株価には値動きがはね返されやすいポイントがあるのです。

　また、出来高急増をともなってつけた高値や安値の水準も、トレーダーが注目しているポイントです。**過去の高値まで株価が上昇すると売り注文が増え、過去の安値まで株価が下落すると買い注文が増える**傾向にあるからです。

　そのため、過去の高値、安値、もみ合いの水準に支持線・抵抗線を引くことは、株価を予測するうえで非常に有効です。

　トレンドラインは斜めに引きましたが、支持線・抵抗線は横に線を引きます。投資家やトレーダーのなかには、斜めの線を引くことは知っていても、横の線を引くことは知らない人が多いようです。線を横に引く支持線と抵抗線のことは、しっかりと覚えてください。

　なお、支持線と抵抗線は、そこで何度も株価がはね返されていたり、そのときの出来高が増えたりしたものほど、**有効に機能している線**となります。

　したがって、よく機能している支持線まで株価が下落したときには**強力な買い圧力**が、逆に株価が上昇して支持線まで達した場合には**強力な売り圧力**が出てくると考えられます。

　ここでもうひとつ覚えてほしいことは、支持線と抵抗線は役割が固定されていないということです。つまり、**支持線が抵抗線に、あるいは抵抗線が支持線に入れ替わることがある**のです。

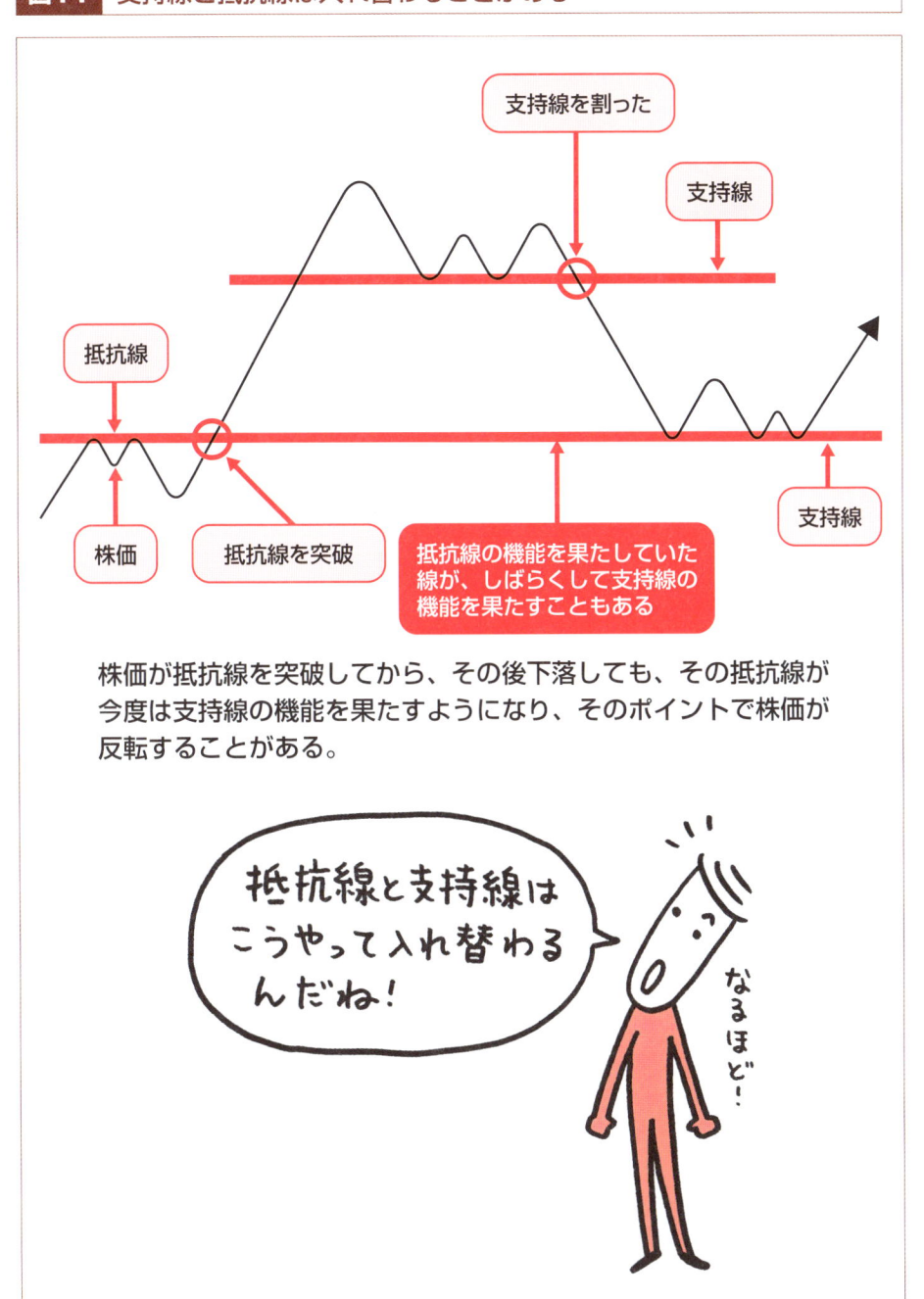

図11 支持線と抵抗線は入れ替わることがある

- 支持線を割った
- 支持線
- 抵抗線
- 株価
- 抵抗線を突破
- 抵抗線の機能を果たしていた線が、しばらくして支持線の機能を果たすこともある
- 支持線

株価が抵抗線を突破してから、その後下落しても、その抵抗線が今度は支持線の機能を果たすようになり、そのポイントで株価が反転することがある。

> 抵抗線と支持線はこうやって入れ替わるんだね！

なるほど！

上昇トレンドにあるときには、過去の高値などのもみ合いの水準が株価上昇を抑えてしまうので、抵抗線になります。
　しかし、株価が抵抗線を突破したあとに下落したときには、先ほどの抵抗線で下げがいったん止まることが多いので、役割が支持線になるのです。
　つまり、同じ線が見方によって支持線になったり抵抗線になったりするのです。
　支持線と抵抗線が入れ替わるタイミングは、株価が上昇してきて抵抗線を突破したとき、あるいは下落して支持線を割ったときになります。
　株価が抵抗線を上に抜けると、その後下落しても、過去の抵抗線で上昇に転じる傾向があります。これは、抵抗線が支持線に入れ替わったということです。
　また、株価が下落して支持線を下回ると、次に上昇してもなかなか過去の支持線を越えることができません。これは、支持線が抵抗線に入れ替わったからなのです。このことはしっかりと頭に入れておきましょう。
　1本の線の役割が替わることを理解していないと、株価の動向を見誤ることになりかねません。株価が支持線と抵抗線を破った場合には、その後の動向に注意が必要です。
　支持線と抵抗線は、トレンドライン同様、株価が反転するポイントになりやすいので、必ず自分で引く習慣をつけてください。

　支持線と抵抗線は、長期にわたって機能しているケースが多々あります。
　「なぜ、この水準で株価が押し戻されるのだろう？」
　「どうして株価が下がらないのだろう？」
　と疑問を持ったとき、時間をさかのぼってチャートを見ると、過去に引いた支持線と抵抗線がいまだに機能していたとわかることがあります。
　練習問題でも取り上げていますので、問題を解くことにより、体で覚えてください。
　売りポイント・買いポイントを見極めるうえでも、支持線・抵抗線は重要な線です。
　勝率を上げるために、必ず判断材料のひとつに加えるようにしましょう。

キーワード❹ 「ローソク足」からトレンドの転換をつかもう

　キーワードの4つ目、「ローソク足」とは、1日の値動きを示したもので、株価チャートのもっとも基本的な構成要素となっています。

　ローソク足は四角形をした胴体の部分（実体）と線の部分（ヒゲ）で成り立っています。胴体部分の上と下は、その日の始値と終値を示します。始値とは、取引時間内の最初の取引で成立した株価のことをさし、寄り値ともいいます。終値とは取引時間内の最後の取引でついた株価のことで、引け値ともいいます。

　実体の上についたヒゲは「上ヒゲ」と呼ばれ、取引時間内の株価の高値を示します。下にあるヒゲは「下ヒゲ」と呼ばれ、取引時間内の株価の安値を示しています。

　胴体部分が白いものは「陽線」、黒いものは「陰線」と呼びます。

　陽線は胴体部分の下辺が始値、上辺が終値です。つまり、始値から終値にかけて株価が上昇したことを表しています。陰線は胴体部分の上辺が始値、下辺が終値で、始値から終値にかけて株価が下落したことを表すものです。

図12　ローソク足のしくみは？

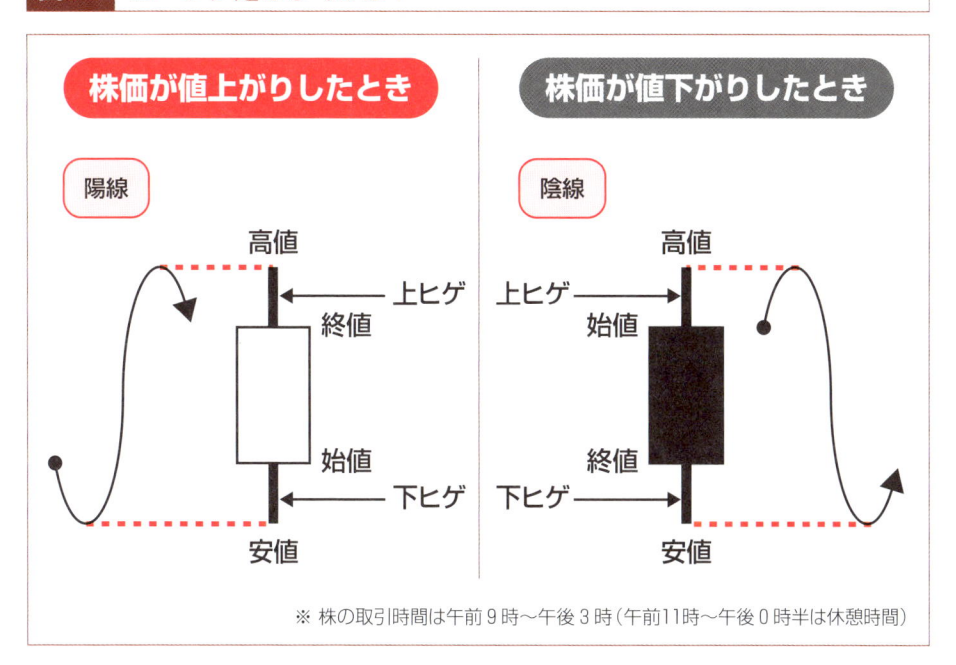

株価が値上がりしたとき　　　**株価が値下がりしたとき**

陽線　　　　　　　　　　　　　　陰線

（値上がり時）
- 高値　→　上ヒゲ
- 終値（胴体上辺）
- 始値（胴体下辺）
- 下ヒゲ　→　安値

（値下がり時）
- 高値　→　上ヒゲ
- 始値（胴体上辺）
- 終値（胴体下辺）
- 下ヒゲ　→　安値

※ 株の取引時間は午前9時～午後3時（午前11時～午後0時半は休憩時間）

ローソク足は、株価の動向によってさまざまなバリエーションができます。代表的なものの特徴をあげてみました。

❶ 十字……始値と終値が同じであるために、実体部分が単一線になっています。
❷ 下ヒゲがない陽線……始値が安値であることを示しています。
❸ ヒゲがない陽線……株価がひたすら上昇していることを表しています。
❹ トンボ……寄り付き（取引開始）からいったんは下落したものの、始値に戻って終了したため、上ヒゲと実体がなく、T字状になっています。

図13　主要なローソク足が表すことは？

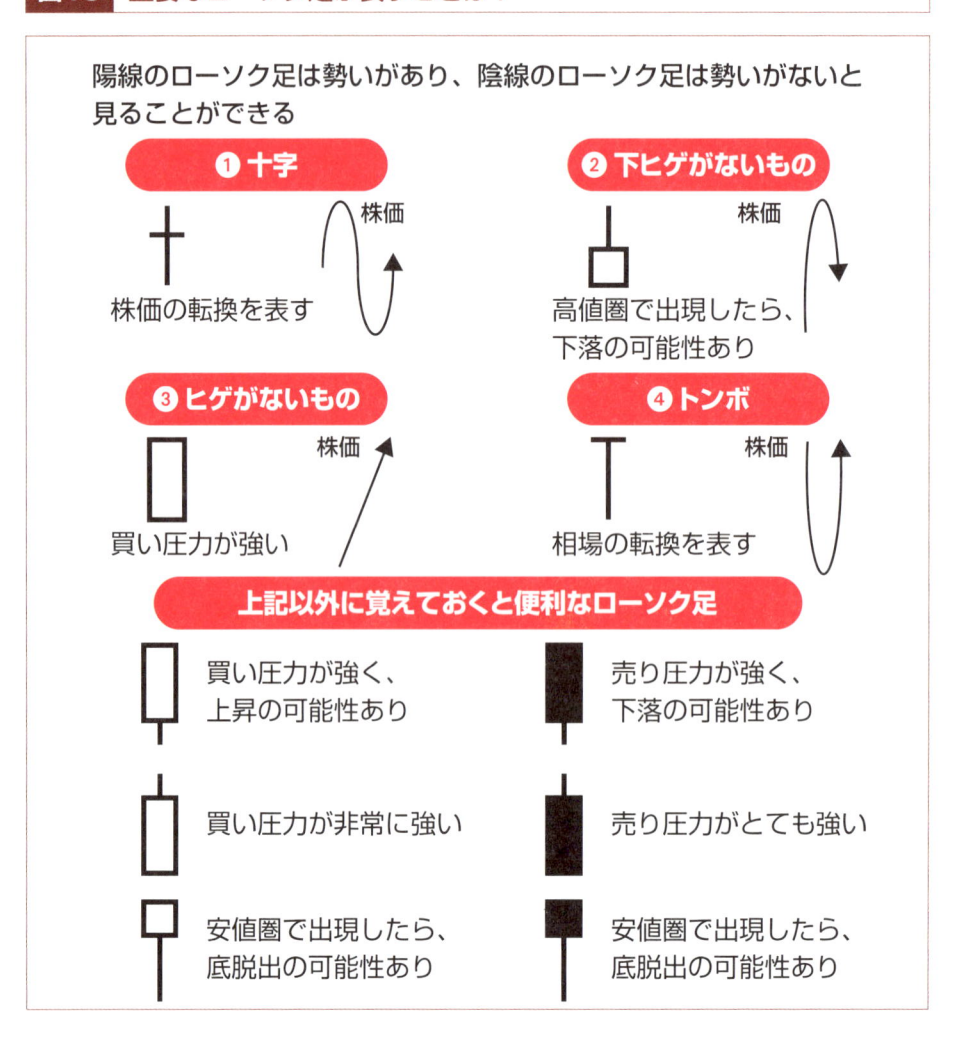

陽線のローソク足は勢いがあり、陰線のローソク足は勢いがないと見ることができる

❶ 十字
株価の転換を表す

❷ 下ヒゲがないもの
高値圏で出現したら、下落の可能性あり

❸ ヒゲがないもの
買い圧力が強い

❹ トンボ
相場の転換を表す

上記以外に覚えておくと便利なローソク足

- 買い圧力が強く、上昇の可能性あり
- 売り圧力が強く、下落の可能性あり
- 買い圧力が非常に強い
- 売り圧力がとても強い
- 安値圏で出現したら、底脱出の可能性あり
- 安値圏で出現したら、底脱出の可能性あり

次に、株価の動向を予測できるローソク足の形を説明します。

◎ 大陽線

胴体部分の長さで、相場の強弱をはかることができます。

「大陽線」とは長い陽線のことであり、買い注文が絶え間なく入り、強い上昇エネルギーが発揮されている様子を示します。

安値圏やもみ合いのあとに大陽線が出ると、上昇トレンドに入った可能性が強いと判断できます（**A**）。しかし、上昇が続いたあとに大陽線が出たときは相場が過熱している可能性が高く、下落する危険性があります（**C**）。

◎ 窓あけ急騰

ローソク足が連続して並ばず、間をあけて動くことを「窓をあける」といいます。

上に窓をあけて株価が急上昇した状態（窓あけ急騰）は、強い上昇エネルギーの表れです。買い注文が殺到して、値段がつかないまま上昇したために窓があいたのだと考えられます。安値圏やもみ合い後の窓あけ急騰は、上昇トレンドがスタートしたサインと考えられます（**B**）。

しかし、株価上昇が続いたあとの窓あけ急騰は、相場が過熱している可能性が高いため、下降トレンドに転換することもあり、注意が必要です（**D**）。

図14　ローソク足からトレンド転換がわかる〜その1

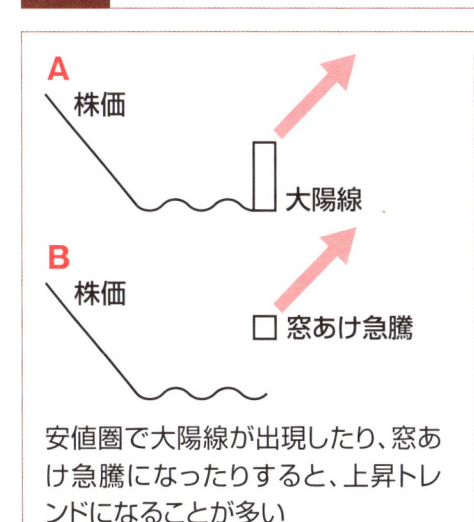

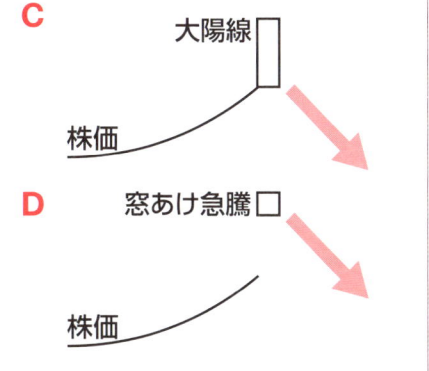

A 株価／大陽線

B 株価／窓あけ急騰

安値圏で大陽線が出現したり、窓あけ急騰になったりすると、上昇トレンドになることが多い

C 大陽線／株価

D 窓あけ急騰／株価

上昇しているときに大陽線が出現したり、窓あけ急騰になったりすると、下降トレンドになることもある

◎ 大陰線

長い陰線のことを「大陰線」と呼びます。強い下落エネルギーが発揮されていることを示します。

高値圏やもみ合いのあとで大陰線が出た場合は、下落に転換するサインになります（**E**）。

逆に下落が続いたあとに出ると、下げの動きが最後まで行き着いて、その後上昇トレンドになると考えられます（**G**）。

◎ 窓あけ急落

下に窓をあけて株価が急落する形（窓あけ急落）は、強い下落エネルギーを表しています。

高値圏やもみ合いのあとに窓あけ急落が出ると、株価が崩れていく危険性があります（**F**）。

一方、株価の下落が続いたあとに出ると、その後上昇トレンドになると予測することができます（**H**）。

図15 ローソク足からトレンド転換がわかる〜その2

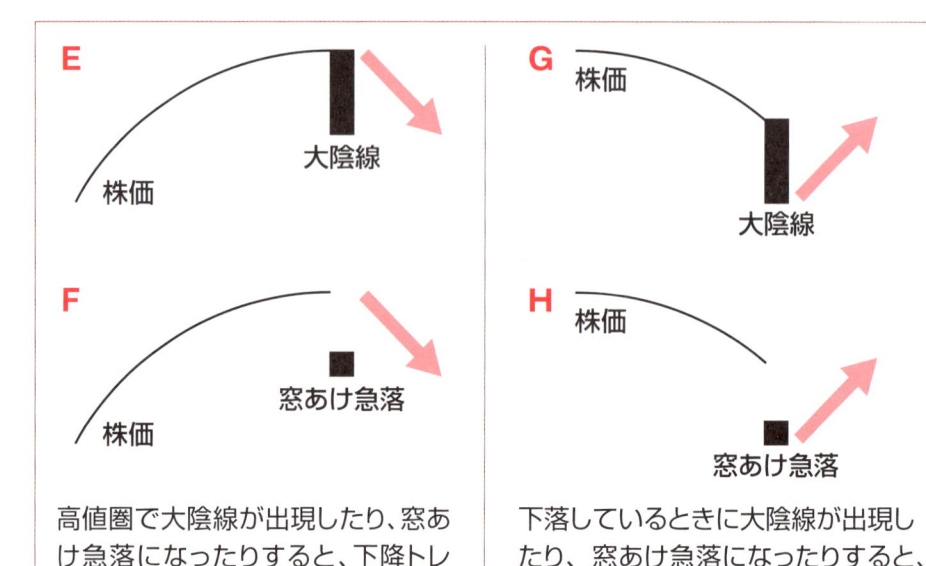

E 株価／大陰線

G 株価／大陰線

F 株価／窓あけ急落
高値圏で大陰線が出現したり、窓あけ急落になったりすると、下降トレンドになることが多い

H 株価／窓あけ急落
下落しているときに大陰線が出現したり、窓あけ急落になったりすると、上昇トレンドになることが多い

◎ 長い上ヒゲ

株価が急上昇から急落する可能性を示しています。

株価上昇が続いたあとにこれが出た場合は、下降トレンドに入ったサインとなります（**I**）。

また、大陽線と大陰線が並んだ場合も、急上昇から急落する可能性を表しているので、長い上ヒゲが出たときと同様に、下降トレンドに入ったサインと考えられます（**J**）。

◎ 長い下ヒゲ

株価が急落から急上昇する可能性を示しています。

株価下落が続いたあとに長い下ヒゲが出た場合は、急落してから買い注文が入って株価が戻ったことを示しています。したがって、株価が上昇に転じたと判断することができます（**K**）。

株価急落後に大陰線と大陽線が並んだ場合も、急落から急上昇する可能性を示しているので、長い下ヒゲと同じように、上昇トレンドに入ったサインと判断することができます（**L**）。

図16　ローソク足からトレンド転換がわかる〜その3

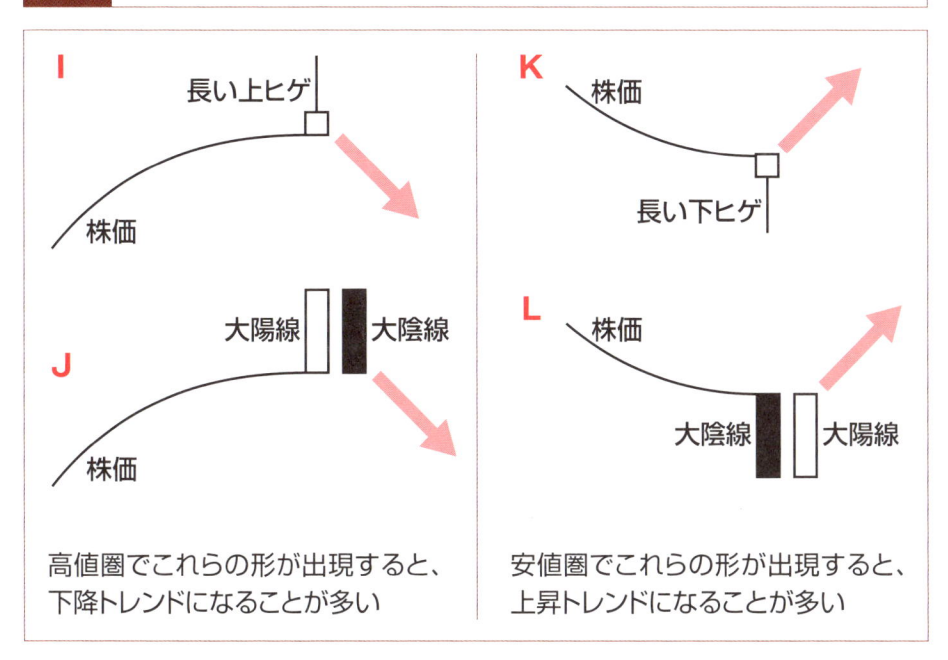

I 長い上ヒゲ／株価

J 大陽線　大陰線／株価

高値圏でこれらの形が出現すると、下降トレンドになることが多い

K 株価／長い下ヒゲ

L 株価／大陰線　大陽線

安値圏でこれらの形が出現すると、上昇トレンドになることが多い

キーワード ❺ 「移動平均線」から売り、買いのサインをつかむ

　5つ目のキーワード、「移動平均線」は、ほとんどのチャートに描かれているものです。これは一定期間の株価の平均を表す線で、トレンドを見るために使われます。

　移動平均線では、株価の動きを"流れ"としてとらえることができます。理解しやすいため、多くの投資家やトレーダーが参考にしています。

　もちろん、移動平均線だけを参考にするわけではありません。①〜④のキーワードとミックスしてチャートを見ることで、より精度の高い予測が可能になるのです。

　移動平均線の期間にはさまざまなものがあります。日足（1日を1単位とした株価の動き）チャートでは5日、25日、75日、週足（1週間を1単位とした株価の動き）チャートでは13週、26週の移動平均線がよく使われます。

　たとえば、5日移動平均線は「過去5日間の終値の平均値」を複数にわたって結んだものです。毎日上下動する株価の動きをならすことによって、株価のトレンドを把握しやすくなるわけです。

　一般的には短期、中期、長期の移動平均線を併用して、株価の大まかな傾向を見ていきます。

　5日および25日移動平均線は短期のトレンドを示しますが、13週および26週移動平均線は中長期のトレンドを示しています。

　私自身は、日足チャートは短期的な動きをつかむため、週足チャートは大きなトレンドをつかむために見ますので、日足チャートでは5日と25日、週足チャートでは13週と26週の移動平均線に注目しています。

　練習問題では日足チャートを使用しているので、まず5日と25日の移動平均線を見て、数日から2〜3カ月先の株価動向を予測する方法を学んでください。

　移動平均線の特徴として、①株価トレンドを示す、②株価の反転ポイントになりやすい、③株価が移動平均線から乖離する（離れすぎる）と、引き戻す力が働く、などがあげられます。移動平均線は株価を平均したものですから、株価と移動平均線はほぼ同じような軌跡をたどります。

　上昇トレンドのときの移動平均線には、株価が移動平均線を上回っている、もしくは移動平均線が上向いている、という2つの特徴が現れています。

　下降トレンドのときにはこの逆になります。

図17　移動平均線の特徴とは

> **移動平均線＝株価の動きを平均にならして、
> 　　　　　株価のトレンドを表した線のこと**

5日移動平均線は

過去5日間の
終値の平均値　$=\dfrac{その日の終値＋1日前の終値＋……＋4日前の終値}{5}$

を結んだ線

25日移動平均線は

過去25日間の
終値の平均値　$=\dfrac{その日の終値＋1日前の終値＋……＋24日前の終値}{25}$

を結んだ線

移動平均線の種類

日足チャート
- 5日移動平均線……超短期のトレンドを表す（本書では薄い線）
- 25日移動平均線……短期のトレンドを表す（本書では濃い線）

週足チャート
- 13週移動平均線……中期のトレンドを表す
- 26週移動平均線……長期間にわたる大きなトレンドを表す

特徴②の「株価の反転ポイント」という点から見ると、株価が下落してきたときには、移動平均線で上昇に転じる可能性が高いので、買いポイントになります。

一方、株価が上昇してきたときには、移動平均線ではね返されると予測できるため、売りポイントになるわけです。

さらに、株価が移動平均線から大きく離れた場合には、移動平均線に向けて引き戻される力が働きます。株価は移動平均線に収束していくのです。

したがって、株価が移動平均線よりも上に大きく離れたら、今後は株価が下がると判断できるので売りのサイン、逆に下に大きく引き離された場合は買いのサインになります。

こうした動きを出来高の動きとあわせて見ると、さらに効果が高まります。

株価が移動平均線から大きく下に乖離したときに、出来高が急増したら、株価は移動平均線に向かって上昇し始める可能性が高いと判断できるのです。

図18　覚えておきたい移動平均線の特徴とは

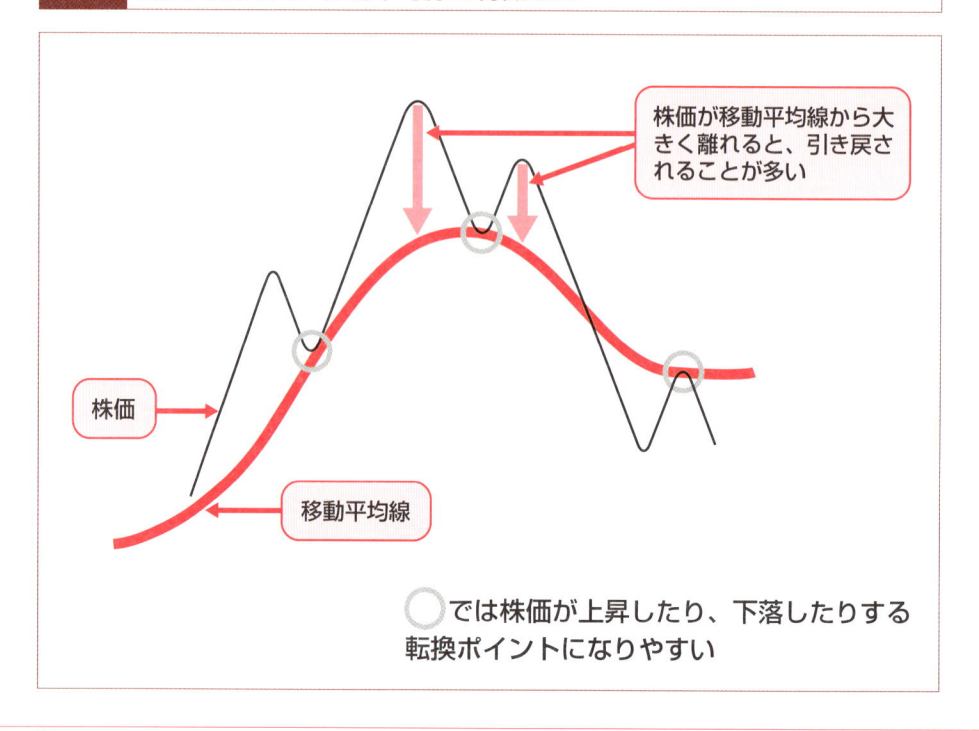

○では株価が上昇したり、下落したりする転換ポイントになりやすい

移動平均線と株価の関係だけではなく、期間の異なる2本の移動平均線がどのように交差（クロス）するかによって、株価の動向を予測する方法もあります。

クロスの仕方には「ゴールデンクロス」と「デッドクロス」があります。

短期間の例で説明すると、ゴールデンクロスは、5日移動平均線が、上昇しながら25日移動平均線を下から上に抜いた状態のことです。

これは、今後株価が上昇する可能性が高いことを示しており、買いのサインです。

デッドクロスは、5日移動平均線が、下降しながら25日移動平均線を上から下に抜いた場合です。

これは、株価が下落することを示すサインですから、売りのポイントになります。

図19　移動平均線のクロスは見逃せない！

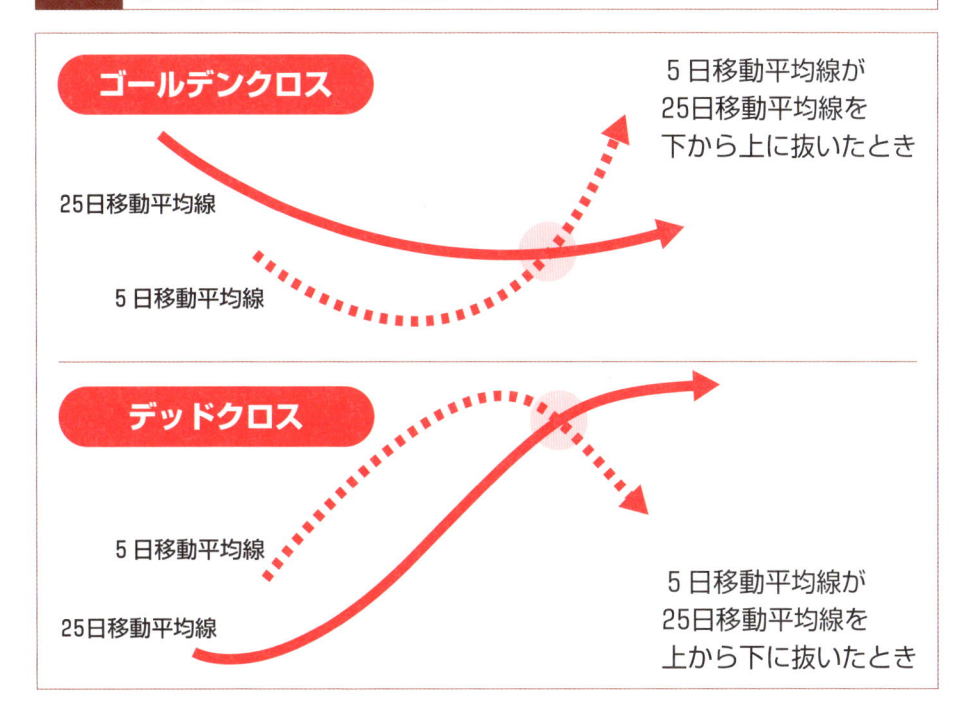

ゴールデンクロス

25日移動平均線
5日移動平均線

5日移動平均線が
25日移動平均線を
下から上に抜いたとき

デッドクロス

5日移動平均線
25日移動平均線

5日移動平均線が
25日移動平均線を
上から下に抜いたとき

キーワードを活用して儲かるパターンを習得しよう

❶ 安値圏で出来高が急増するパターン

　ここからは、先ほど解説した5つのキーワードを使って、実践のなかで見出した儲かるチャートのパターンを5つ紹介していきます。

　ひとつ目は、「安値圏から出来高が急増して上昇」というパターンです。

　これは、5つのキーワードのなかの「出来高」の項目（38ページ参照）ですでに説明しているものです。

　もっともわかりやすくて有効性も高いパターンであり、ふだん私が一番多く使うものなので、ここであらためて強調したいと思います。

　株価が下落してくると、多くの投資家・トレーダーが「そろそろ買いかな」と考え始めます。

　ですから、**出来高が急増して株価がじわじわと上昇**するということは、実際に多くの投資家が買い始めたことを示しているのです。

　あるいは、その会社に関する情報からよい変化があると判断され、大きな資金が投入されているのかもしれません。

　安値圏から出来高が急増して株価が上昇するという動きには、このように上昇トレンドに入る要因がある場合が多いのです。

　このような動きが出てきたら、必ずチェックして、買うタイミングを見はからうようにしましょう。

❷ もみ合いのブレイクアウトのパターン

　株価が上下動しながらも横ばいトレンドにあるもみ合いは、上昇トレンドでも下降トレンドでもない動きです。

　しかしながら、もみ合いが続くということは、株価が動きを休めている状態ともいえ、上か下へ動くエネルギーをため込んでいるとも考えられます。

　こうした状態から抜け出すと、エネルギーがたまっている分、抜けた方向にしばらく動く傾向にあります。

　したがって、もみ合いから株価が上へ抜ける（ブレイクアウトする）と、しばらくは上昇が続くと考えられるため、買いのサインになります。

　もみ合いをブレイクアウトするときに、出来高が急増していればいるほど、そこで発生した上昇エネルギーは大きいと判断できることも覚えておいてください。

　また、もみ合いの一種に「三角もち合い」という形があります（もち合いは

図20　もみ合いのブレイクアウトは要チェック！

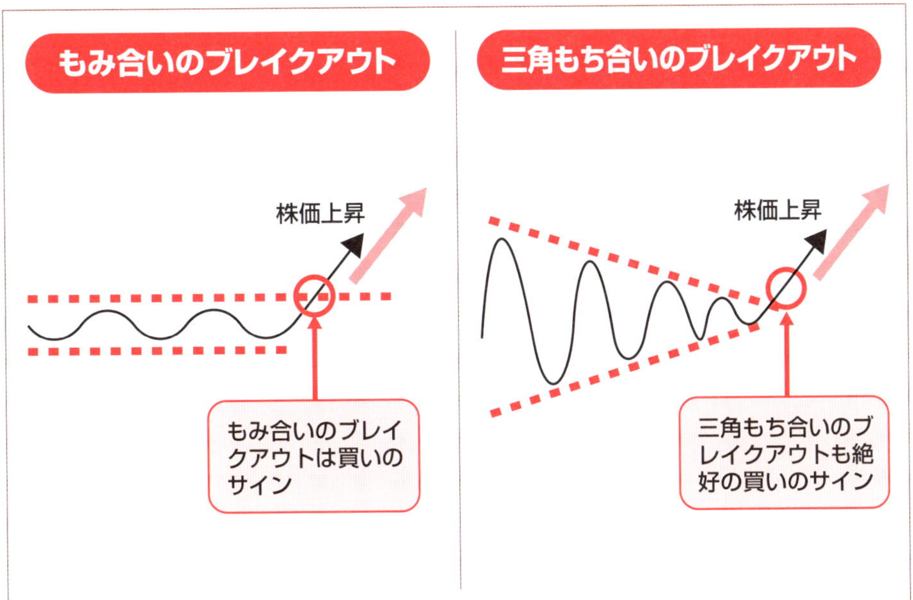

もみ合いのブレイクアウト

株価上昇

もみ合いのブレイクアウトは買いのサイン

三角もち合いのブレイクアウト

株価上昇

三角もち合いのブレイクアウトも絶好の買いのサイン

株価のもみ合いや三角もち合いは、エネルギーをため込んでいる

もみ合いと同じ意味)。これは、株価が上下動する幅がだんだん小さくなっていき、三角形の形になりながらもみ合うもので、下の図のようにさまざまな形があります。

「三角もち合いのブレイクアウト」とは、高値を結んだ線を株価が上へ突破することです。三角もち合いをブレイクアウトした場合にも、大きな上昇エネルギーが発生する傾向にありますが、それは上下動の幅が小さくなるほど、エネルギーがため込まれると考えられるからです。
　このように、三角もち合いのブレイクアウトも買いのサインになります。
　ブレイクアウトとは逆に、もみ合いながら株価が下に抜けることを「ブレイクダウン」といいます。三角もち合いのブレイクダウンは、安値を結んだ線を株価が割ることです。
　もみ合いのブレイクダウンは、しばらく下落が続くと判断できるので、売りのサインになります。

図21　三角もち合いの4つの形

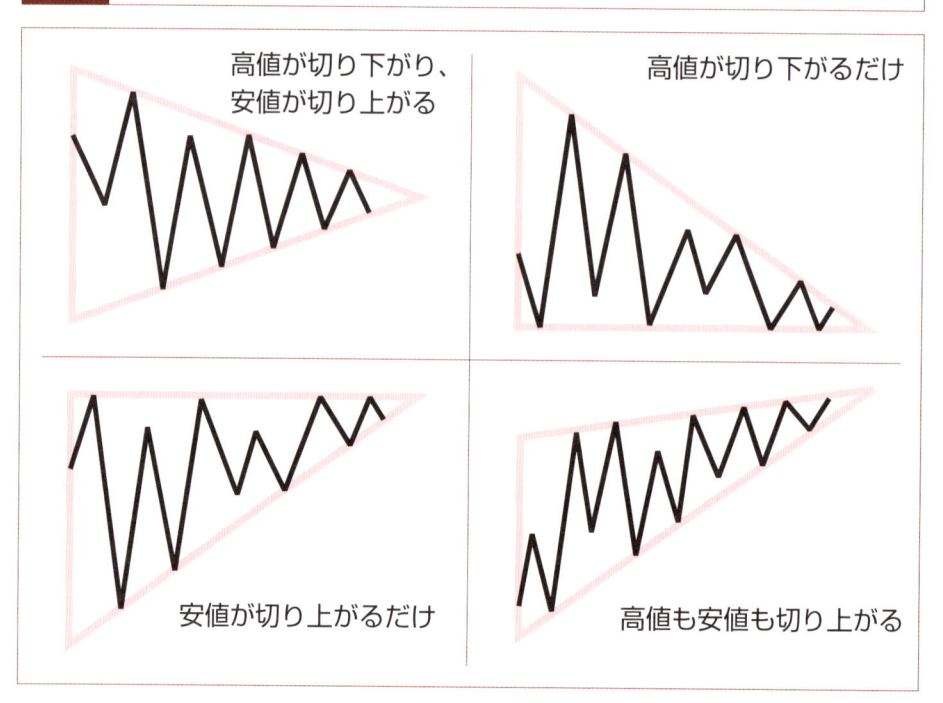

高値が切り下がり、安値が切り上がる	高値が切り下がるだけ
安値が切り上がるだけ	高値も安値も切り上がる

❸ 急騰後、高値もみ合いのブレイクアウトのパターン

チャートパターンの①と②をミックスさせたような動きが、「急騰後、高値もみ合いのブレイクアウト」です。

急騰するときの動きには、キーワードのなかの「ローソク足」の項目（45ページ参照）で説明したように、安値圏での大陽線と窓あけ急騰の2つのパターンがあります。

これは、多くの投資家が資金を投入してきたことを表す形です。

急騰後にもみ合うのは、スタートダッシュしたあとに少し休憩して、息を整えている状態だと考えてください。

急騰したあとに高値でもみ合う形になったら、注意して見守ります。
ブレイクアウトしたら、かなり確実性の高い買いのシグナルです。

図22　儲かるブレイクアウトのパターン

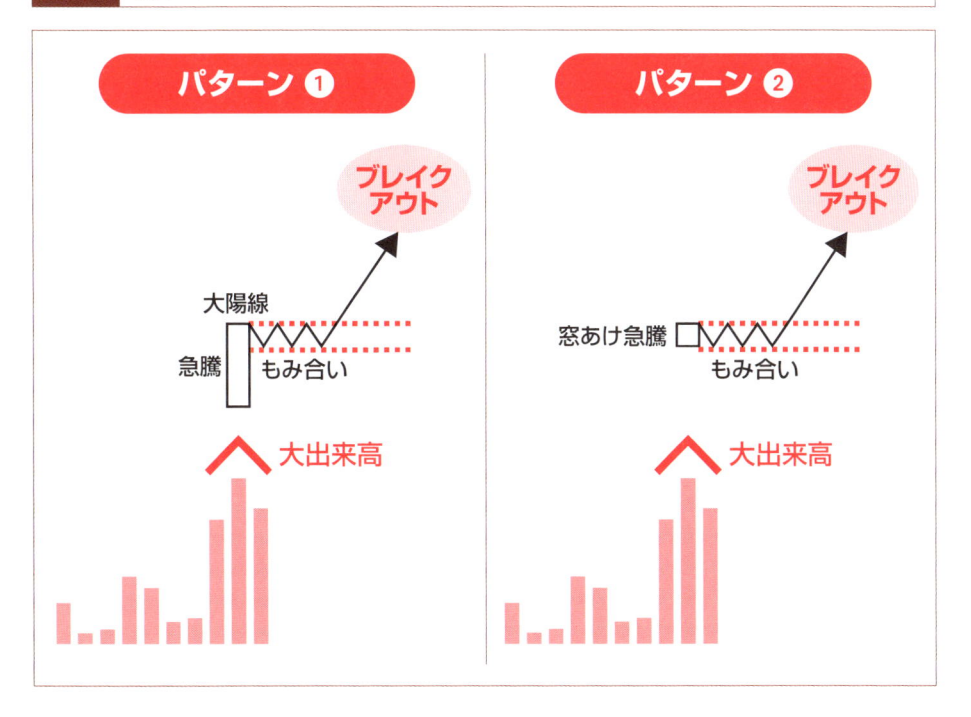

パターン❶
大陽線　急騰　もみ合い　ブレイクアウト　大出来高

パターン❷
窓あけ急騰　もみ合い　ブレイクアウト　大出来高

❹ W底のネックライン突破のパターン

「W底」とは、株価が下落してきたあとに、2回安値をつけるパターンのことをさします。アルファベットのWのような形になるため、W底と呼んでいます。

2回底値（最安値。これ以上、下がらないだろうという株価）を打ってから、上昇し始めるパターンです。

これまでの私の経験からも、W底を利用した売買戦略の勝率は高いといえます。

このパターンで買いポイントとなるのは、「ネックライン」を越えたところです。ネックラインとは、2つの安値の間にある戻り高値の水準のことです。

2回目の安値をつけたあとにネックラインを突破すると、W底の形が完成したと判断でき、買いのサインと見ることができるのです。

ネックラインを突破した時点で出来高が急増していると、強い上昇エネルギーをともなっているため、さらに株価が上昇すると予測できます。

ただし、株価がネックラインを越えたことを確認するまでは、安易に買わないほうが賢明です。ネックラインを越えないうちに下落するケースがありえるからです。

また、W底の形ができると、株価上昇の水準をある程度予測できることができます。

詳しくは、のちほど練習問題で説明していきますが、一般的には、W底の安値からネックラインまでの値幅をネックラインに上乗せした水準を、利益確定の第1目標にします。

ところで、チャートにはWを反対にした「M字型」のパターンが現れることがあります。これは、W底とは逆に売りのサインになりますが、参考までに説明しておきます。

M字型は2つの高値が並ぶ形です。株価が2つの高値の間にある安値を割り込むとM字型が完成するのですが、株価が下落する可能性が高いパターンです。高値圏でこのパターンが現れたら、売りのサインと判断してください。

図23　儲かるW底と要注意のM字型のパターン

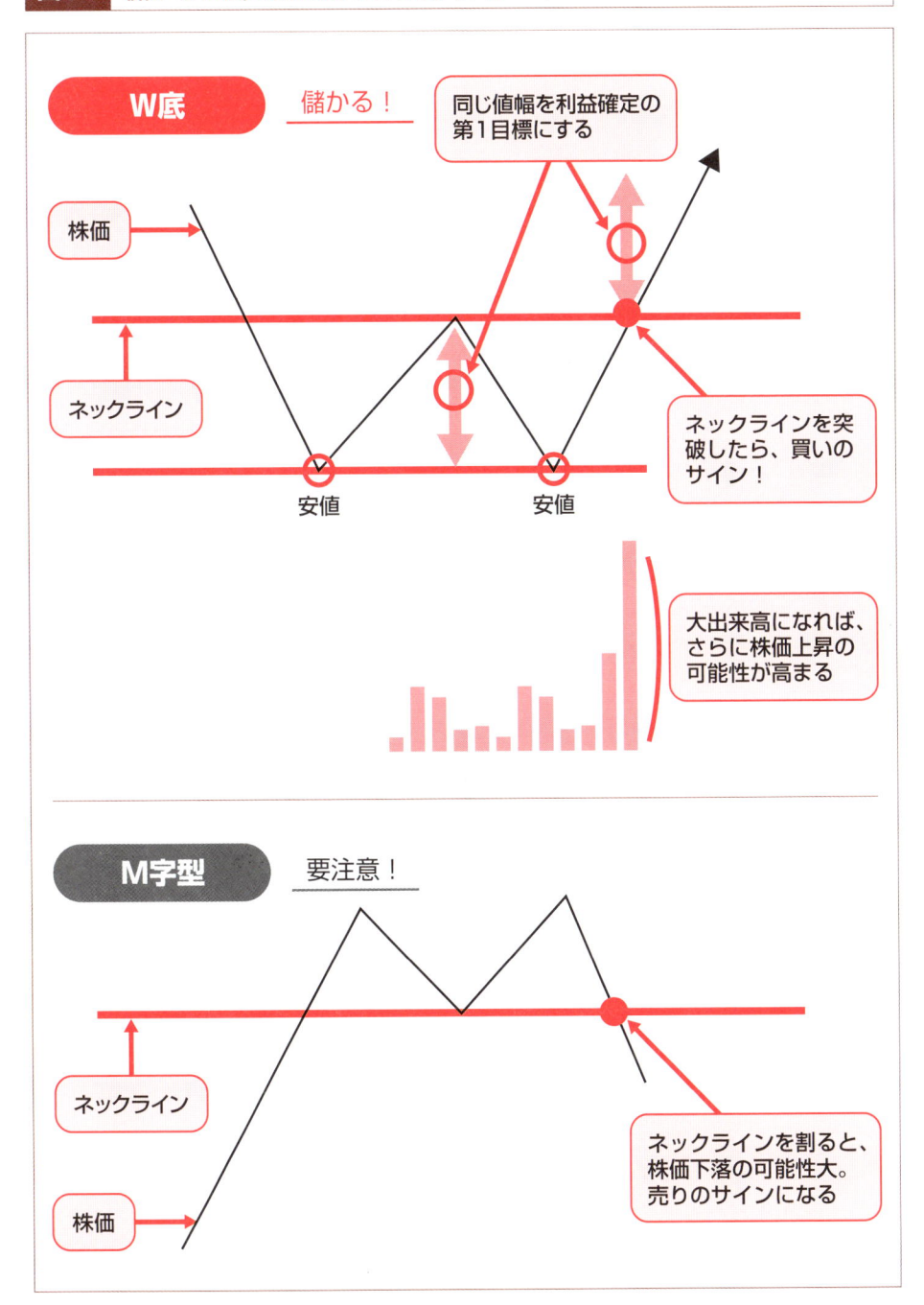

W底　儲かる！

- 株価
- ネックライン
- 同じ値幅を利益確定の第1目標にする
- 安値
- 安値
- ネックラインを突破したら、買いのサイン！
- 大出来高になれば、さらに株価上昇の可能性が高まる

M字型　要注意！

- ネックライン
- 株価
- ネックラインを割ると、株価下落の可能性大。売りのサインになる

❺ 上昇トレンドの押し目買いのパターン

「押し目」とは、上昇トレンドのなかで株価が一時的に下がったところをいいます。「押し目で買い、上昇したら売る」という売買を繰り返すのがこのパターンですが、オーソドックスで、有効性の高い作戦だといえます。

「上昇トレンドかどうか」を判断するには、トレンドラインや移動平均線を利用します。

株価がトレンドラインに支えられながら切り上がっていたり、移動平均線が上向いていたり、株価が移動平均線を上回っていたりする状態なら、上昇トレンドといえます。

押し目買いのめどは、上昇トレンドにある株価が、トレンドラインや移動平均線まで下がってきたところです。

押し目買いをする場合には、トレンドラインや移動平均線にきれいに沿っている銘柄を対象にするといいでしょう。

図24 儲かる上昇トレンドの押し目買いのパターン

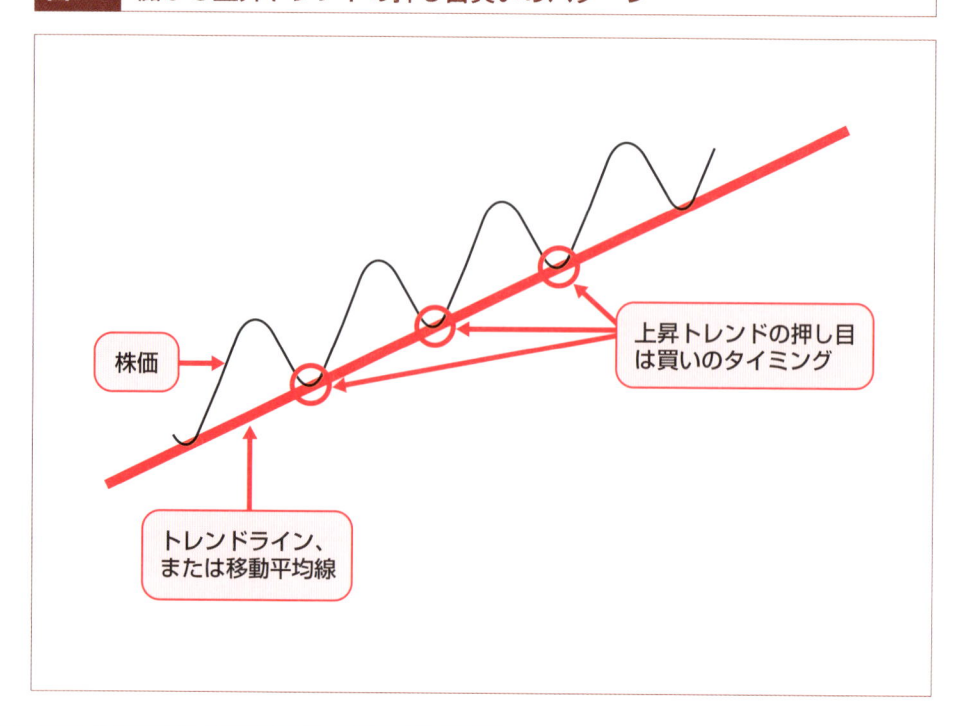

- 株価
- 上昇トレンドの押し目は買いのタイミング
- トレンドライン、または移動平均線

⑥ そのほかのチャートパターン

いままで説明してきた5つの儲かるチャートパターンは、比較的よく見られ、利益を出しやすい形です。

ここでは、目にすることはさほど多くないものの、知っておくと役に立つ儲かるパターンと要注意のパターンをいくつか紹介しましょう。

図25　覚えておくと便利なチャートパターン

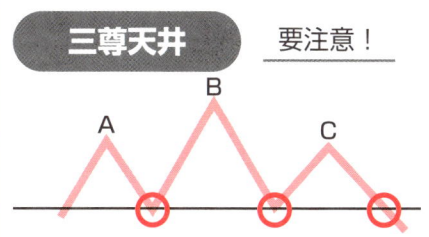

三尊天井　要注意！

天井圏において、3つの高値をつける形。真ん中の高値Bがもっとも高く、その両脇に高値AとCが並ぶ。釈迦三尊像の並びに似ているためにこう呼ばれ、株価が間にある2つの安値を結んだ線を割ると、この形が完成する。相場がエネルギーを消耗しており、下降トレンドに入るサインになる。

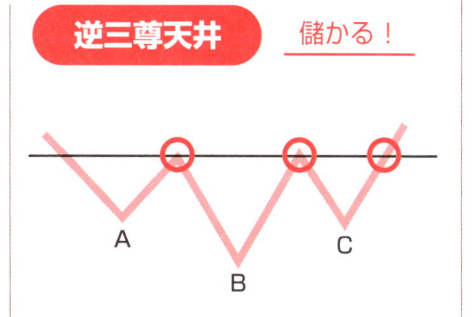

逆三尊天井　儲かる！

三尊天井の逆のパターンで、最安値Bの両脇に安値AとCが並ぶ。間にある2つの高値を結んだ線を突破したら、買いのサインになる。

N字型　儲かる！

アルファベットのNに似ているこのチャートパターンは、底値圏で現れると上昇トレンドのサイン。上昇してきた株価が反落し、その後すぐ再上昇するもの。直前の高値を突破したら、この形が確定する。

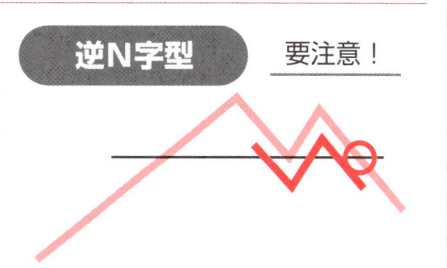

逆N字型　要注意！

アルファベットのNを反転させた形。高値圏でこのパターンが現れると、売りのサインになる。下落してきた株価が一時反発するが、またすぐ下落するパターンで、直前の安値を割ると逆N字型が確定する。

株式市場には必ずサイクルがある。ワナに落ちないように気をつけよう

上昇トレンドのときにも注意を

　ここまでは、テクニカル分析に必要な5つのキーワードと儲かるチャートパターンを見てきました。

　そのうえで、みなさんにもうひとつ理解していただきたいことがあります。それは、「株式市場にはサイクルがある」ということです。

　あたり前のことですが、昔から株式市場では上昇トレンドと下降トレンド、すなわち儲けやすい時期と損をしやすい時期が繰り返されているのです。

　多くの投資家、特に初心者は市場が一番盛り上がっているときに株デビューをする傾向にあります。確かに上昇トレンドの時期なのですが、そのときはすでに上昇トレンドの最終局面で、株価はピークを迎えようとしていることを知らずに、です。

　そして、しばらくすると株価は下降トレンドに転換してしまいます。

　そのため、ピーク直前で買った多くの投資家は、高値で買った株の含み損がどんどんふくらんでいきます。これが、昔から警戒されているサイクルのワナです。

　つまり、初心者が株式市場にどっと押し寄せてくると、相場が過熱して天井をつけてしまう可能性が高いのです。それは、キーワードの「出来高」の項目で説明したとおりです。

　そのため、上昇トレンドでは出来高にも注目しつつ、警戒する必要があります。

　危険なシグナルが見えたら、迷うことなく一時撤退をおすすめします。

　そのままその銘柄を持ち続けていると、塩漬けにしてしまうおそれがあるからです。

　万が一、含み損が大きくなる前に株価が戻ってきたとしても、それは「間違っ

た成功体験」になってしまいます。

この体験をもとに、ほかの銘柄でも「あのときは株価が戻ってきたのだから、今度も大丈夫だろう」と高をくくって損切りしないでいると、損失を大きくしてしまうことになるのです。

損切りをためらってはいけない

下降トレンドに入ると、初心者にとっては儲けづらい局面になります。

そこでむやみにナンピン買い(買った銘柄が下落し、安値に来たと判断したときに、さらに買い足すこと)をして、株価下落がいっそうひどくなってからやっと損切りして「もう株はこりごりだ」とやる気をなくしてしまったりしては、次のチャンスで挽回することはできません。

下降トレンドに入ったら損切りして一時撤退し、次の上昇トレンドに備えて、株の勉強や銘柄研究を行うほうがいいでしょう。

そうすれば、上昇トレンドに入るサインをすばやくキャッチできますし、次のチャンスに遅れずに乗ることができるからです。

市場のサイクルをしっかりと理解して、上昇トレンド、下降トレンド、横ばい(もみ合い)など、それぞれの局面に対応していくこと。そして塩漬け株は決してつくらないようにすること。これらを徹底して守ってください。その理由は以下のとおりです。

◎ **一度下がり始めた株は、どこまで下がり続けるかわからない**
◎ **上昇トレンドに入ったとしても、株価は上がらない可能性がある**

そのためには、下降トレンドに入るサインにいち早く気づくことが大きなポイントだということを、しっかりと覚えておいてください。

日経平均株価に沿った有効な戦略とは

最後に、日経平均に従って、全体相場における各局面で有効な戦略をご紹介します。

❶ もみ合い局面
　株価が一定の範囲で上下動するなかで、安値で買い、高値で売る戦略をとります。

❷ 上昇トレンドの初期段階
　底値にある銘柄で上昇トレンドに入りそうなサインが出ているチャートパターンがあれば、買いです。このパターンをどんどん探していくといいでしょう。

❸ 上昇トレンドが明確な局面
　トレンドラインや25日移動平均線に沿ってきれいに上昇している銘柄を探し、上昇トレンドの押し目買い（60ページ参照）や、もみ合い後のブレイクアウトをねらうのがいいでしょう。

　底値切り返しパターンは、あまり有効ではありません。全体相場が上昇しているなかで下がり続けている銘柄は、リスクが高いと判断できます。

❹ 横ばいトレンド
　上昇トレンドがしばらく続いた結果、値動きが鈍くなります。高値をブレイクしたかと思っても、下落してしまう動きが繰り返されます。

　損切りが多くなり、我慢しなければならない時期です。

❺ 下降トレンド
　下降トレンド入りがはっきりしたら、トレードはしばらくお休みです。次のチャンスに備えて、銘柄研究などをしておきましょう。

図26　株式市場のトレンドごとに戦略を立てよう

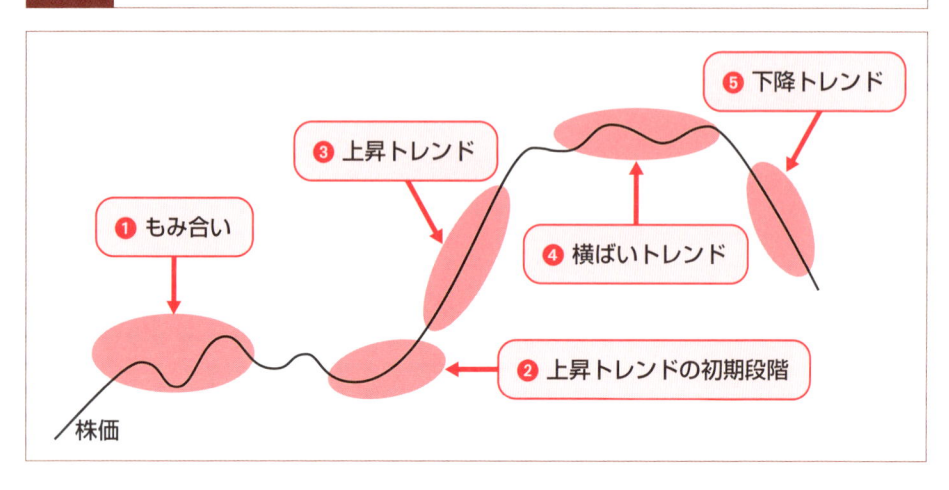

PART 2

2004年～2007年の日経平均を読みこなそう

個別銘柄の株価予測をするうえで、日経平均は欠かせない存在です。まずは、日経平均をもとに、5つのキーワードである「トレンドライン」「出来高」「支持線・抵抗線」「ローソク足」「移動平均線」をどのように活用するのか、練習問題をとおして見ていきましょう。

日経平均について
しっかりと理解しよう

日経平均から、株式市場の状況がわかる

　みなさんは「日経平均」がどのようにして計算されているのかご存知ですか？

　ニュースなどで耳にしない日はないくらい頻繁に使われている言葉ですが、株価チャートで稼いでいくには、日経平均を分析することが不可欠です。

　日経平均とは、東京証券取引所1部に上場する約1700銘柄の株式のなかから、代表的な225銘柄の株価をもとに算出した株価指数のことです。

　銘柄は市場流動性が高い（売買が成立しやすい）ものを、業種のバランスよく選んでいます。日本経済新聞社が情報を提供しているので、「日経」という名称がついています。

　ちなみに東京証券取引所は、通常「東証」と呼ばれ、大企業を中心とした「1部」、中堅企業を中心とした「2部」、ベンチャー企業を中心とした「東証マザーズ」の3つの株式市場を運営しています。

　また、「TOPIX」とは東証1部に上場されている全銘柄を対象とした、日本の株式市場全体の動きを表した株価指数で、東証が算出・公表しています。

　このようなことを理解したうえで、5つのキーワードで解説した「トレンドライン」「出来高」「支持線・抵抗線」「ローソク足」「移動平均線」を組み合わせて考えると、株価の動きがよりわかりやすくなります。

　日経平均の動きを明確に予測することは不可能ですが、トレーニング次第である程度は可能です。

　ただ、仮に予測がはずれたとしても、株価がずっと上昇し続けることがないのと同様、下がり続けることもないので、極端に落胆することはありません。

　それでは実際に、2004年〜2007年の日経平均の株価チャートをもとに、5つのキーワードである「トレンドライン」「出来高」「支持線・抵抗線」「ローソク足」「移動平均線」に関する練習問題を解いていきましょう。

PART 2　2004年〜2007年の日経平均を読みこなそう

図27 日本の株式市場の動きを把握する指標

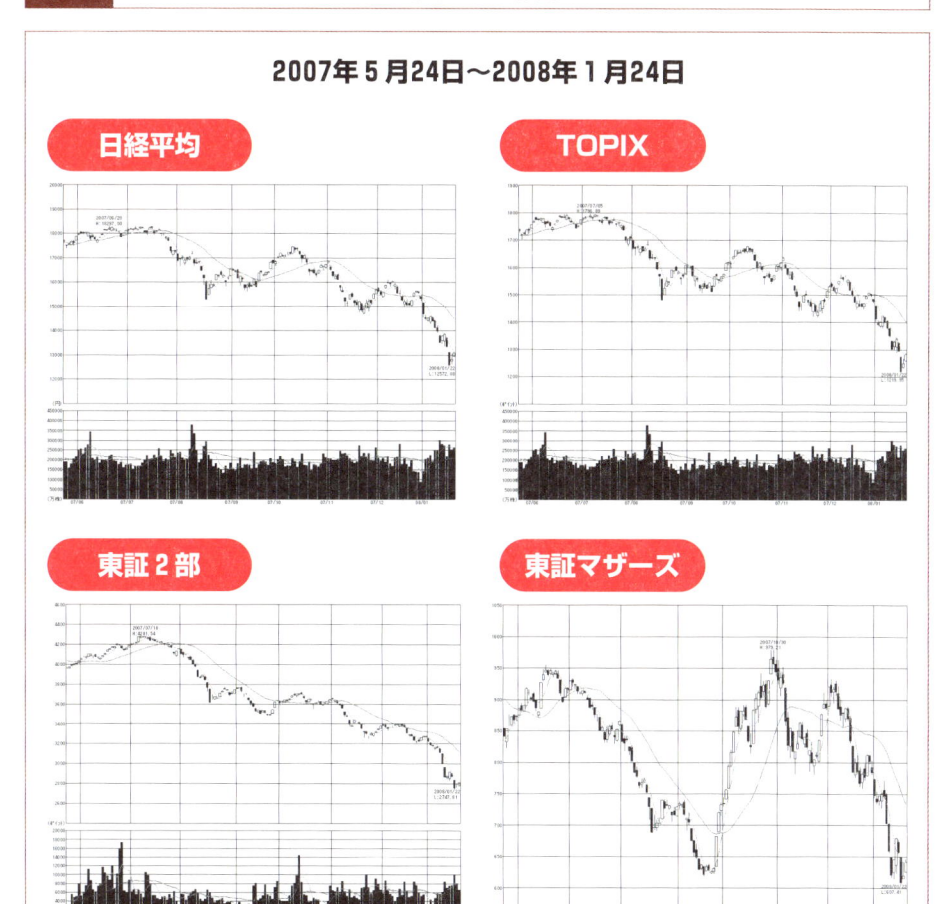

2007年5月24日〜2008年1月24日

日経平均

TOPIX

東証2部

東証マザーズ

日経平均とTOPIXの動きは似ているが、
東証2部は若干ゆるめ。
東証マザーズはベンチャー企業を中心とした市場であるだけに、
株価の動きが激しくなっている。

※Qは練習問題、Aは解答になります。

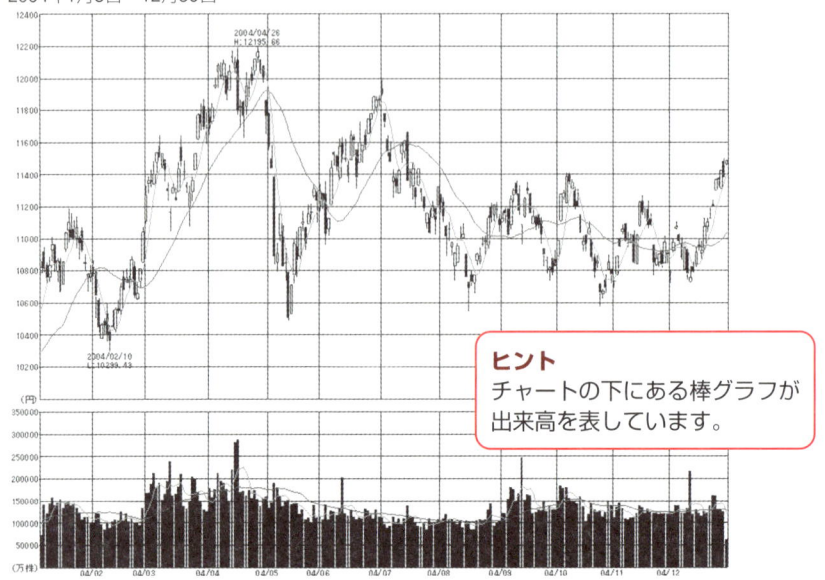

Q1 チャート上にトレンドラインを引いてください。

日経平均　2004年1月5日～12月30日

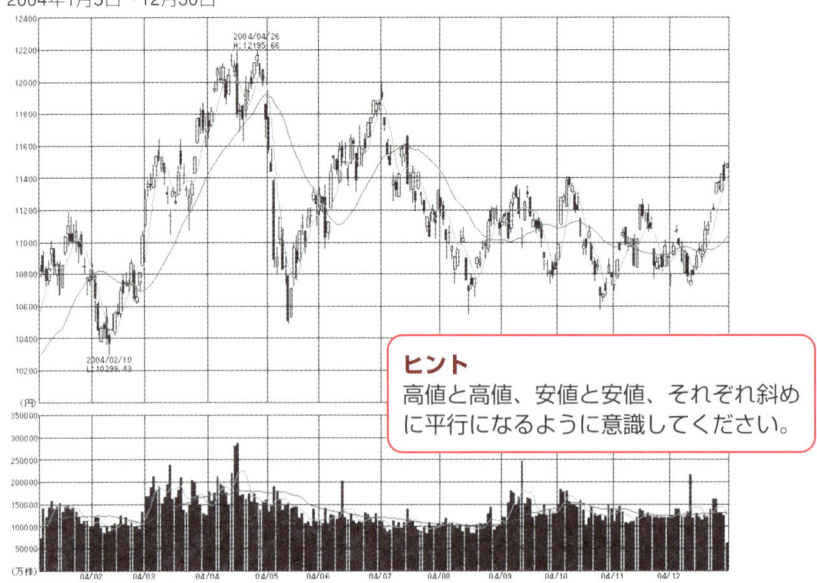

ヒント
高値と高値、安値と安値、それぞれ斜めに平行になるように意識してください。

Q2 出来高と株価の関係を指摘してください。

日経平均　2004年1月5日～12月30日

ヒント
チャートの下にある棒グラフが出来高を表しています。

PART2 2004年～2007年の日経平均を読みこなそう

Q3 支持線・抵抗線を引いてください。

日経平均　2004年1月5日～12月30日

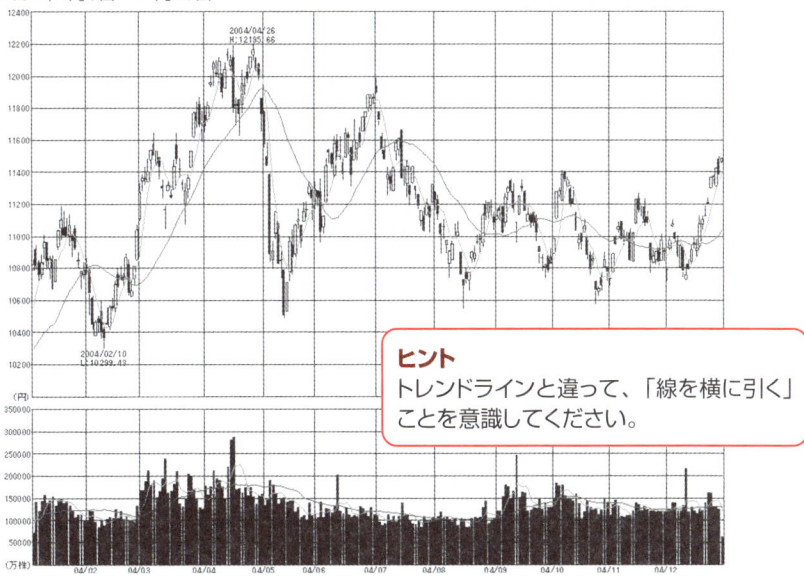

> **ヒント**
> トレンドラインと違って、「線を横に引く」ことを意識してください。

Q4 Q1～3の解答をチャートにすべて記入し、注目すべきポイントを考えてください。そして、ローソク足と移動平均線のポイントを考えてください。

日経平均　2004年1月5日～12月30日

25日移動平均線

5日移動平均線

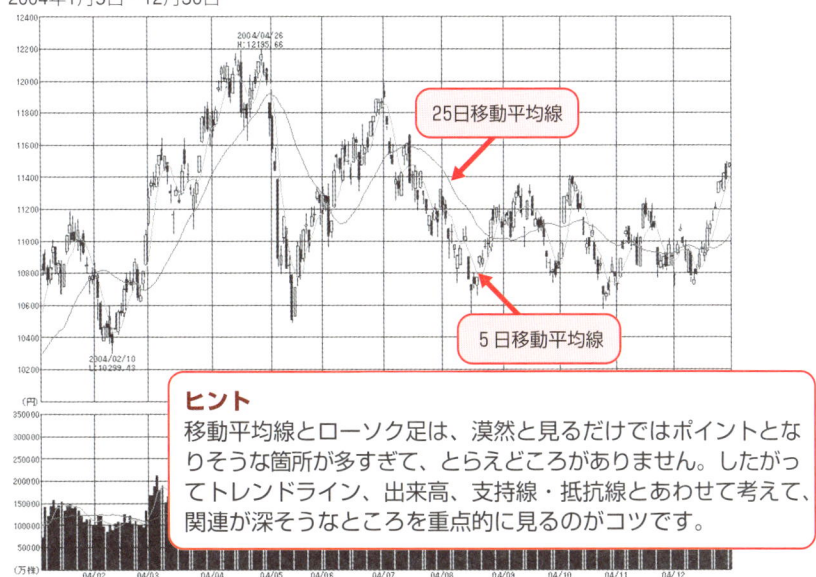

> **ヒント**
> 移動平均線とローソク足は、漠然と見るだけではポイントとなりそうな箇所が多すぎて、とらえどころがありません。したがってトレンドライン、出来高、支持線・抵抗線とあわせて考えて、関連が深そうなところを重点的に見るのがコツです。

A1

高値と高値、安値と安値を結ぶと、以下の図のようにトレンドライン（斜めの線）が4本引けます。

日経平均　2004年1月5日〜12月30日

引き方によってはトレンドラインが何本か引けることもある。そのときは正確な1本の線を引こうとせずに、何本か引いてみて「層」としてとらえる

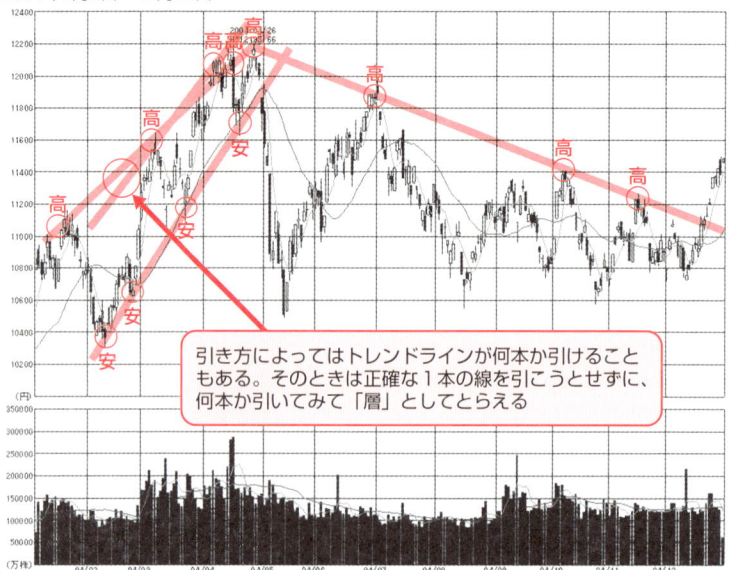

A2

Aのポイントでの出来高増のあと、株価が急落しています。

日経平均　2004年1月5日〜12月30日

出来高増

出来高増のあとは株価は急落したり、急騰したりと激しく動いている

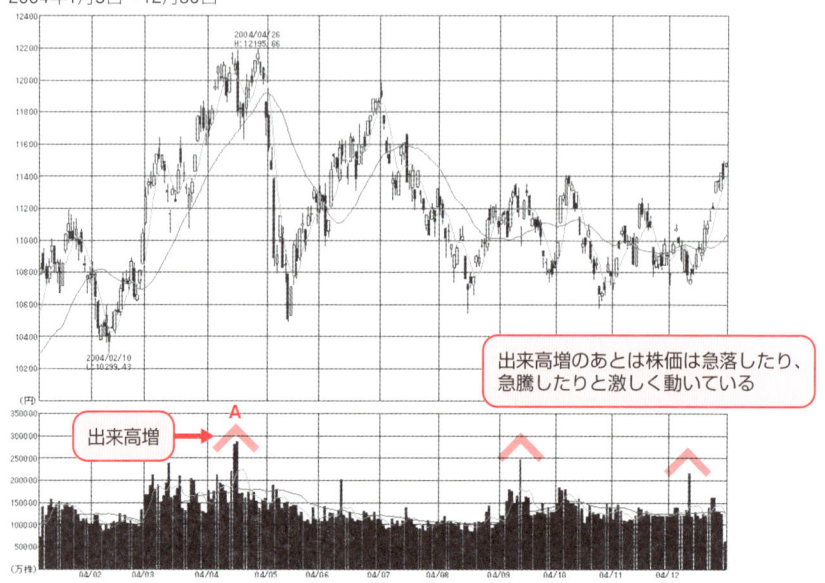

A3 高値と高値を横に結んだ抵抗線と、安値と安値を横に結んだ支持線は、必ずチャート上に引くようにします。

日経平均 2004年1月5日～12月30日

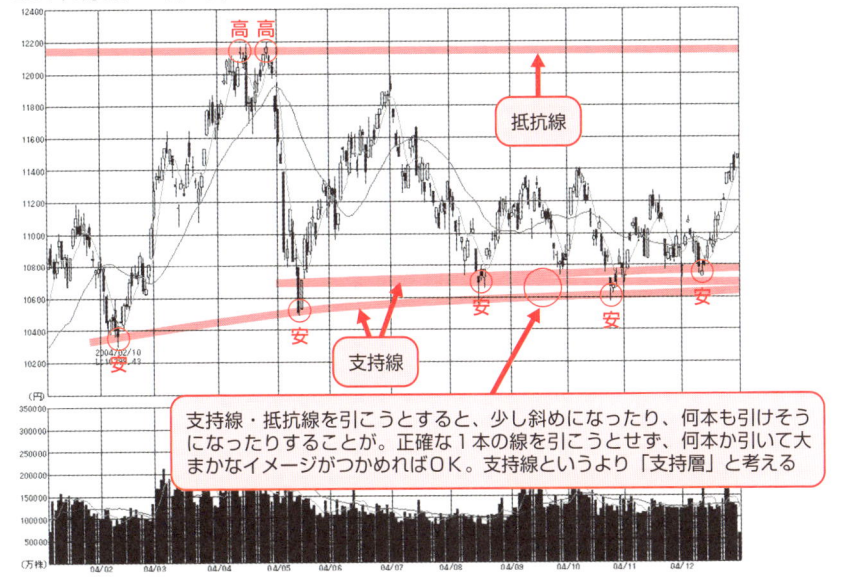

支持線・抵抗線を引こうとすると、少し斜めになったり、何本も引けそうになったりすることが。正確な1本の線を引こうとせず、何本か引いて大まかなイメージがつかめればOK。支持線というより「支持層」と考える

線を横に引くことを覚えよう

　雑誌や書籍などではトレンドラインは頻繁に取り上げられますが、支持線・抵抗線についてはあまり触れられていないようです。

　しかし、トレンドラインだけで予測していると、はずれてしまうこともあります。

　株価がある一定のラインを越えられずに何度も押し戻されてしまう。あるいは下落しても必ず支えられる。こういったケースではトレンドラインではなく、支持線・抵抗線が機能していると考えられます。

　これらについてはあとの問題で詳しく述べますが、支持線・抵抗線は長期にわたって機能することもあります。

　前年の支持線や抵抗線が、当年の株価にも影響を与えていることも考えられるのです。

　斜めのトレンドラインだけではなく、必ずチャート上に支持線・抵抗線を引いて、チェックする習慣をつけましょう。

A4 まずは、Q1~Q3の解答をあわせて考えるポイントを解説します。

日経平均　2004年1月5日~12月30日

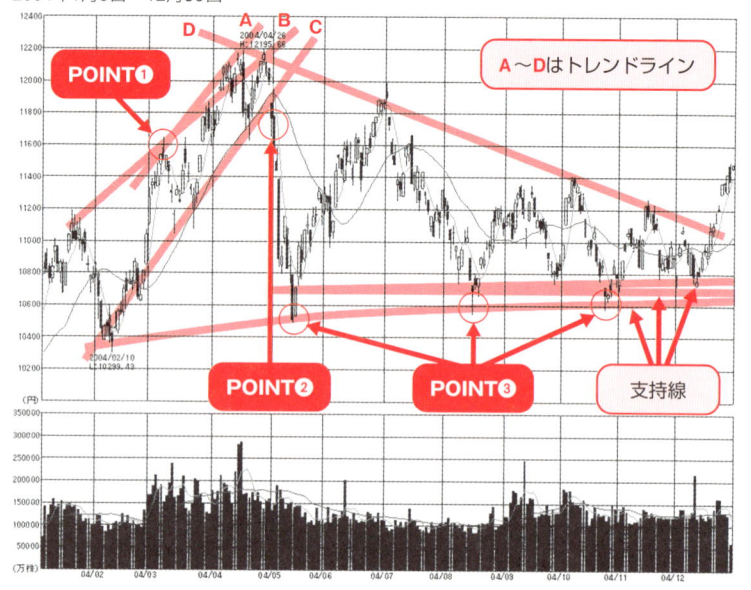

解説

POINT❶　トレンドラインは4本引けます（**A、B、C、D**）。株価は上昇トレンドにありますが、**POINT❶**で株価が押し戻されているのがわかります。

　さらに1カ月後もトレンドライン**A**で株価が押し戻されていて、この線をなかなか越えられません。そこでトレンドライン**A**が機能し、当面の株価の上限がこの線にあるとわかります。

POINT❷　株価がトレンドライン**C**をブレイクダウンしています。株価はブレイクダウンすると、しばらく下降する習性があります。

　よって、ここで損切りしなければ、大きなマイナスを出してしまう危険性が高くなります。ブレイクダウンした時点で損切りをして、その後株価が戻ってきたら買い直しをしましょう。

POINT❸　株価が支持線で4回も押し戻されているので、この支持線はかなり強く機能していることがわかります。前述したとおり、支持線が何本か引ける場合は「支持層」としてとらえます。

　トレンドライン、支持線・抵抗線は未来の株価の予測にも役立ちます。重要なポイントなので覚えておいてください。

PART2 2004年～2007年の日経平均を読みこなそう

次に、移動平均線とローソク足のポイントについて解説します。

日経平均 2004年1月5日～12月30日

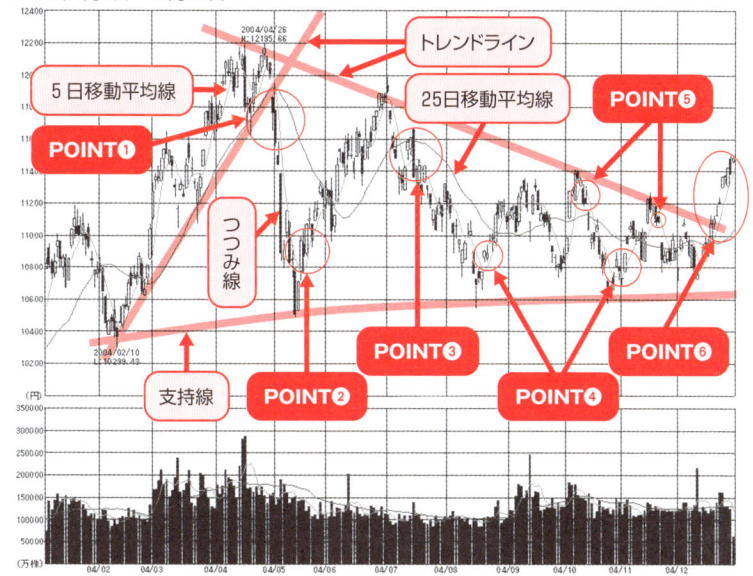

解説

POINT❶ ここで株価がトレンドラインをブレイクダウンするという、株価下落のシグナルが出ています。しかも移動平均線が下向きになり、それを下回る「つつみ線」（大陰線が小さな陽線を包み込む）が出ているので、株価下落の可能性が濃厚になります。

POINT❷ 株価が支持線で支えられたあと、5日移動平均線の上に来ています。これは株価が反転するサインです。さらに株価と25日移動平均線の乖離が大きくなっているため、移動平均線のほうに引き戻す力が働きます。

POINT❸ 高値と高値を結ぶトレンドラインが引けているところに、大陰線が出ています。したがって、トレンドラインを突破できないと予測できます。

POINT❹ この2点では安値を結んだ支持線で株価が跳ね返され、さらに5日移動平均線の上にローソク足が来ているため、株価上昇を予測するポイントになります。

POINT❺ POINT❹と逆のケースで、トレンドラインで株価が押し戻されたうえに、5日移動平均線の下に株価が来ています。これは株価が下がるシグナルです。

POINT❻ 株価がトレンドラインを突破し、陽線が多く、移動平均線が上向き。また移動平均線の上に株価が来ているので、株価上昇の可能性が高くなります。

73

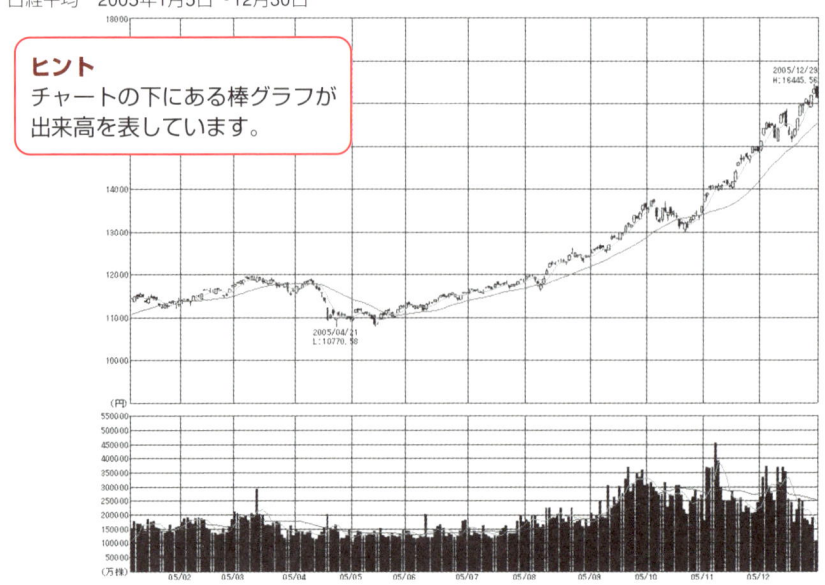

Q5 チャート上にトレンドラインを引いてください。

日経平均　2005年1月5日〜12月30日

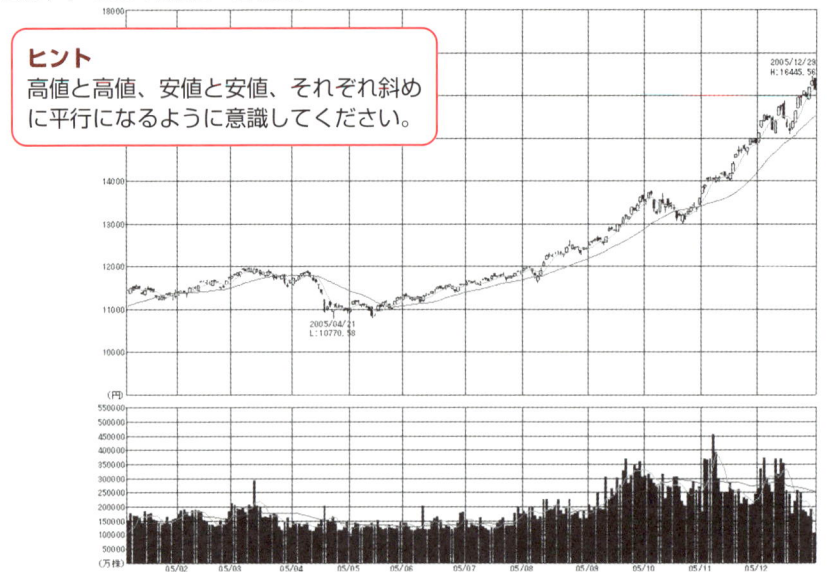

ヒント
高値と高値、安値と安値、それぞれ斜めに平行になるように意識してください。

Q6 出来高の増加ポイントを指摘してください。

日経平均　2005年1月5日〜12月30日

ヒント
チャートの下にある棒グラフが出来高を表しています。

PART 2 2004年〜2007年の日経平均を読みこなそう

Q7 支持線・抵抗線を引いてください。

日経平均　2005年1月5日〜12月30日

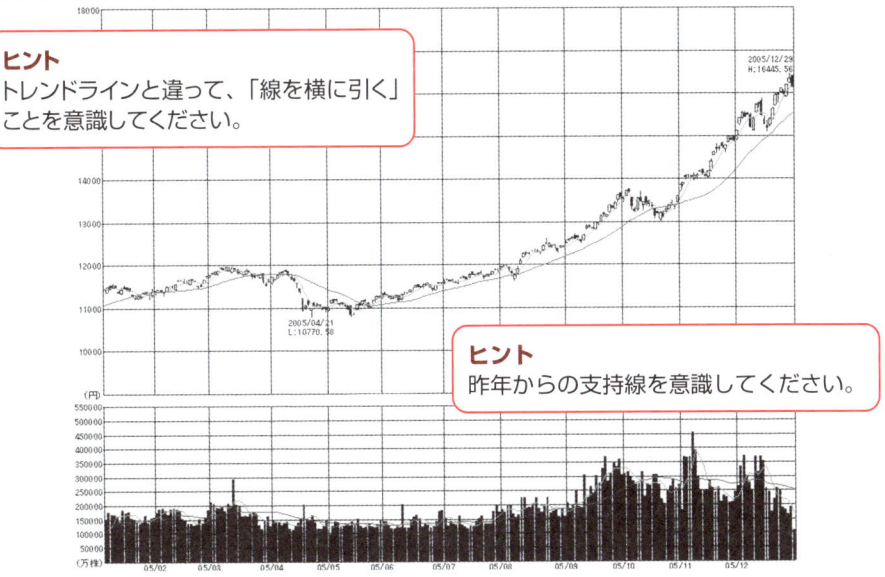

ヒント
トレンドラインと違って、「線を横に引く」ことを意識してください。

ヒント
昨年からの支持線を意識してください。

Q8 Q5〜7の解答をチャートに記入し、注目すべきポイントを考えてください。そして、ローソク足と移動平均線のポイントを考えてみてください。

日経平均　2005年1月5日〜12月30日

5日移動平均線

25日移動平均線

75

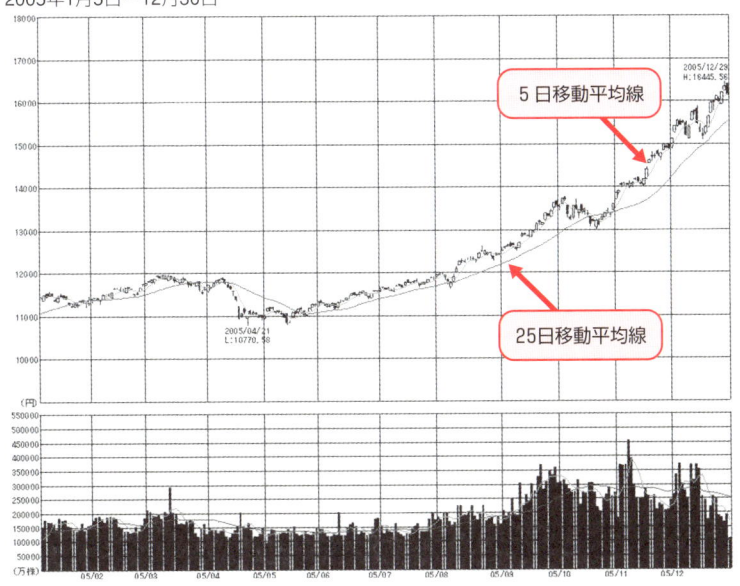

A5 全部で7本のトレンドラインを引くことができます。

日経平均　2005年1月5日～12月30日

- トレンドラインがうまく平行に引けない場合は、1本だけでもきちんと引くことが大切
- 高値と高値を結んだ線と平行に、安値の1点からトレンドラインを引く
- このとき、参議院で郵政民営化関連法案が否決された。ここをきっかけに上昇トレンドが加速し始める
- 安値と安値を結んでいくと、トレンドラインが加速していることがわかる。その場合はあとから線を引き直す

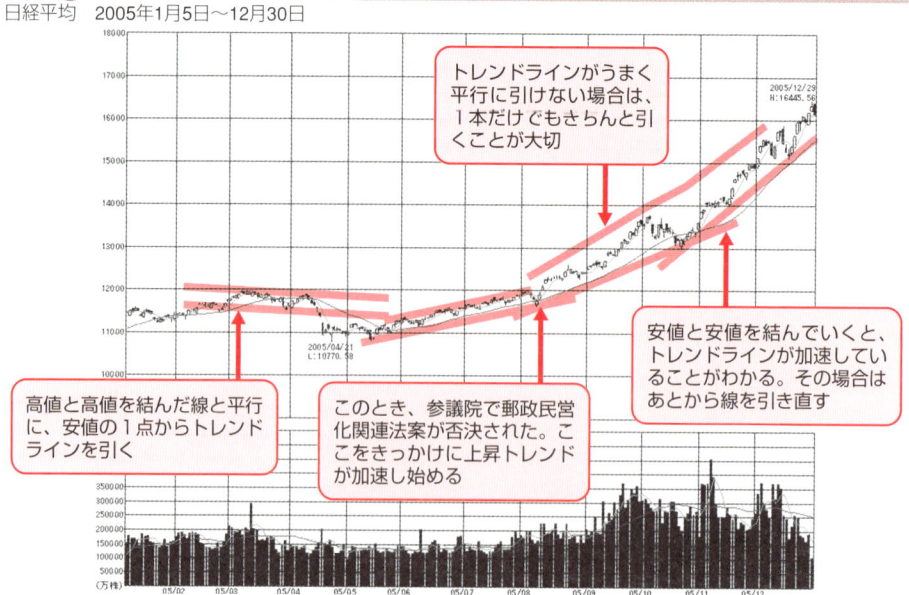

A6 2005年4～5月の株価が下がったところで出来高が増加。支持線とあわせて考えると、株価がこのラインで支えられると予測できます。

日経平均　2005年1月5日～12月30日

- 株価の上昇とトレンドラインの加速にともない、出来高も増加。これらから上昇トレンドがしばらく続くと判断できる

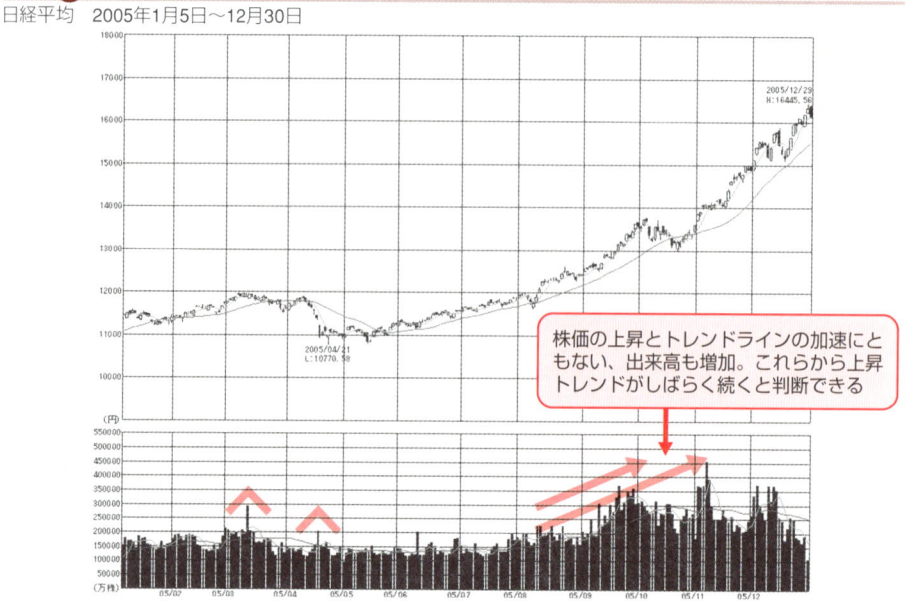

A7

前年の支持線・抵抗線を意識することが大切。株価は2004年からの支持線によって支えられていますが、2004年の抵抗線12,000円台を突破できずにいます。

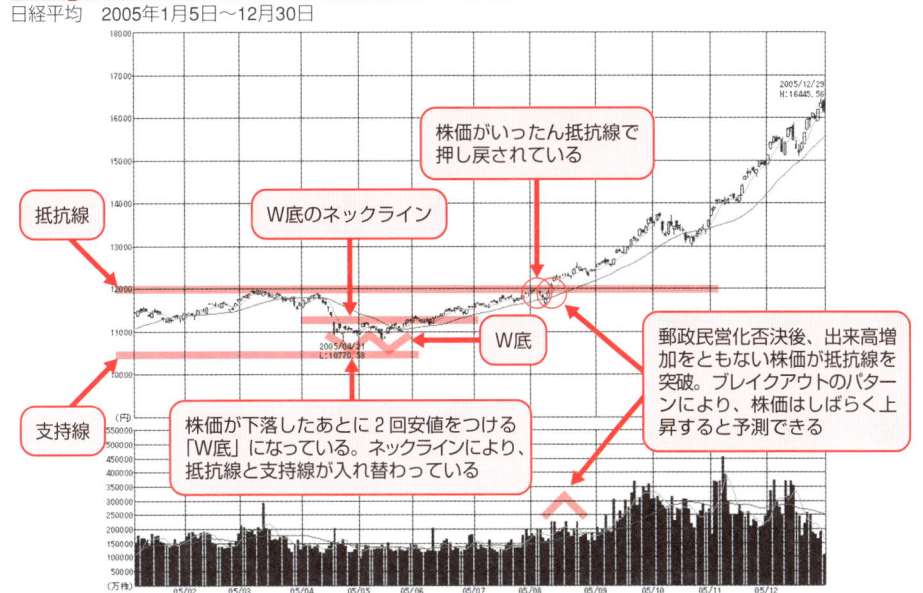

日経平均　2005年1月5日～12月30日

チャート注釈：
- 抵抗線
- W底のネックライン
- 株価がいったん抵抗線で押し戻されている
- W底
- 株価が下落したあとに2回安値をつける「W底」になっている。ネックラインにより、抵抗線と支持線が入れ替わっている
- 郵政民営化否決後、出来高増加をともない株価が抵抗線を突破。ブレイクアウトのパターンにより、株価はしばらく上昇すると予測できる
- 支持線

「絶望のなかで生まれ、懐疑のなかで育ち、歓喜のなかで終わる」………

　見出しの言葉は、株に関する有名な格言です。

　「2004年はトレードがやりにくい」と言われました。特に12,000円が強い抵抗線になっており、さらに5月の大暴落で「今年はダメだ」と言われたのです。つまり「絶望の中で生まれ」たわけです。

　そのため株価が上昇し始めたときも、多くのトレーダーはまだ半信半疑でした。郵政民営化否決後の衆議院解散などで「政局が混乱しているのに、本当に上がるの？」と疑問を持った人もたくさんいました。

　しかし、出来高が増加し、上昇トレンドが加速すると「そろそろ大丈夫かな」と買い始める人が多かったようです。

　ところが、バブルの崩壊を知っている人は「歓喜の中で終わる」恐怖を体験しています。だから「もう上がらないだろう」と上げ相場で空売りなどをしてしまい、結果的に大損失を被った人もいました。

　株価がトレンドラインを割らない限り、ギリギリまで攻めることができるのです。基本的なチャートパターンにのっとってトレードを行えば、自分を見失って大損することはほとんどないのです。

A8 まずは、Q5〜7の解答をミックスして考えるポイントを解説します。

日経平均　2005年1月5日〜12月30日

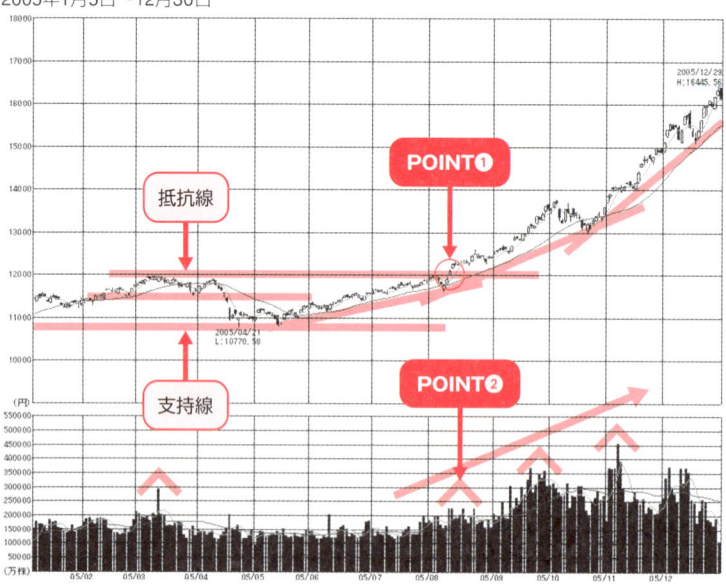

解説

POINT❶　株価が抵抗線を突破しています。ブレイクアウトのパターンどおり、しばらくは株価が上昇すると予測できます。

POINT❷　POINT❶で指摘したブレイクアウトの時点で、出来高も増加しています。これも上昇トレンドのサインです。

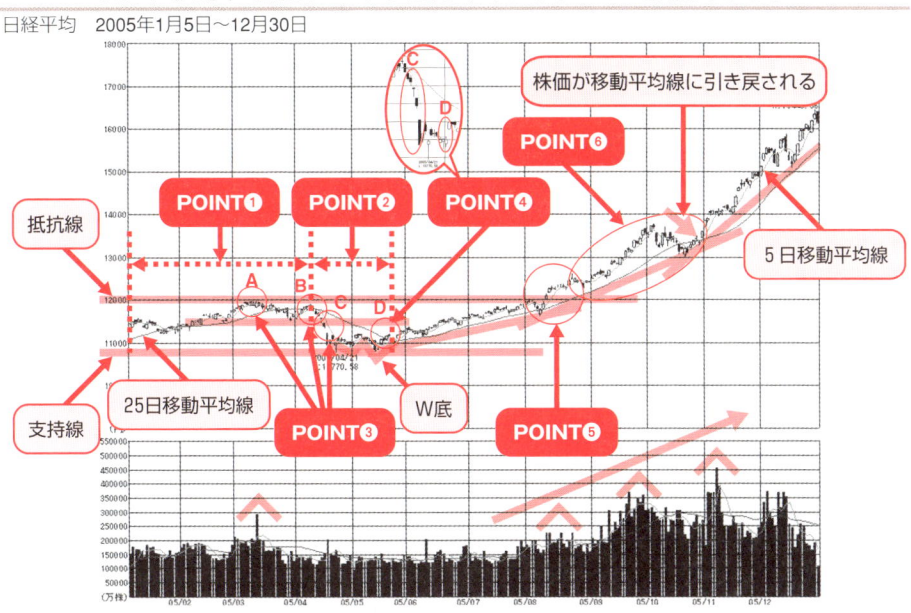

次に、移動平均線とローソク足のポイントについて解説します。

日経平均　2005年1月5日～12月30日

解説

POINT❶　時間軸として大きな流れの25日移動平均線が上向きの間は買いです。

POINT❷　POINT❶と逆に25日移動平均線が下向きの間は買わないこと。特に初心者は、へたに売り買いをしないほうが賢明です。

POINT❸　抵抗線で株価がはね返され（**A**と**B**）、かつローソク足が5日移動平均線を割り込み、陰線が多発（**C**）しています。さらに株価は支持線を割り込んでしまいました。いったん、撤収を考えましょう。どうして5日移動平均線が下向きになるのか？　12,000円の抵抗線があるからです。2004年の日経平均株価のチャートをもう一度確認してみましょう。12,000円のあたりに抵抗線がありますね。前にも触れましたが、支持線・抵抗線は長期にわたって機能するものなのです。

POINT❹　W底を支持線ではね返され、陽線が出ています（**D**）。しかも25日移動平均線は上向いていて、株価がその上に来ました。支持線で押し戻されていることとミックスして考えると上昇トレンドだと判断できます。

POINT❺　抵抗線突破＋出来高増のうえに、移動平均線が上向き、陽線が多いなど上昇トレンドの要素が多いことに気づくでしょう。

POINT❻　株価と移動平均線の乖離が目立ち始めたら、株価が下がる可能性があることに注意しなければなりません。

Q9 チャート上にトレンドラインを引いてください。

日経平均　2006年1月5日〜12月30日

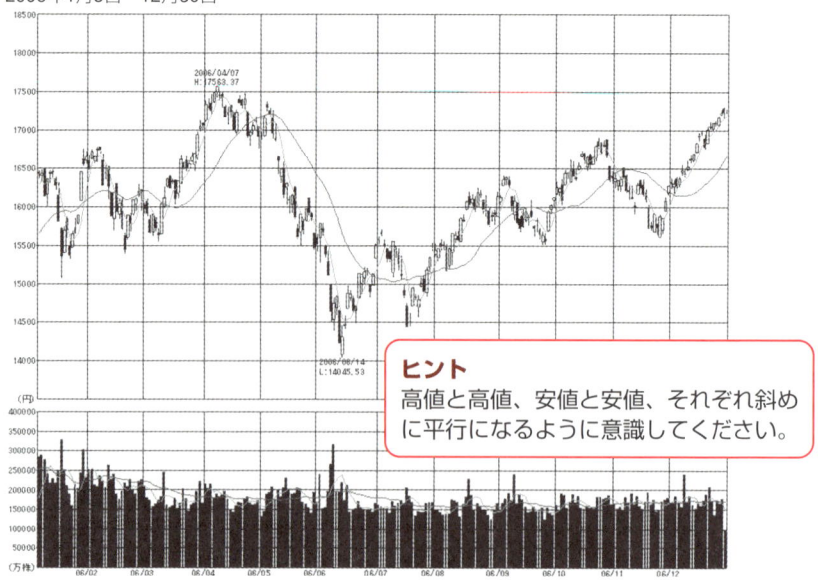

ヒント
高値と高値、安値と安値、それぞれ斜めに平行になるように意識してください。

Q10 出来高の増加ポイントを指摘してください。

日経平均　2006年1月5日〜12月30日

ヒント
チャートの下にある棒グラフが出来高を表しています。

PART 2 2004年〜2007年の日経平均を読みこなそう

Q11 2005年からの支持線を意識して、支持線・抵抗線を引いてください。
日経平均 2006年1月5日〜12月30日

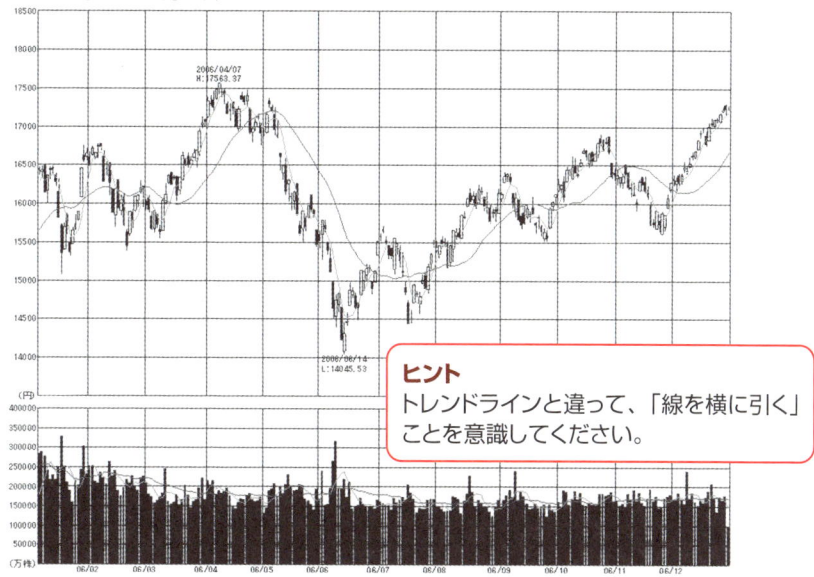

ヒント
トレンドラインと違って、「線を横に引く」ことを意識してください。

Q12 Q9〜Q11の解答をチャートに記入し、注目すべきポイントを考えてください。そして、ローソク足と移動平均線のポイントを考えてください。
日経平均 2006年1月5日〜12月30日

25日移動平均線

5日移動平均線

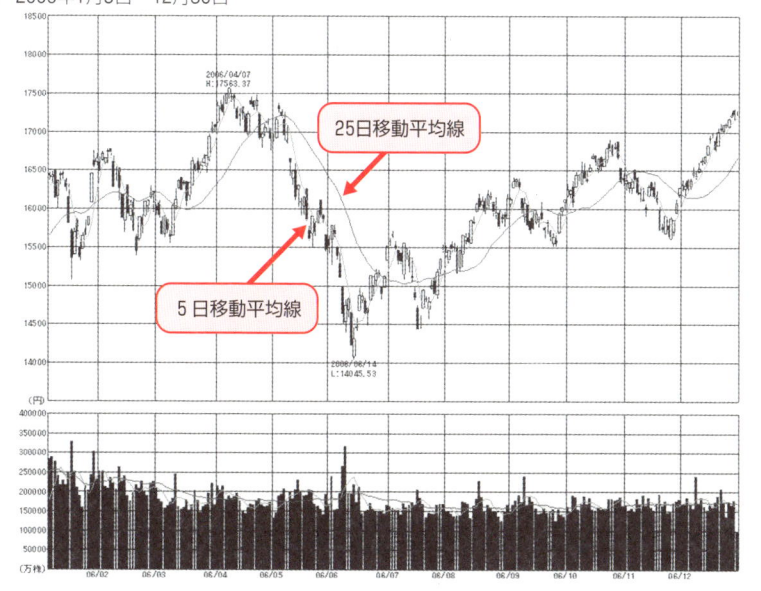

A9 前年から続いているトレンドライン★を忘れずに。ライブドアショックでトレンドラインを割ったため、いったん損切りをして様子を見ましょう。

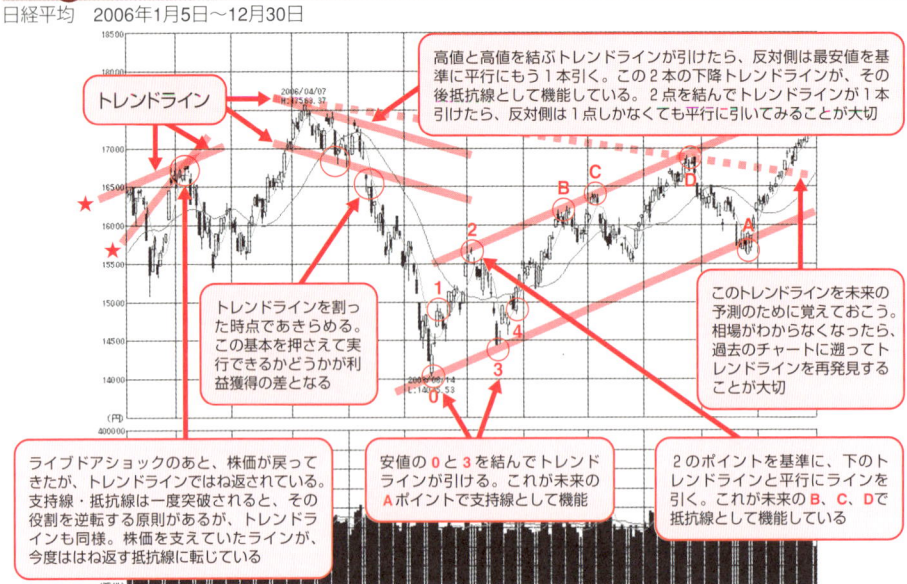

日経平均 2006年1月5日〜12月30日

高値と高値を結ぶトレンドラインが引けたら、反対側は最安値を基準に平行にもう1本引く。この2本の下降トレンドラインが、その後抵抗線として機能している。2点を結んでトレンドラインが1本引けたら、反対側は1点しかなくても平行に引いてみることが大切

トレンドライン

トレンドラインを割った時点であきらめる。この基本を押さえて実行できるかどうかが利益獲得の差となる

このトレンドラインを未来の予測のために覚えておこう。相場がわからなくなったら、過去のチャートに遡ってトレンドラインを再発見することが大切

ライブドアショックのあと、株価が戻ってきたが、トレンドラインではね返されている。支持線・抵抗線は一度突破されると、その役割を逆転する原則があるが、トレンドラインも同様。株価を支えていたラインが、今度ははね返す抵抗線に転じている

安値の0と3を結んでトレンドラインが引ける。これが未来のAポイントで支持線として機能

2のポイントを基準に、下のトレンドラインと平行にラインを引く。これが未来のB、C、Dで抵抗線として機能している

A10 出来高が増えたときに株価が下がっていると、そこが大底になる傾向が。「Aが底だった。この株価を割ることはないだろう」と予測できます。

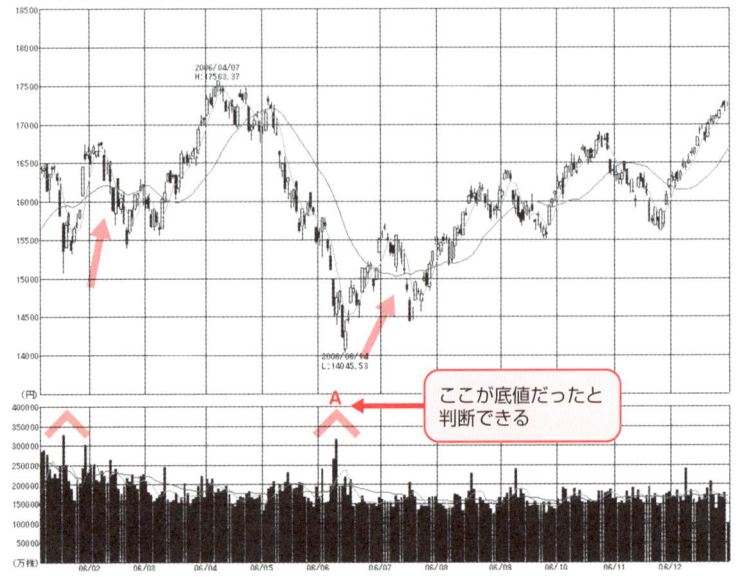

日経平均 2006年1月5日〜12月30日

ここが底値だったと判断できる

A11

株価が **5** のポイントに来たところで、以前の安値と **5** を結んで線を引くことができます。さらに、株価がこのラインを 8 月以降ブレイクアウトしたことにより、抵抗線が支持線になりました。**7**、**8** のポイントで支持線として株価を支えていることがわかります。

日経平均　2006年1月5日〜12月30日

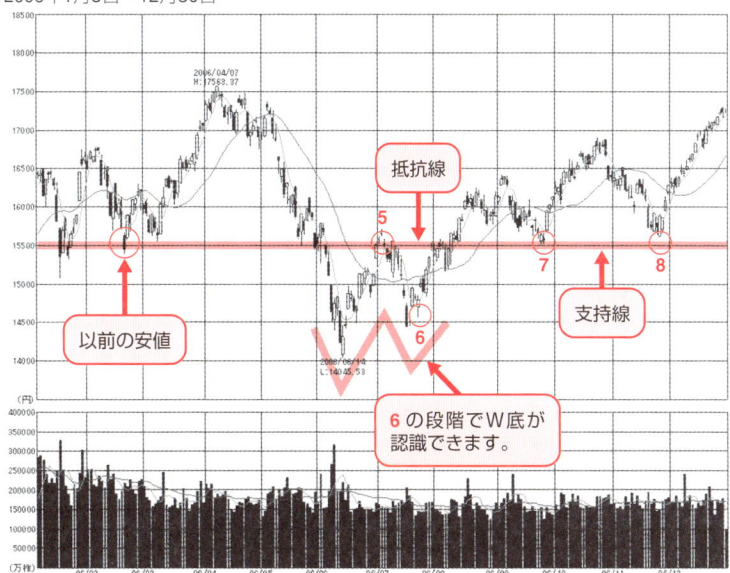

（チャート内注記）
- 以前の安値
- 抵抗線
- 支持線
- 6 の段階でW底が認識できます。

> 抵抗線や支持線、W底のネックラインが同じ線になることもあるんだね！

メモっとこ

A12 Q9〜11の解答をミックスして考えるポイントを解説します。

日経平均　2006年1月5日〜12月30日

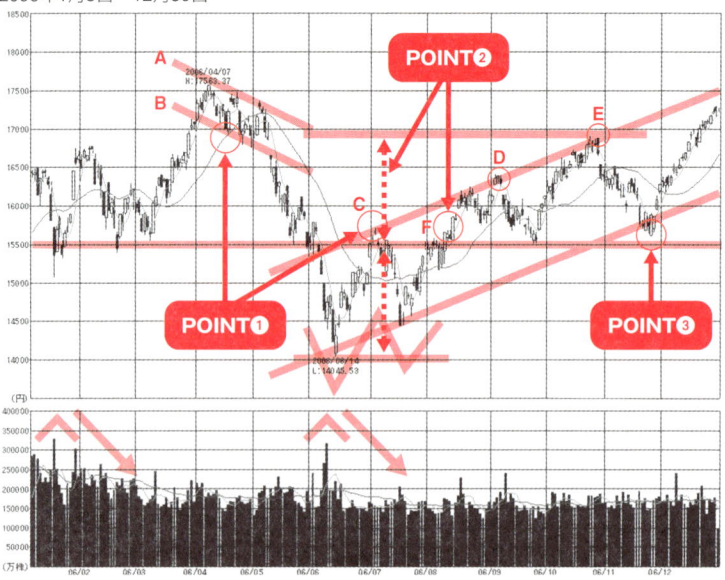

解説

POINT❶　2つ以上の点で1本のトレンドライン（**A**）が引けたら、反対側には1点しかなくても平行にもう1本のトレンドライン（**B**）を引いてみること。これが非常に役に立ちます。**C**と**D**の高値でトレンドラインを引いたら、**E**のポイントが予測できます。

POINT❷　**F**では株価がW底のネックラインである15,500円のラインを突破しています。ネックラインを突破すると、W底の安値とネックラインまでの距離（値幅）と等倍まで株価が上がるというセオリーがあります。2006年の日経平均では、**E**のポイントでトレンドラインとも接しています。そのため、このあたりが株価の上値だと考えることができるのです。

POINT❸　支持線とトレンドラインに二重に支えられており、強固な支持層になっています。そのため、損切りラインをこの地点に設定して株を買うことができます。
※15,500円のラインは、2006年1月〜6月は支持線、6月〜8月は抵抗線かつW底のネックラインとして機能し、9月以降は支持線となっています。

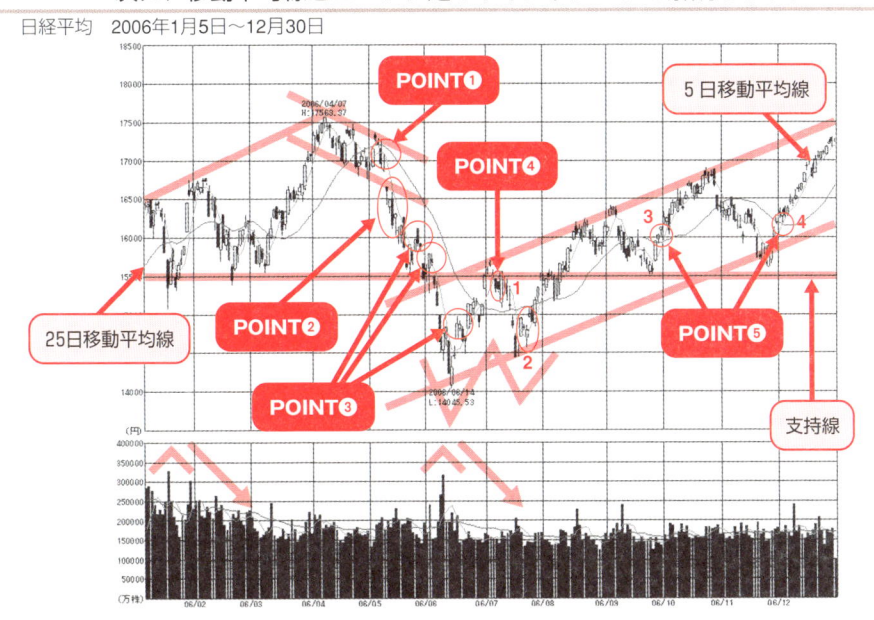

次に、移動平均線とローソク足のポイントについて解説します。

日経平均　2006年1月5日〜12月30日

解説

POINT❶　トレンドラインで押し戻されて、しかも2本の移動平均線が下向きかけているので注意が必要です。

POINT❷　株価がトレンドラインを下に抜けました。その場合、一定期間は下落するというパターンを思い出しましょう。

POINT❸　株価が5日移動平均線の上に2回来ていますが、これは「だまし」です。3回目でやっと株価が上がりました。陽線も出ているので、急落がストップしたかもしれないと判断できます。

POINT❹　**1**で株価が抵抗線で押し戻され、5日移動平均線を下回り、しかも陰線が出ています。つまり警戒すべき場面。「15,500円のラインが支持線から抵抗線に変わったのでは……」と考えられます。また**2**では再びローソク足が5日移動平均線より上に来て、陽線が多くなっています。この**2**を確認してから、トレンドラインを引くと安全でしょう。

POINT❺　**3**、**4**は支持線、トレンドラインで支えられ、さらにゴールデンクロスをしているので、株価が上向きにあると判断できます。

13 チャート上にトレンドラインを引いてください。

日経平均　2006年5月1日〜2007年12月14日

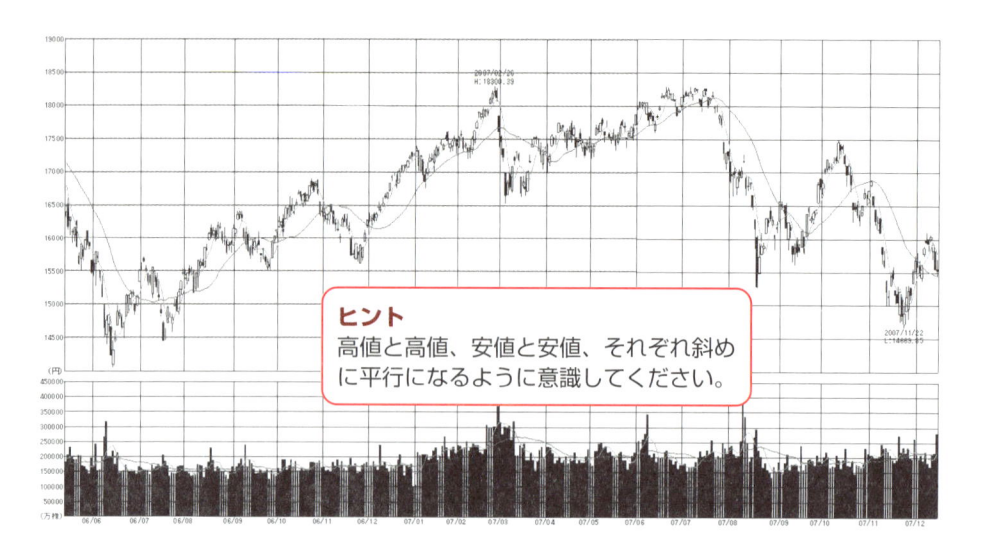

ヒント
高値と高値、安値と安値、それぞれ斜めに平行になるように意識してください。

14 出来高の増加ポイントを指摘してください。

日経平均　2006年5月1日〜2007年12月14日

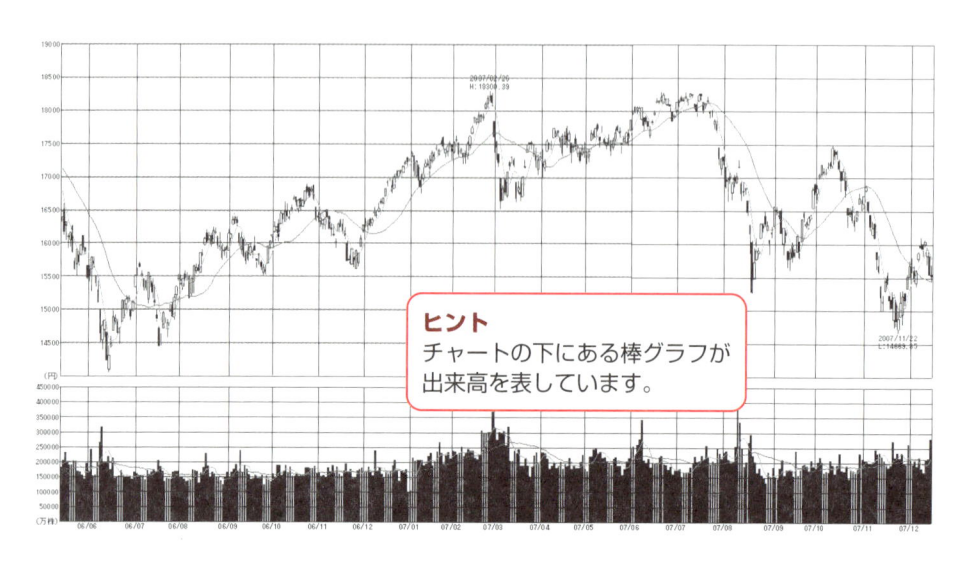

ヒント
チャートの下にある棒グラフが出来高を表しています。

PART 2 2004年〜2007年の日経平均を読みこなそう

Q15
2006年からの支持線・抵抗線を意識して、支持線と抵抗線を引いてください。

日経平均　2006年5月1日〜2007年12月14日

ヒント
トレンドラインと違って、「線を横に引く」ことを意識してください。

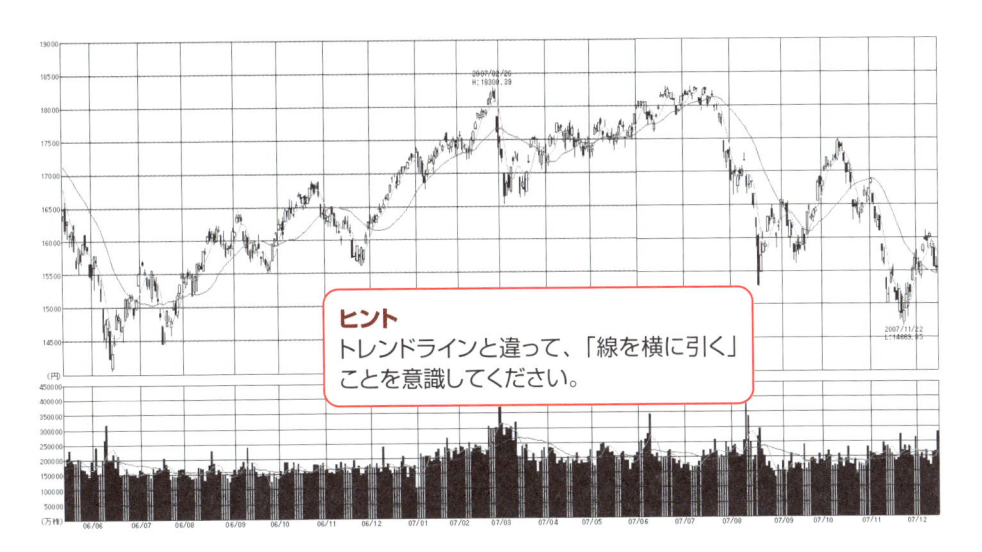

Q16
Q13〜15の解答をチャートに記入し、注目すべきポイントを考えてください。そして、ローソク足と移動平均線のポイントを考えてみてください。

日経平均　2006年5月1日〜2007年12月14日

5日移動平均線

25日移動平均線

87

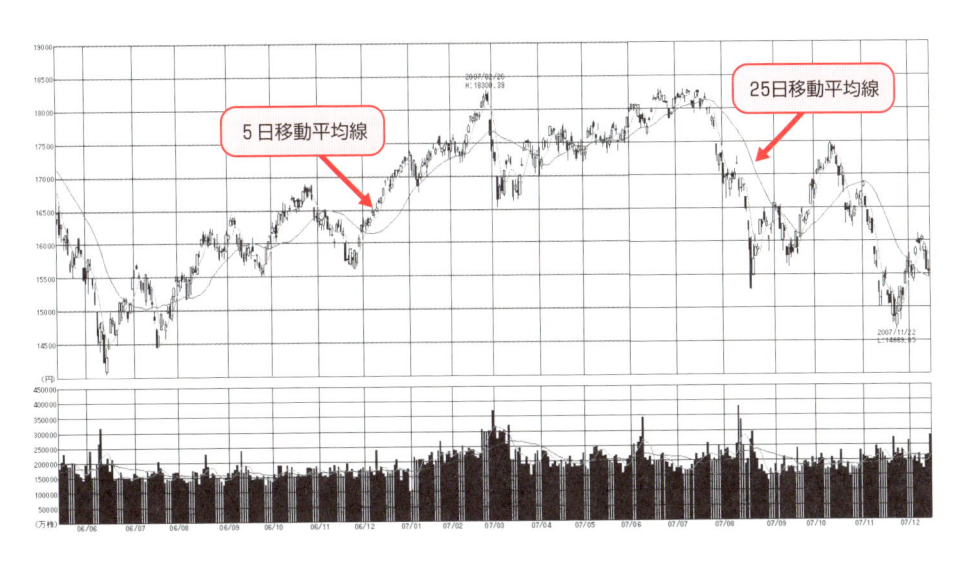

A13

1、2 は2006年に話題になったポイントです。1 → 2 → 3 と結んだトレンドラインが 3 → 4 と加速したため、新しいトレンドラインが引けます。

日経平均　2006年5月1日～2007年12月14日

さすがに、世界同時株安まで予測することはできなかった。しかし、昨年からのトレンドラインが株価の上限としてまだ機能していることがわかる

上のトレンドライン（A）が機能しているとすれば、下のもう1本のトレンドラインも思い出そう。世界同時株安で 3 → 4 のトレンドラインを割った株価はどこまで下がるか？下のトレンドライン（B）で支えられることを期待し、推移を見守る。期待どおりこのラインで止まったので、再び買いの行動に出た

トレンドラインを割ってしまった！　ラインを割ったら、その方向に加速するかもしれないことを思い出す

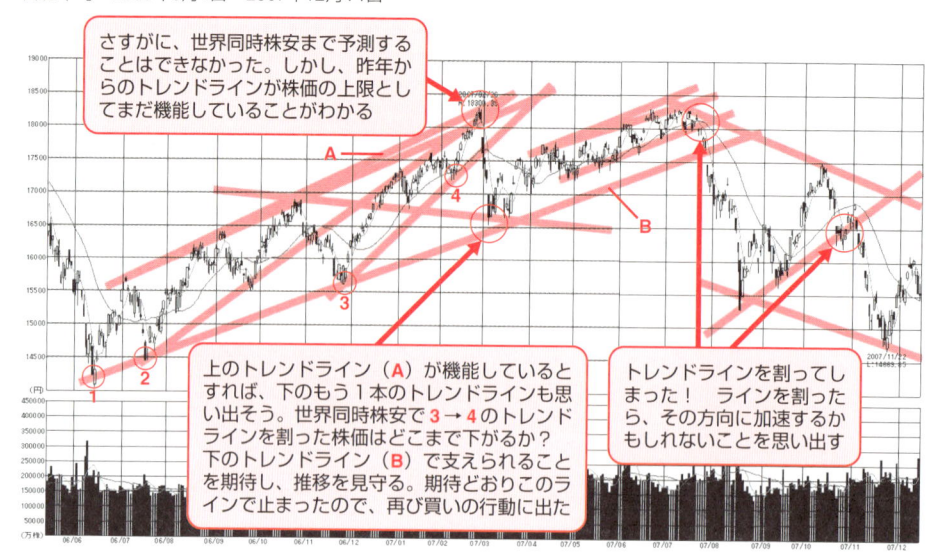

A14

株価の下落とともに出来高が急増したあと、じわじわと株価が上昇していることがわかります。

日経平均　2006年5月1日～2007年12月14日

株価が高いところで出来高が非常に多ければ、しばらくの間その高値は超えられないと判断できる

株価の急落とともに、出来高が急増。ここが底値で、以降上昇トレンドに入ると予測できる

出来高がじわじわと増加　　多い　　減少

88

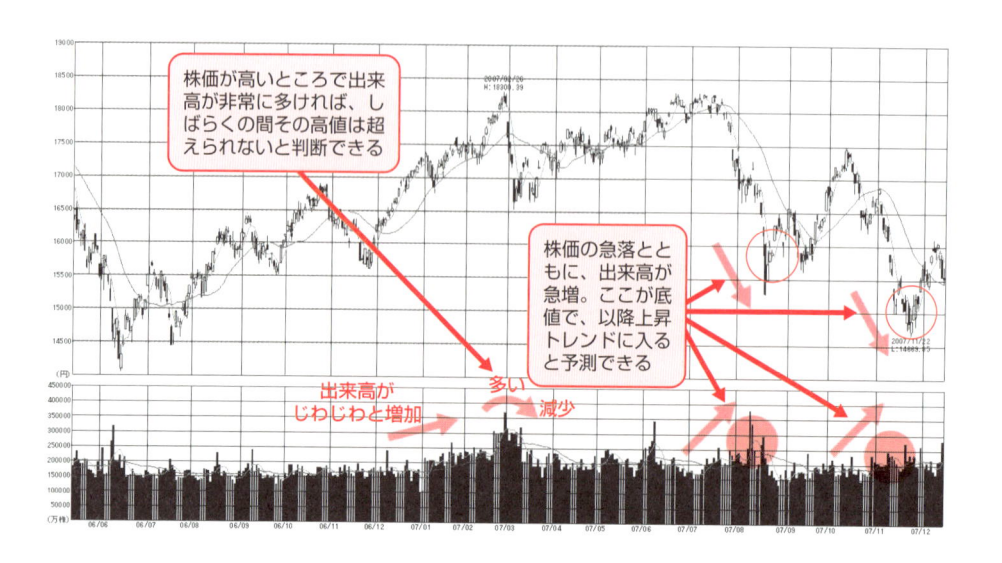

PART 2　2004年～2007年の日経平均を読みこなそう

A15 18,250円のところの抵抗線が機能していることがわかります。日経平均は20,000円までいくといわれましたが、この抵抗線を突破するのを確認してから買うように。

日経平均　2006年5月1日～2007年12月14日

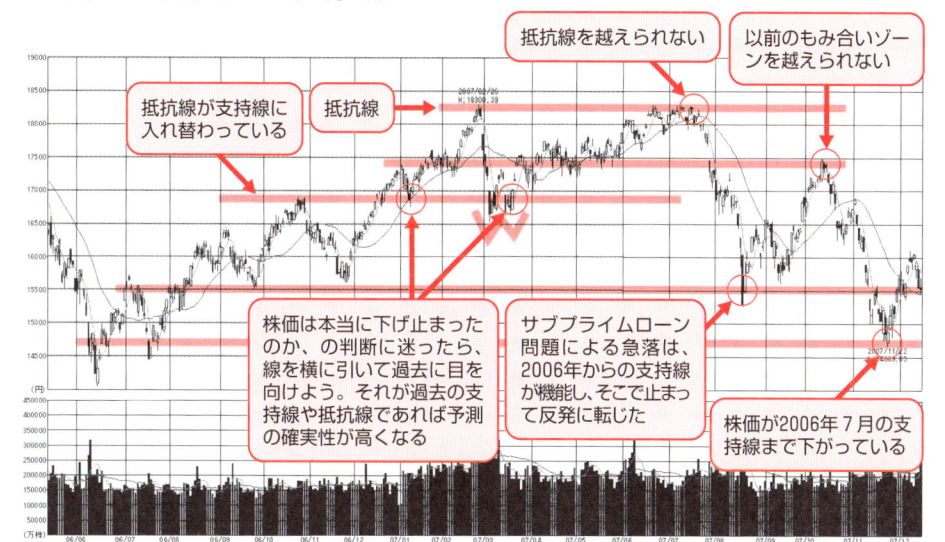

チャート内の注釈：
- 抵抗線が支持線に入れ替わっている
- 抵抗線
- 抵抗線を越えられない
- 以前のもみ合いゾーンを越えられない
- 株価は本当に下げ止まったのか、の判断に迷ったら、線を横に引いて過去に目を向けよう。それが過去の支持線や抵抗線であれば予測の確実性が高くなる
- サブプライムローン問題による急落は、2006年からの支持線が機能し、そこで止まって反発に転じた
- 株価が2006年7月の支持線まで下がっている

下落する株価を冷静に見る

　年間を通して考えると、1回ぐらいは損失が出る月があってもいいと思っているので、私はさほど気にしていません。

　しかし、世界同時株安のようにどんどん下落していくのを目のあたりにすると、人はフリーズしてしまうようです。

　実際、私もネットバブル崩壊のときには、恐怖で体が固まって何もできませんでした。

　その後、アメリカの同時多発テロの際には
「株価はこういうふうに動くのか」
とある程度冷静に見ることができ、ライブドアショックのときには自分を見失わずに対処できるようになっていました。世界同時株安のときには、もうだいぶ大暴落には慣れていました。

　株で100%勝つことはできません。大暴落で痛い目にあうのは仕方ないことです。しかし、どうして痛い目にあったのか、その原因がわからないと、次からの行動が修正できません。基本に照らし合わせて、失敗を反省していくうちに、冷静に株価を判断して対処できるようになるのです。

A16 まずは、Q13～15の解答をミックスして考えるポイントを解説します。

日経平均　2006年5月1日～2007年12月14日

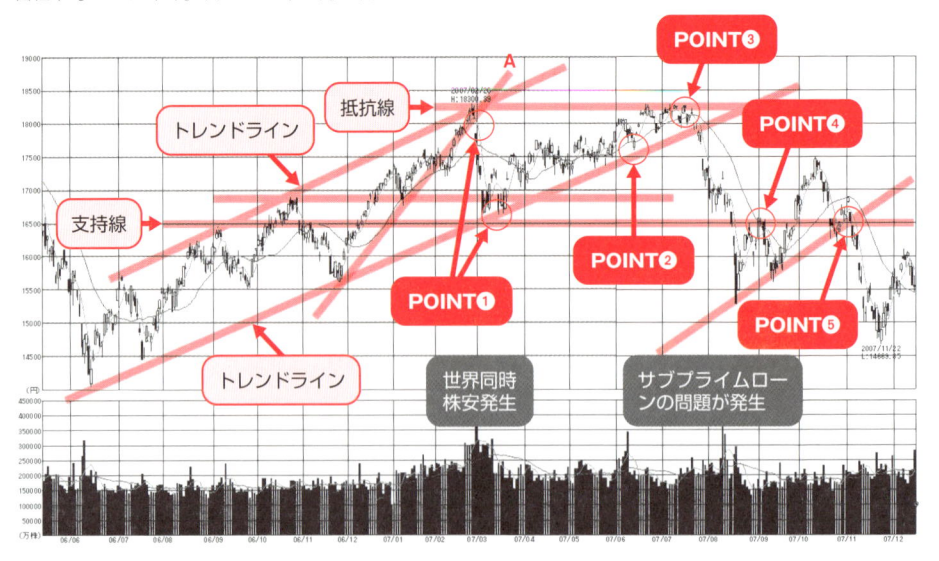

解説

POINT❶　トレンドライン（A）に沿って株価は上昇していると思いましたが、世界同時株安の影響で株価がトレンドラインを割ってしまいました。

　ラインを割ったら一定期間株価はその方向に動くというパターンがあるので、いったん損切りします。その後どこで下げ止まるかが最大の関心事でしたが、トレンドラインと支持線がその判断に役立ちました。

　このケースでは、過去のトレンドラインで株価が下げ止まり、さらに止まったところから横に線を引いてみると、過去の支持線が機能していることがわかりました。

POINT❷　結局、この上昇トレンドラインが機能していることがわかります。

　したがって、トレンドラインを割らない限りは大丈夫と考え、買い主体でトレードできます。

POINT❸　抵抗線を越えられません。そして、期間の長いトレンドラインを割ったときに最大のピンチが訪れました。

POINT❹　世界同時株安のときの支持線が抵抗線に入れ替わっています。

POINT❺　上昇トレンドになったかと思っていたら、再びトレンドラインを割り、株価は急落。サブプライムローン問題が根底にあると判断できます。

PART **2**　2004年～2007年の日経平均を読みこなそう

次に、移動平均線とローソク足のポイントについて解説します。

日経平均　2006年5月1日～2007年12月14日

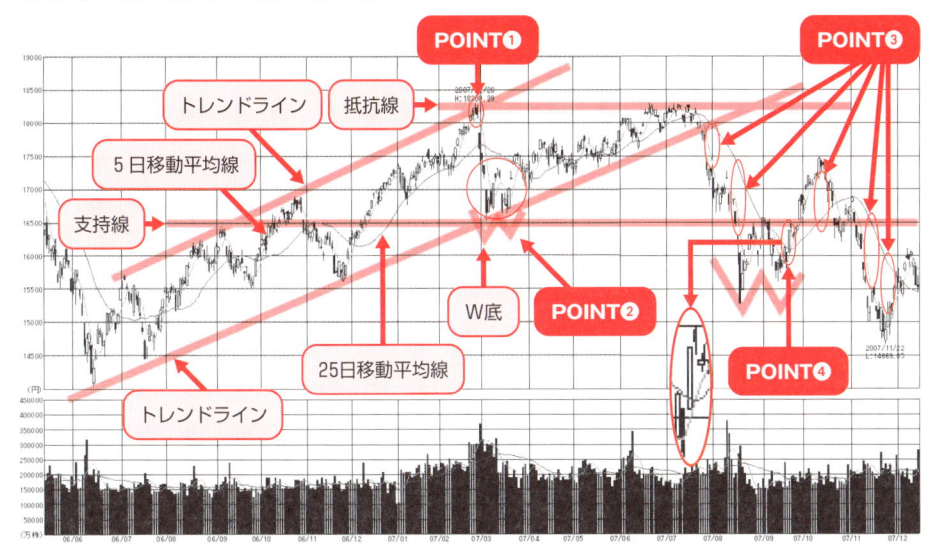

解説

POINT❶　陰線のローソク足がトレンドライン近辺で発生しているので、株価が押し戻されるのを予測できます。

POINT❷　トレンドラインと支持線で支えられ、W底をつくっています。さらにローソク足が5日移動平均線を越えているので、株価が反転すると判断できます。

　2006年のチャートと比べると、2007年のチャートは形としてもわかりにくいという印象を受けます。こういうときは「あまり稼げないだろう」と思っている人も多いようです。しかし、チャートの形が乱れているのは仕方がないことなので、あまりくよくよしないこと。基本にのっとった見方ができれば、じきにきちんと利益を得ることができます。

　2007年はトレンドラインと抵抗線の幅がどんどん狭まっています。このようなもみ合いが続くとエネルギーがたまってくるので、一度上下どちらかにブレイクすると、その方向へ大きく株価が動く可能性があります。そして残念なことに、サブプライムローン問題の発生と重なり、株価は下降トレンドに入ってしまいました。

POINT❸　株価が25日移動平均線から大きく乖離すると、株価が押し戻される力が働いていることに注目します。

POINT❹　W底の形となっています。ローソク足が5日移動平均線の上に来て、かつ大陽線、大出来高なので、買いのチャンスと判断します。

ナスダックの見方と、「利益目標ライン」「損切りライン」の決め方をマスターしよう

ナスダック 2006年1月5日〜2007年11月7日

トレンドラインのブレイクをチェック！

　株式市場全体の動きを表す日経平均やTOPIXは、日本の個別銘柄の株価に影響を与えるので、常に注目しておく必要があります。しかしながら、アメリカの株の指標である「ナスダック」の動きを追うことも重要です。というのも、日本株はどうしてもアメリカの株価の影響を受けてしまうからです。上のチャートは、日本株市場に強い影響を与えるナスダックのものです。これを日本の株価予測の参考にすると効果的な場合があります。このチャートを見るとわかるように、2006年5〜6月に株価が急落しています。それに引きずられるかたちで、日本の株価も急落しました（次ページの日経平均株価のチャートを参照）。しかし、7月に入ってからは株価が落ち着き、もみ合いのあと、**A**のポイントでトレンドラインを突破しています。このチャートではブレイクアウトのパターンどおりに株価が上方向に一定期間動いています。この傾向を踏まえたうえで、次ページのQ17を考えてください。

PART2　2004年〜2007年の日経平均を読みこなそう

Q17

6月に株価が急落した記憶が生々しく、しかも大陰線が出ているので、株を買うことが怖くなってしまいます。**A**のポイントであなたなら買いますか？　それとも様子を見ますか？

日経平均　2006年1月5日〜2006年8月7日

（チャート中の注釈：2006/04/07 H:17563.37／2006/06/14 L:14045.53／大陰線が！／A）

ヒント

- トレンドラインを引いてみてください。
- あるチャートパターンが現れています。わかりますか？
- 移動平均線に注目を。
- 前ページでご紹介したナスダックのチャートを思い出してください。

ナスダックとは？

全米証券業協会（National Association of Securities Dealers Automated Quotations）が運営する、世界最大のベンチャー企業向け株式市場のこと。マイクロソフトやインテルなどのハイテク株が上場している。

93

A17 解説 この場合は買いです。POINT❶〜❺をもとに、次のように考えます。

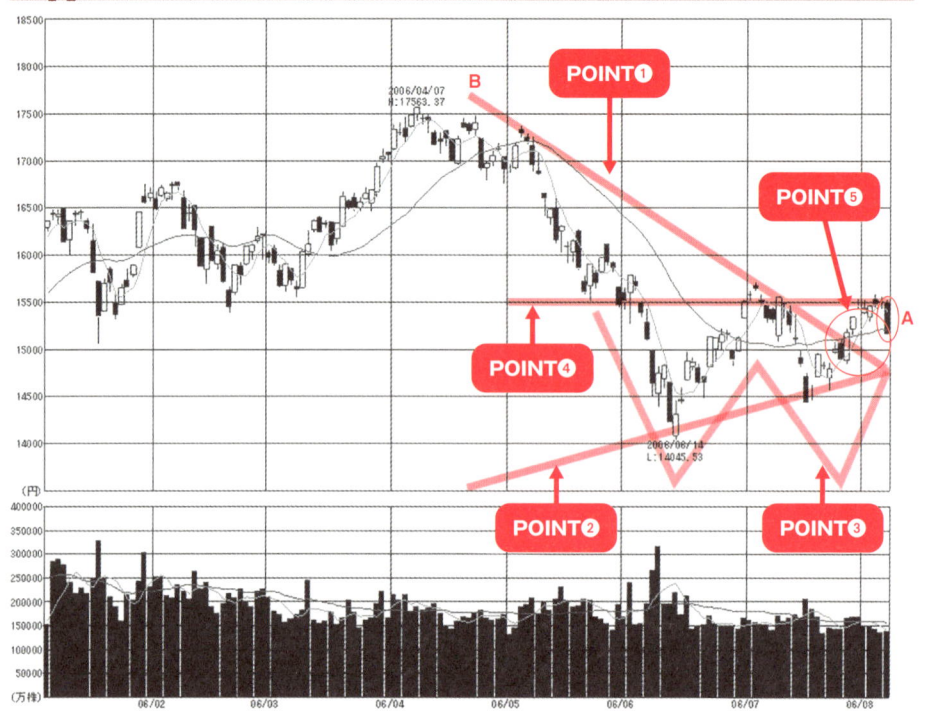

ナスダックのチャートが後押しを！

POINT❶ 高値と高値を結ぶトレンドラインが引けます。
POINT❷ 安値を確認してトレンドラインが引けます。
POINT❸ W底が認識できます。
POINT❹ **A**で大陰線が出ているので少々不安ですが、W底のネックラインを突破するかもしれないと考えられます。突破すれば、ネックラインが支持線として機能します。
POINT❺ トレンドライン**B**を突破しているので、しばらく上昇トレンドが続くと予測。さらに2本の移動平均線がゴールデンクロスしています。つまり、買いです。

　このように上昇トレンドのシグナルがいくつも出ています。したがって**A**で大陰線が出ていても、数日〜数週間のスパンで取引を完結させるスイングトレードにおいては、株価は上に向かっていると考えます。ナスダックのブレイクアウトが、その弾みになると期待することもできます。

　「森」を見て全体的に上昇しているという判断ができたら、次は「木」である個別銘柄の「利益目標ライン」と「損切りライン」の決め方をマスターしましょう。

PART2 2004年～2007年の日経平均を読みこなそう

Q18 これから株価が上がると予測できても、あらかじめ損切りラインを決めておくことは必要です。A時点でどこを損切りラインにしますか？

新日鉄（5401） 2006年1月4日～2006年8月7日

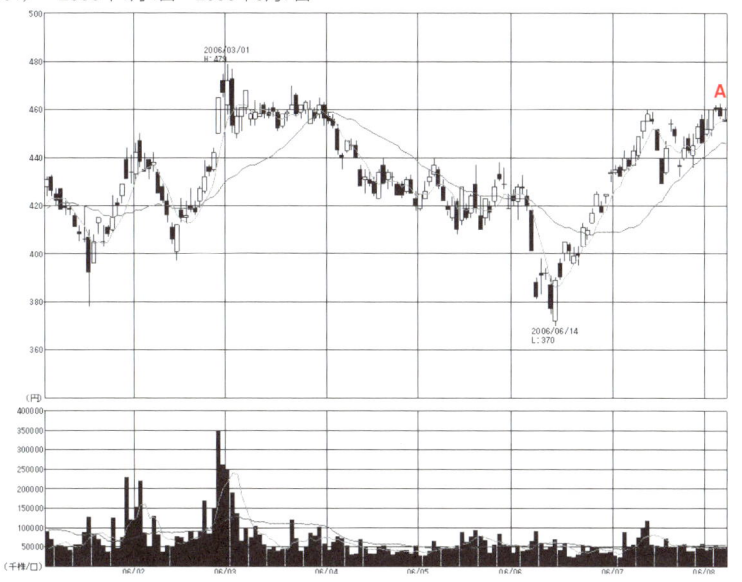

Q19 A時点での、利益目標ラインと損切りラインを設定してください。

商船三井（9104） 2006年1月4日～2006年8月7日

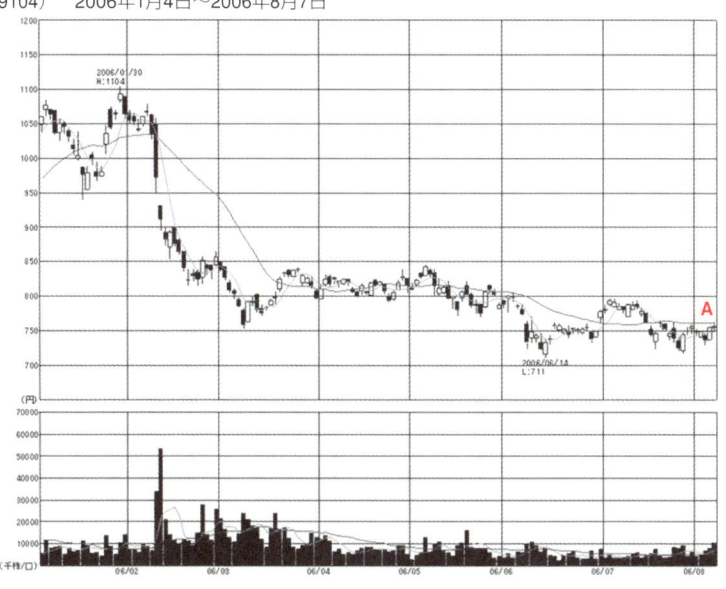

95

A18 損切りラインは最初に決めます。私はだいたい直近の安値に設定しています。ちなみにN字が現れているため、株価は上昇すると予測できます。

新日鉄（5401） 2006年1月4日～2006年8月7日

A19 上の新日鉄同様、直近の安値を損切りラインにします。利益目標ラインは第1を直近の抵抗線に、第2を過去の高値に置きます。

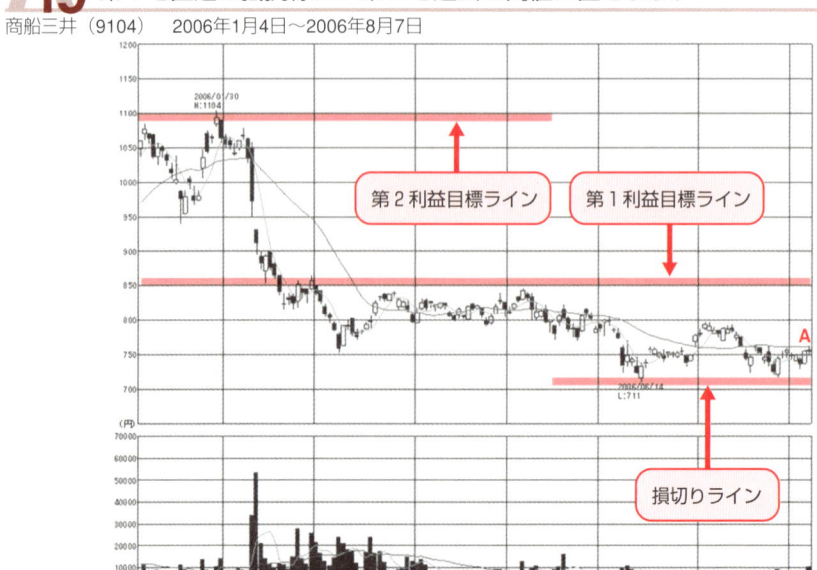

商船三井（9104） 2006年1月4日～2006年8月7日

PART**2** 2004年〜2007年の日経平均を読みこなそう

20 A時点での、利益目標ラインと損切りラインを設定してください。
みずほFG（8411） 2006年1月4日〜2006年8月7日

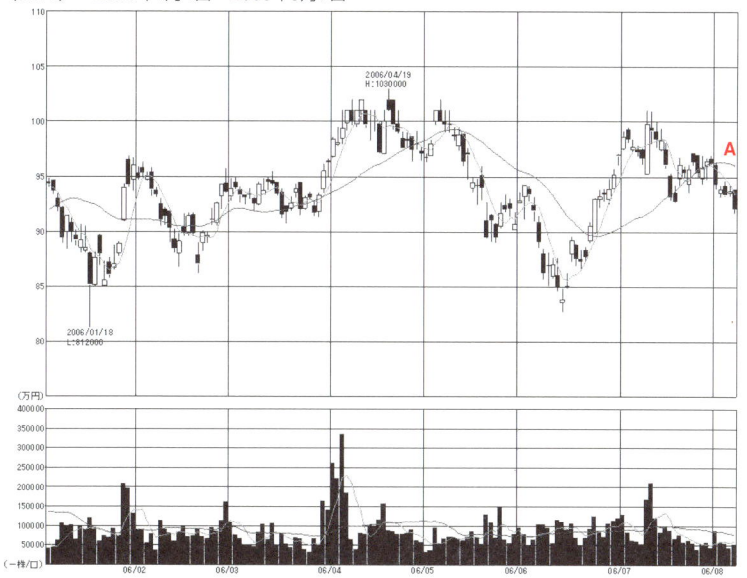

21 A時点での、利益目標ラインと損切りラインを設定してください。
ソフトバンク（9984） 2006年1月4日〜2006年8月7日

97

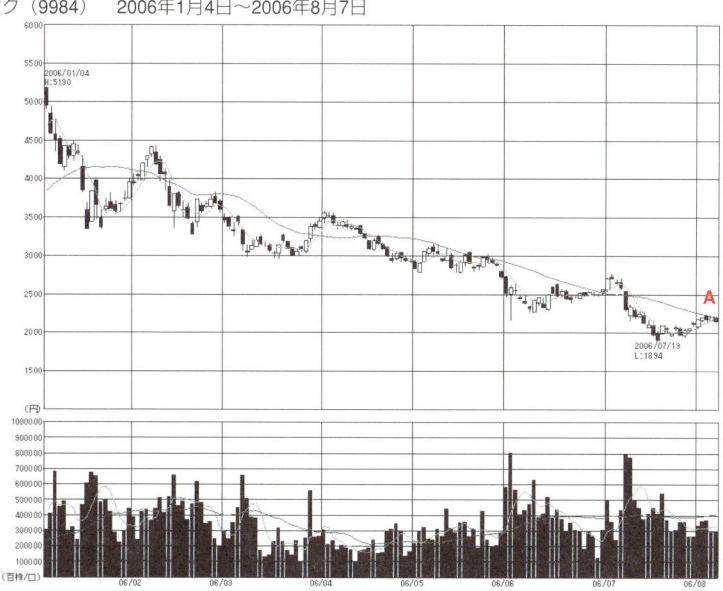

A20 直近の安値を損切りラインに、過去の高値を利益目標ラインにします。

みずほFG（8411） 2006年1月4日～2006年8月7日

A21 直近の安値を損切りラインにします。利益目標ラインは第1と第2を下の図のように設定します。

ソフトバンク（9984） 2006年1月4日～2006年8月7日

PART 3 チャートパターン別練習問題で実践力をつけよう！

チャートパターン「ブレイクアウト」に関する**練習問題**
チャートパターン「ブレイクダウン」に関する**練習問題**
チャートパターン「支持線・抵抗線」に関する**練習問題**
チャートパターン「出来高」に関する**練習問題**
チャートパターン「ローソク足」に関する**練習問題**
チャートパターン「ゴールデンクロス」に関する**練習問題**
チャートパターン「デッドクロス」に関する**練習問題**
チャートパターン「W底」に関する**練習問題**
チャートパターン「日経平均」に関する**練習問題**
チャートパターン「好条件と悪条件」に関する**練習問題**
「例外」のチャートパターン

チャートパターン「ブレイクアウト」に関する練習問題

「ブレイクアウト」とは、株価が横ばい状態のもみ合いから、トレンドラインや抵抗線を上へ突破することをいいます。ブレイクアウトすると、株価が一定期間上昇するというパターンがあるため、買いのサインと見なされます。

PART3 チャートパターン別練習問題で実践力をつけよう！

Q22
もみ合いのブレイクアウトを予測して**A**で買いました。現在は**B**の状況ですが、このあとどうしますか？

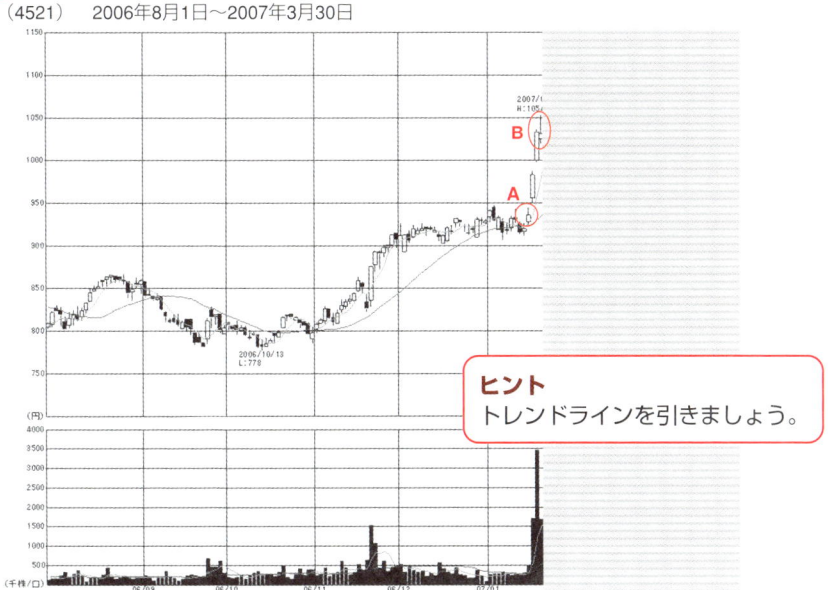

科研製薬（4521）　2006年8月1日〜2007年3月30日

> **ヒント**
> トレンドラインを引きましょう。

Q23
高値を結んだトレンドラインは右肩下がりになっていますが、あなたはこの銘柄を買いますか？

伊藤忠（8001）　2006年4月3日〜2007年2月28日

> **ヒント**
> 今後の株価の動向をテクニカル分析をもとに考えてみてください。

101

A22

株価上昇後、Bで陽線に上ヒゲが出ており、株価が押し戻されていることを暗示（46ページ参照）。すぐには買い足さず、持ち株の半分程度を利益確定するのが無難です。

科研製薬（4521）　2006年8月1日～2007年3月30日

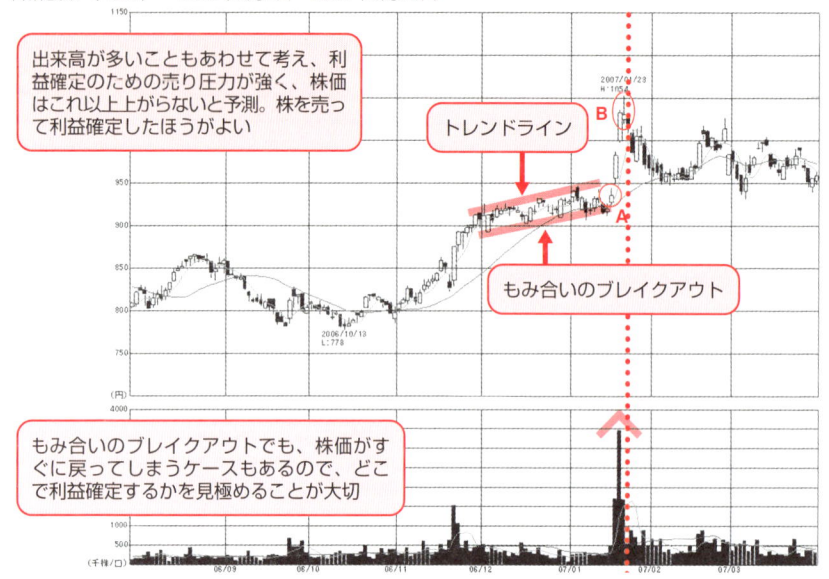

- 出来高が多いこともあわせて考え、利益確定のための売り圧力が強く、株価はこれ以上上がらないと予測。株を売って利益確定したほうがよい
- トレンドライン
- もみ合いのブレイクアウト
- もみ合いのブレイクアウトでも、株価がすぐに戻ってしまうケースもあるので、どこで利益確定するかを見極めることが大切

A23

きれいな三角もち合いのブレイクアウトです。トレンドラインを陽線でブレイクしたことが認識できるので、株価は一定期間上方向へ動きます。

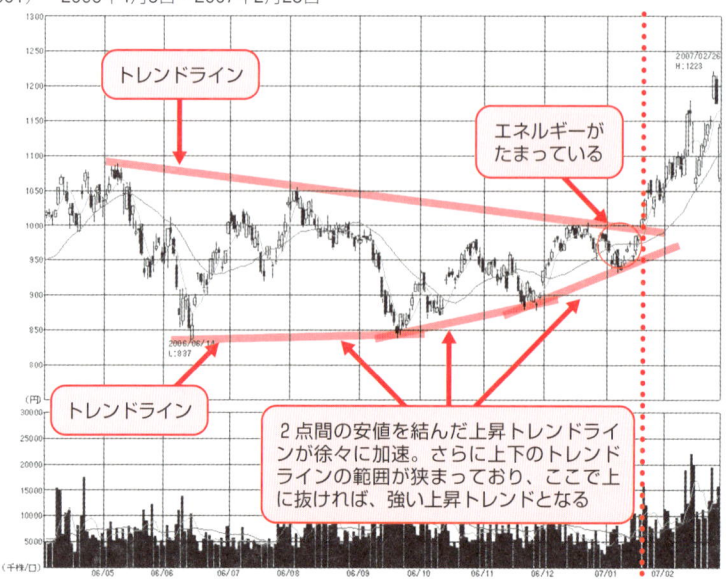

伊藤忠（8001）　2006年4月3日～2007年2月28日

- トレンドライン
- エネルギーがたまっている
- トレンドライン
- 2点間の安値を結んだ上昇トレンドラインが徐々に加速。さらに上下のトレンドラインの範囲が狭まっており、ここで上に抜ければ、強い上昇トレンドとなる

PART3 チャートパターン別練習問題で実践力をつけよう！

Q24
下降トレンドにある銘柄です。今後の株価の動向をテクニカル分析をもとに考えてみてください。

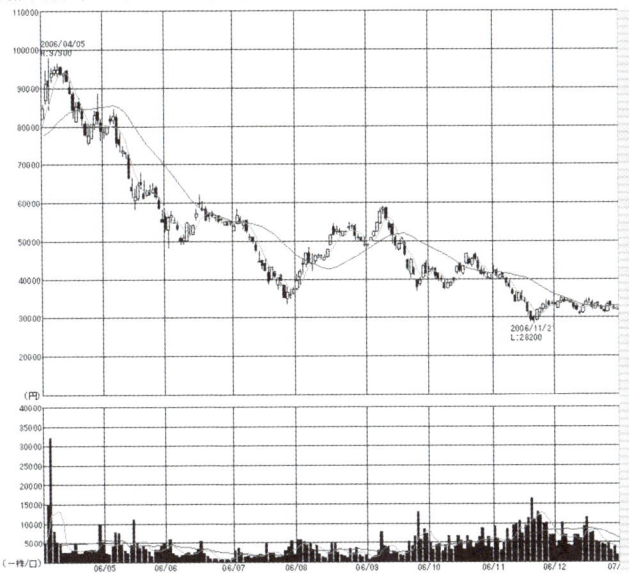

ニッシン債権回収（8426）　2006年4月3日～2007年2月28日

Q25
あなたならこの銘柄を買いますか？　様子を見ますか？　買う場合は、その理由をあげてください。

ドクターシーラボ（4924）　2006年4月3日～2006年12月29日

> **ヒント**
> 抵抗線とトレンドラインを引きましょう。

A24

底値圏で出来高が増加したあと、株価がトレンドラインを突破して出来高も増えています。よって、株価は上昇すると予測できます。

ニッシン債権回収（8426）　2006年4月3日～2007年2月28日

- トレンドライン
- トレンドラインを突破
- ブレイクアウトのパターンどおりに株価は上昇
- 出来高増

A25

三角もち合いのパターンであり、上に行くケースと下に行くケースがありますが、この場合は抵抗線を突破しているので、買いです。

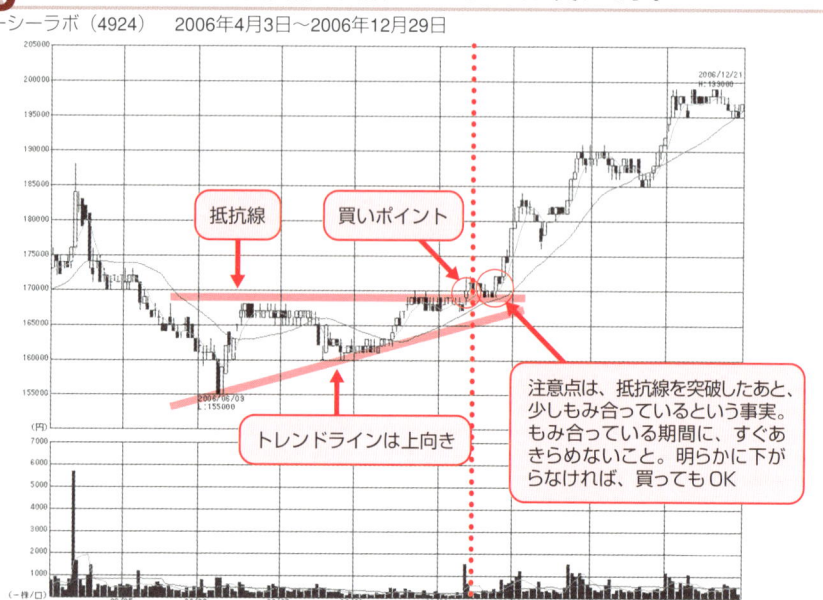

ドクターシーラボ（4924）　2006年4月3日～2006年12月29日

- 抵抗線
- 買いポイント
- トレンドラインは上向き
- 注意点は、抵抗線を突破したあと、少しもみ合っているという事実。もみ合っている期間に、すぐあきらめないこと。明らかに下がらなければ、買ってもOK

PART3 チャートパターン別練習問題で実践力をつけよう！

Q26
ずっともみ合いを続けている本銘柄ですが、ブレイクアウトしそうなチャートパターンです。どのような動向を予測できますか？

アシックス（7936）　2005年5月2日〜2005年11月30日

> **ヒント**
> 抵抗線とトレンドラインを引きましょう。

Q27
2本のトレンドラインが収束しています。株価は上昇するでしょうか？下降するでしょうか？

ケネディクス（4321）　2005年8月1日〜2006年2月28日

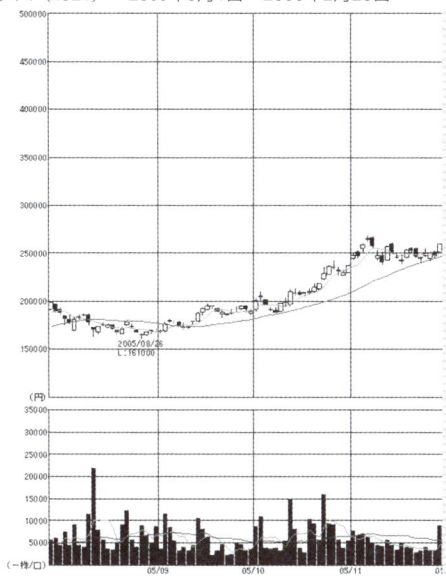

> **ヒント**
> トレンドラインを引き、日経平均の状況も考慮に入れましょう。

A26

もみ合いのブレイクアウトの典型的なパターンです。出来高増にあわせて抵抗線とトレンドラインを突破し、株価は順調に上がると予測できます。

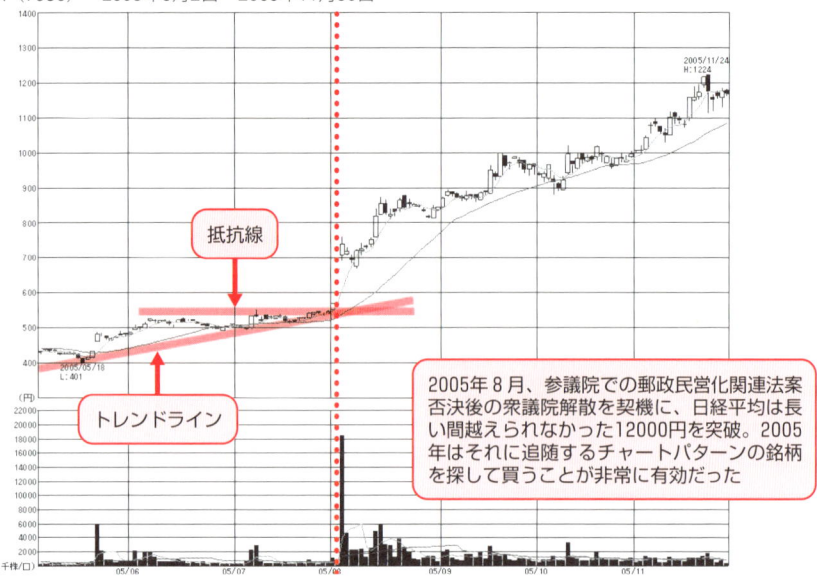

アシックス（7936）　2005年5月2日〜2005年11月30日

抵抗線

トレンドライン

2005年8月、参議院での郵政民営化関連法案否決後の衆議院解散を契機に、日経平均は長い間越えられなかった12000円を突破。2005年はそれに追随するチャートパターンの銘柄を探して買うことが非常に有効だった

A27

三角もち合いのブレイクアウトのパターンです。日経平均も上昇トレンドにあるので、本銘柄も上昇すると予測できます。

ケネディクス（4321）　2005年8月1日〜2006年2月28日

トレンドライン

PART3　チャートパターン別練習問題で実践力をつけよう！

Q28
2本のトレンドラインが収束しています。あなたならどのような手を打ちますか？

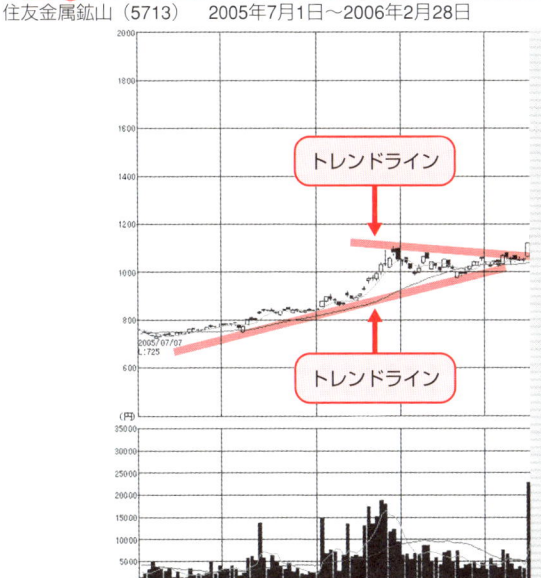

住友金属鉱山（5713）　2005年7月1日～2006年2月28日

ヒント
日経平均の状況も考慮に入れましょう。

Q29
ずっともみ合いを続けている本銘柄をあなたがもっているとしたら、利益目標ラインはどこに設定しますか？

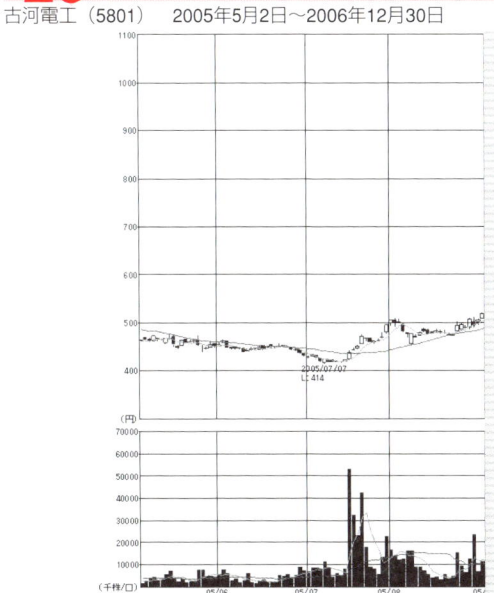

古河電工（5801）　2005年5月2日～2006年12月30日

ヒント
抵抗線を引きましょう。

107

A28

日経平均が上昇にあるため、このような大きな銘柄が下落するとは考えにくいところ。よって、**A**の時点で事前に買うことを考えましょう。

住友金属鉱山（5713）　2005年7月1日～2006年2月28日

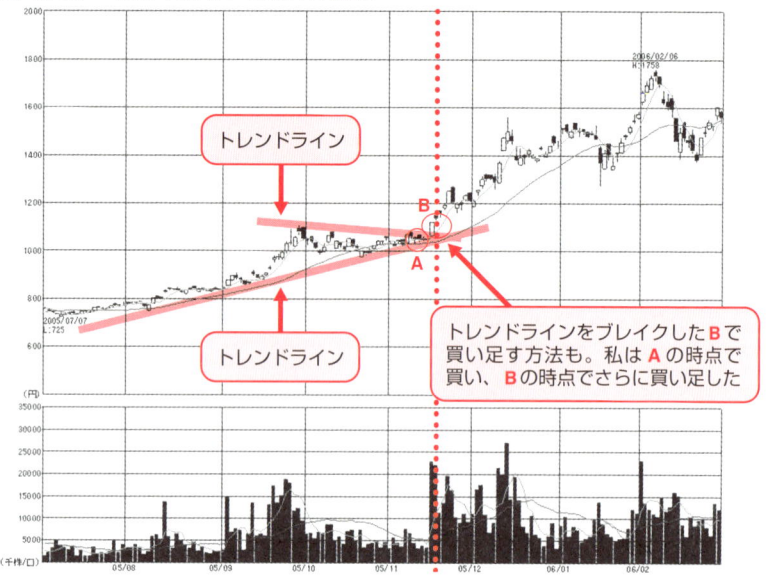

- トレンドライン
- トレンドライン
- トレンドラインをブレイクした**B**で買い足す方法も。私は**A**の時点で買い、**B**の時点でさらに買い足した

A29

本銘柄では利益目標ラインを、直近の安値から抵抗線までの値幅と等距離のラインに設定することをおすすめします。

古河電工（5801）　2005年5月2日～2006年12月30日

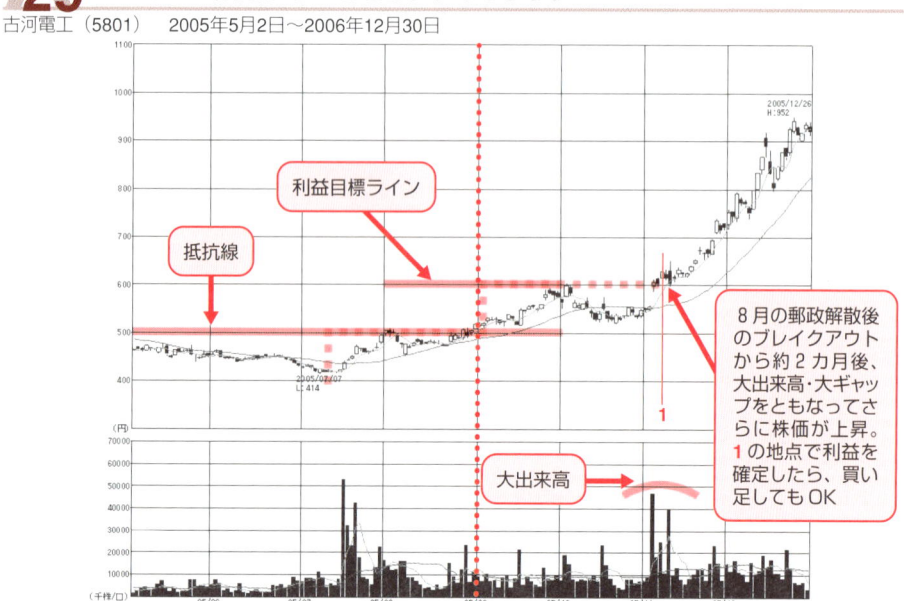

- 利益目標ライン
- 抵抗線
- 大出来高
- 8月の郵政解散後のブレイクアウトから約2カ月後、大出来高・大ギャップをともなってさらに株価が上昇。**1**の地点で利益を確定したら、買い足してもOK

PART3 チャートパターン別練習問題で実践力をつけよう！

Q30
ずっともみ合いを続けている本銘柄ですが、あなたなら売りますか？ それとも買いますか？

フジクラ（5803） 2005年7月1日〜2006年2月28日

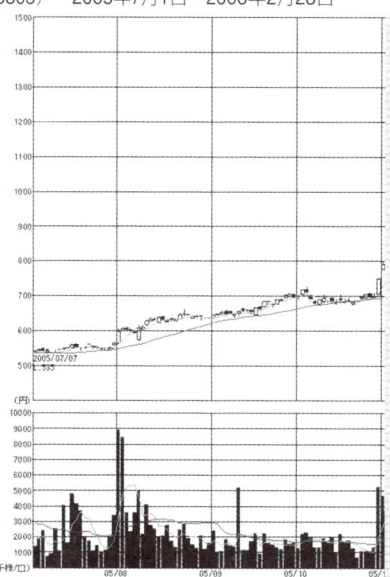

ヒント
抵抗線を引きましょう。

Q31
ずっともみ合いを続けている本銘柄ですが、あなたなら売りますか？ それとも買いますか？

住友金属工業（5405） 2005年3月1日〜2005年10月31日

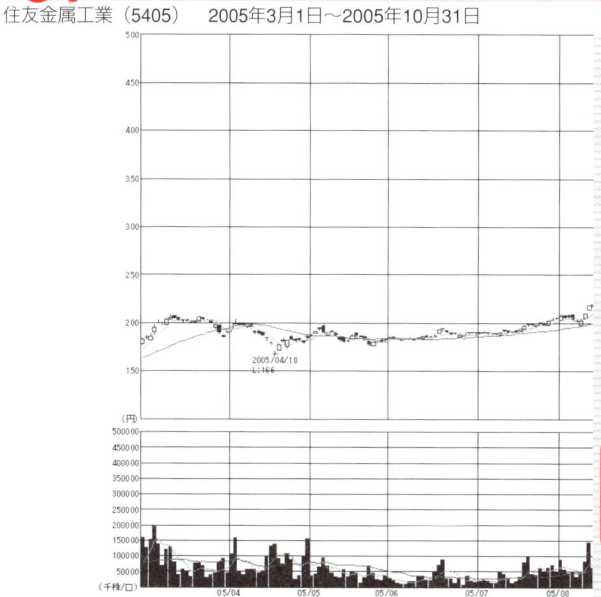

ヒント
抵抗線を引き、日経平均の状況も考慮に入れましょう。

A30

大陽線と出来高増を確認したら、売らずに買い足します。上昇トレンドが崩れない限り、持ち続けましょう。

フジクラ（5803）　2005年7月1日～2006年2月28日

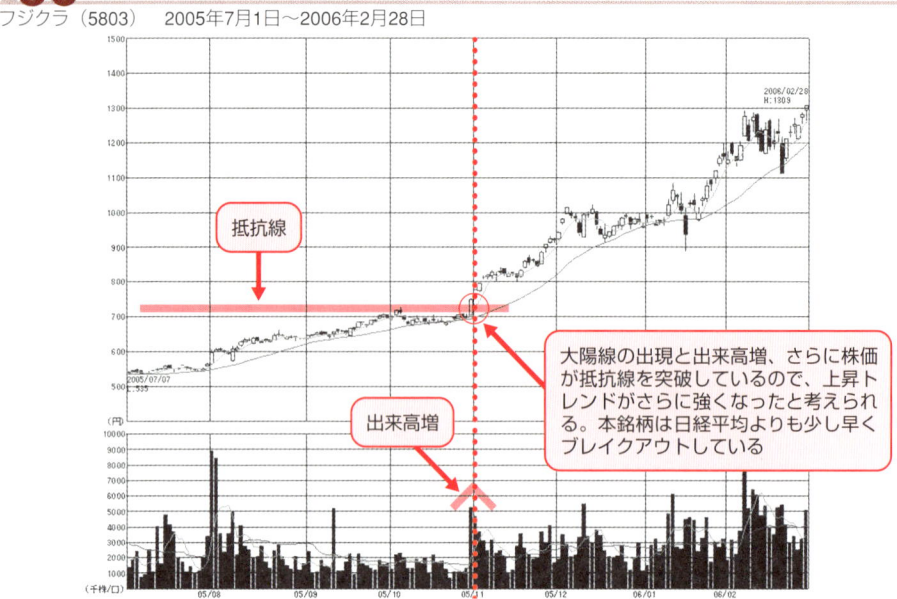

- 抵抗線
- 出来高増
- 大陽線の出現と出来高増、さらに株価が抵抗線を突破しているので、上昇トレンドがさらに強くなったと考えられる。本銘柄は日経平均よりも少し早くブレイクアウトしている

A31

抵抗線を突破したら、売らずに買い足しましょう。日経平均そのものが高値更新していく上昇相場では、買わない手はありません。

住友金属工業（5405）　2005年3月1日～2005年10月31日

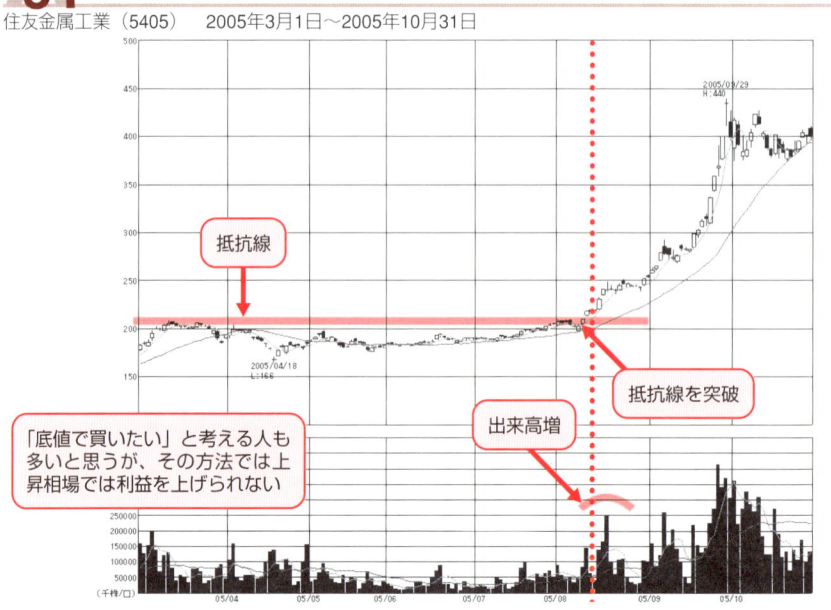

- 抵抗線
- 抵抗線を突破
- 出来高増
- 「底値で買いたい」と考える人も多いと思うが、その方法では上昇相場では利益を上げられない

PART3　チャートパターン別練習問題で実践力をつけよう！

Q32
日経平均と同じような下降トレンドラインが意識できます。しかもAで支持線を割り込んでしまいました。あなたならこの銘柄を買いますか？

アドミラルシステム（2351）　2004年4月1日～2005年1月31日

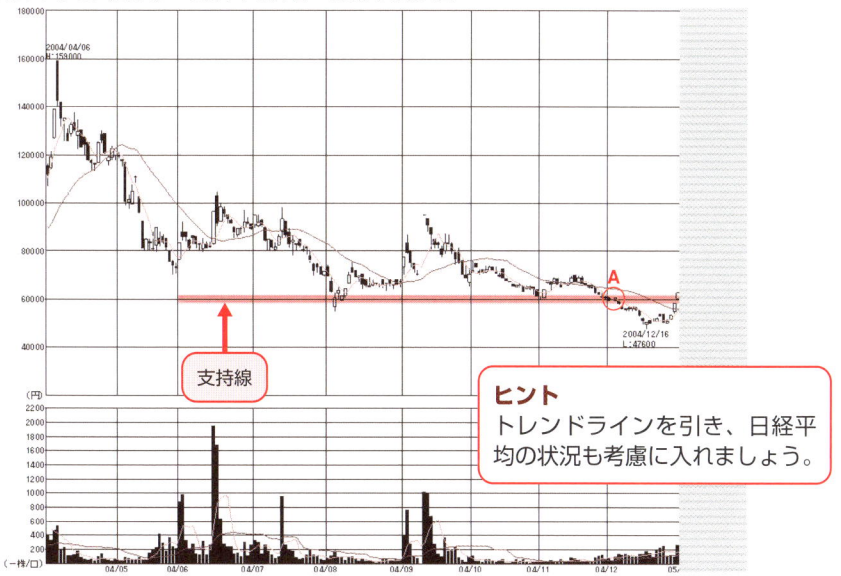

ヒント
トレンドラインを引き、日経平均の状況も考慮に入れましょう。

Q33
A、Bの時点では株価は25日移動平均線を越えられませんでしたが、Cの時点では25日移動平均線の上に落ち着きそうな気配。売り、それとも買いですか？

高島屋（8233）　2006年3月1日～2006年10月31日

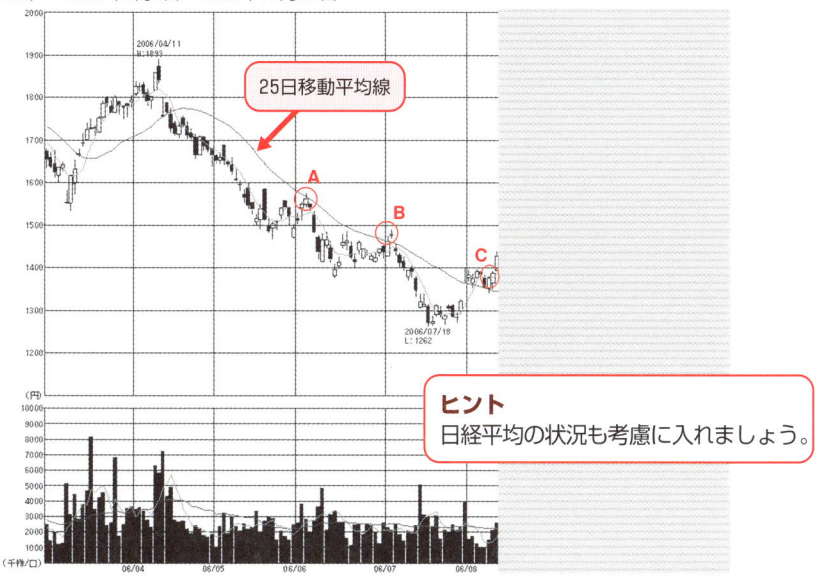

ヒント
日経平均の状況も考慮に入れましょう。

A32

買いです。株価が5日移動平均線の上に来た**B**の段階で、日経平均が下降トレンドラインを突破しました。そこで株価上昇を予測することができるのです。

アドミラルシステム（2351）　2004年4月1日～2005年1月31日

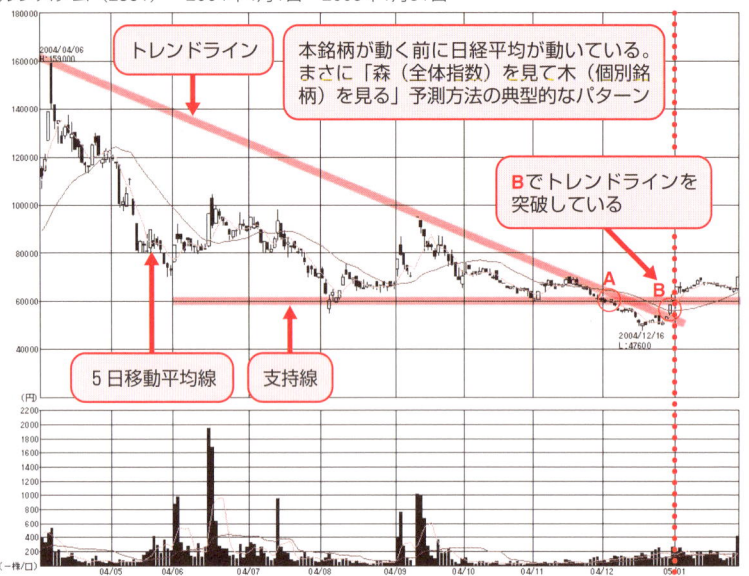

- トレンドライン
- 本銘柄が動く前に日経平均が動いている。まさに「森（全体指数）を見て木（個別銘柄）を見る」予測方法の典型的なパターン
- **B**でトレンドラインを突破している
- 5日移動平均線
- 支持線

A33

買いです。**A**、**B**では株価がトレンドラインに押し戻されましたが、**C**では突破。買い圧力が意外と強いと考えられます。

高島屋（8233）　2006年3月1日～2006年10月31日

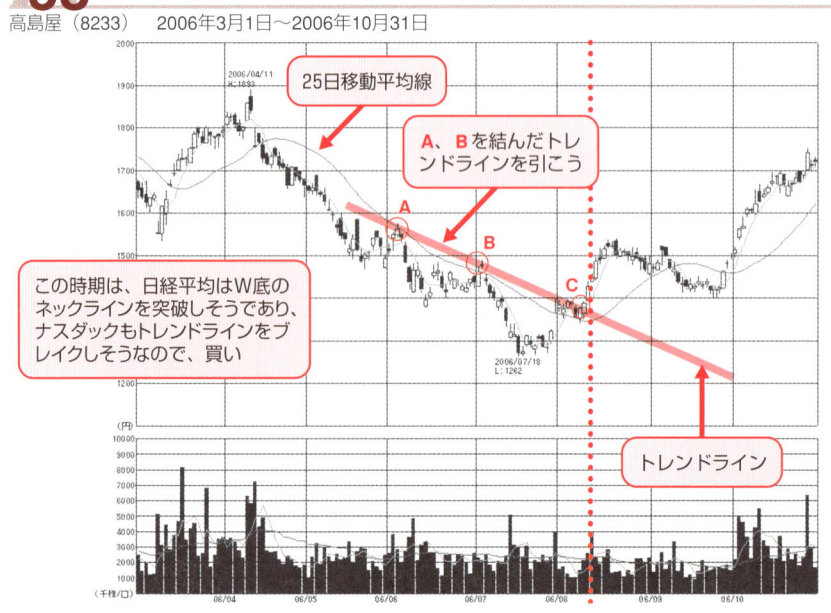

- 25日移動平均線
- **A**、**B**を結んだトレンドラインを引こう
- この時期は、日経平均はW底のネックラインを突破しそうであり、ナスダックもトレンドラインをブレイクしそうなので、買い
- トレンドライン

PART3 チャートパターン別練習問題で実践力をつけよう！

Q34 もみ合いをしている本銘柄は、これからどう動くでしょうか？

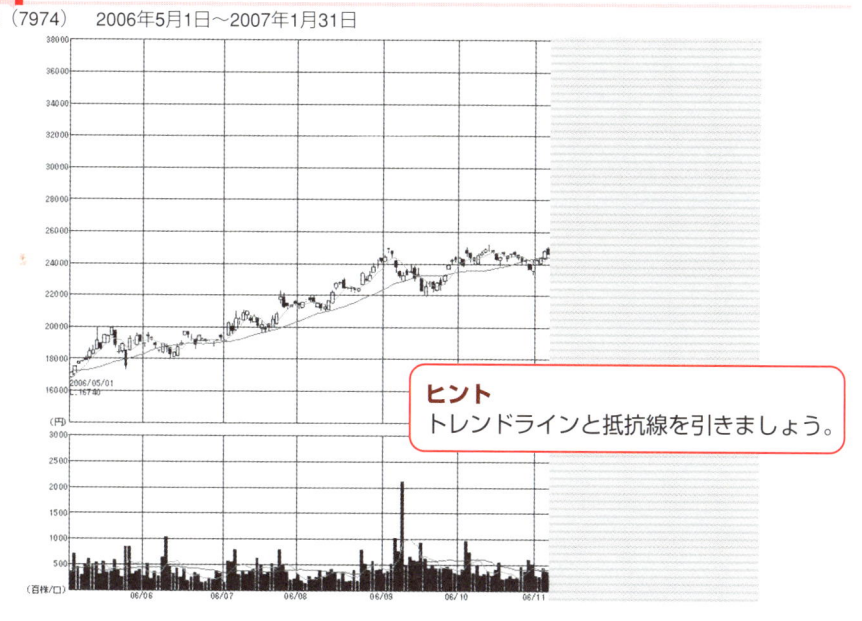

任天堂（7974） 2006年5月1日〜2007年1月31日

ヒント
トレンドラインと抵抗線を引きましょう。

Q35 2本のトレンドラインの間が狭まっていてエネルギーがたまっています。売りと買い、どちらですか？

トクヤマ（4043） 2006年4月3日〜2007年2月28日

トレンドライン

トレンドライン

113

A34

抵抗線とトレンドラインに挟まれた層がどんどん狭くなっているのはエネルギーがたまっている状態。株価は上がると予測できます。

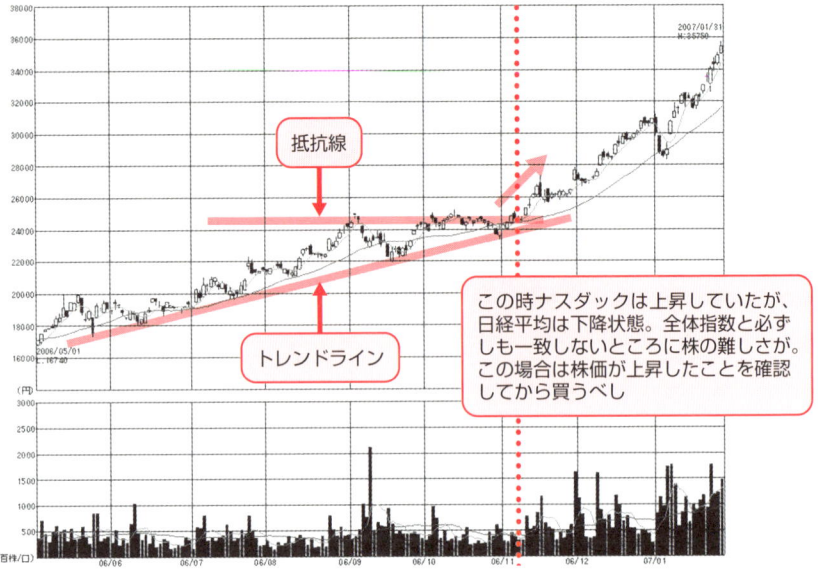

任天堂（7974）　2006年5月1日～2007年1月31日

抵抗線
トレンドライン

この時ナスダックは上昇していたが、日経平均は下降状態。全体指数と必ずしも一致しないところに株の難しさが。この場合は株価が上昇したことを確認してから買うべし

A35

結果的には買いですが、これは非常にまぎらわしい「だまし」の例です。個人投資家のスキル向上にともない、このような「だまし」も多くなる傾向にあります。

トクヤマ（4043）　2006年4月3日～2007年2月28日

このケースでは、結果的に株価は上昇。しかし、その前にわざと株価を下落させ、勘違い者の売りを誘発している。それから一気に上昇方向に動かすわけだ。ポイントは、株を持っている場合、まずトレンドラインを割った **A** で損切りができるかどうか。「だまし」を想定して損切りをしないと、本当に売り圧力が強くて下落した場合に塩漬けにしてしまう危険性あり。問題を放置するクセをつけてしまうと致命傷を負いかねないので、必ず損切りを。次は損切りをしたうえで、株価が上抜けた **B** で買い直しできるかが重要

PART3 チャートパターン別練習問題で実践力をつけよう！

Q36
今後の株価の動きをテクニカル分析、および日経平均株価の状況から予測してみてください。

楽天（4755）　2004年6月1日〜2005年1月31日

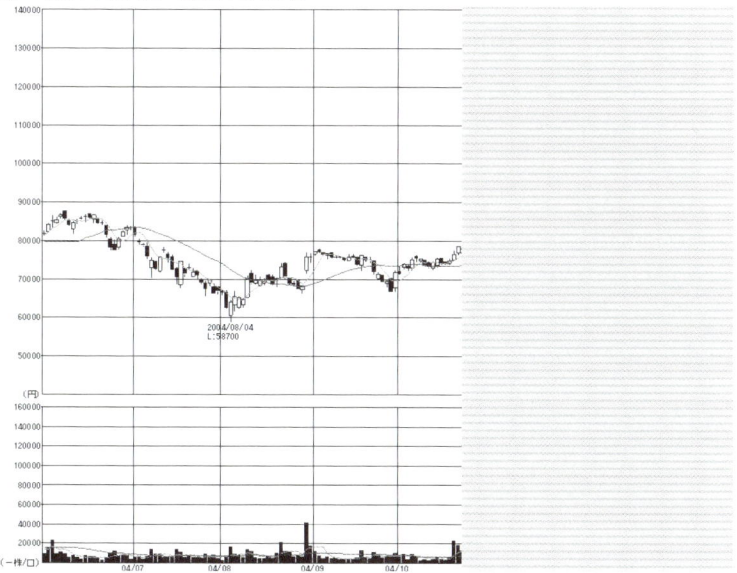

Q37
株価が急騰したあと、もみ合いが続いています。今後の株価の動きをテクニカル分析、および日経平均株価の状況から予測してみてください。

セントラルスポーツ（4801）　2004年6月1日〜2005年2月28日

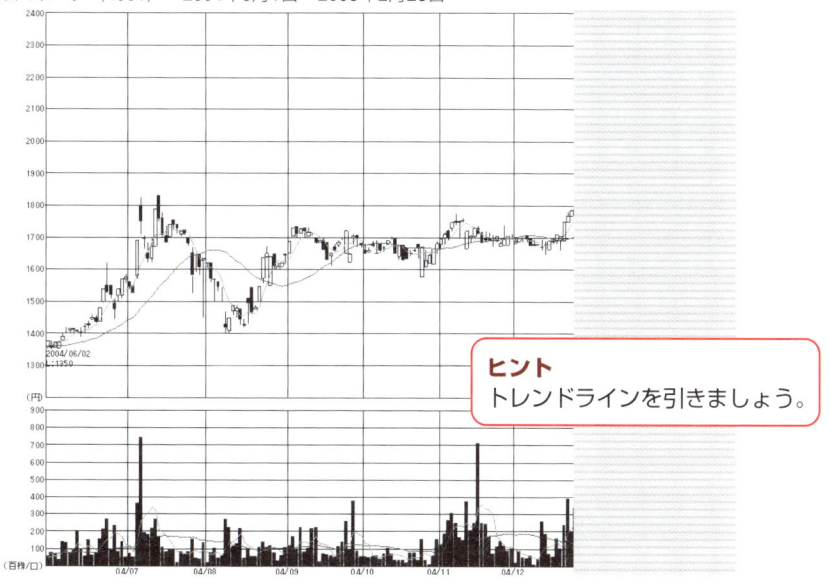

> **ヒント**
> トレンドラインを引きましょう。

A36

2本のトレンドラインが収束し、エネルギーがたまっている状態です。もみ合いのブレイクアウトで、株価は上昇すると予測します。

楽天（4755）　2004年6月1日〜2005年1月31日

（チャート中の注釈）
- トレンドライン
- トレンドライン
- この時点で買った人が多かったが、いまは半値以下

A37

急騰後の高値もみ合いブレイクアウトのパターンで、今後も上昇すると予測できます。一度株価が上昇してもみ合い、再び上昇するパターンです。

セントラルスポーツ（4801）　2004年6月1日〜2005年2月28日

（チャート中の注釈）
- トレンドライン
- トレンドライン
- 株価が上昇
- 2本のトレンドラインが収束し、エネルギーがたまっている状態
- これは日経平均に連動している銘柄。難しい銘柄には手を出さず、このようなパターンの銘柄を探して、利益を出すことを考えよう

PART3 チャートパターン別練習問題で実践力をつけよう！

Q38
株価が急騰したあと、もみ合いが続いています。今後の株価の動きをテクニカル分析をもとに予測してみてください。

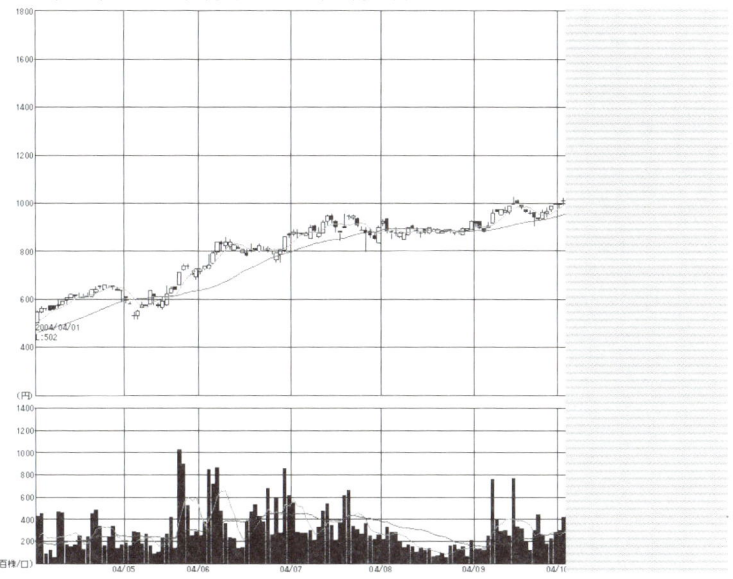

大阪チタニウム（5726） 2004年4月1日〜2004年11月30日

Q39
下降トレンドにあったチャートパターンですが、次第に上がり始めました。この銘柄は買いですか？ それとも様子を見ますか？

三菱UFJニコス（8583） 2004年6月1日〜2004年12月30日

ヒント
トレンドラインと抵抗線を引き、日経平均の状況も考慮に入れましょう。

A38

Q37と同様、急騰後の高値もみ合いブレイクアウトのパターンで、今後も上昇すると予測できます。ここで気をつけたいことは日経平均と連動していない点です。

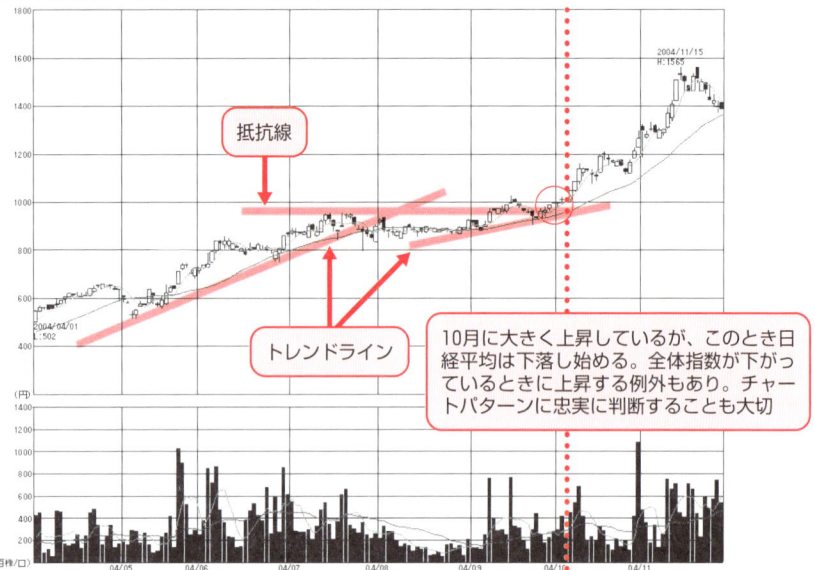

大阪チタニウム（5726）　2004年4月1日～2004年11月30日

抵抗線

トレンドライン

10月に大きく上昇しているが、このとき日経平均は下落し始める。全体指数が下がっているときに上昇する例外もあり。チャートパターンに忠実に判断することも大切

A39

買いです。Aで強力な大陽線が下降トレンドラインを突破しているので、株価上昇のめどがつきます。

三菱UFJニコス（8583）　2004年6月1日～2004年12月30日

トレンドライン

抵抗線

Bで株価が抵抗線を上に抜けそうになっている。また、新たに引けるトレンドラインによって株価が支えられており、日経平均もじわじわと上がってきているので買いのチャンス

トレンドライン

PART3 チャートパターン別練習問題で実践力をつけよう！

Q40
次のようなチャートパターンを描いている銘柄があります。これから株価は上がると思いますか？ それとも下がると思いますか？

カゴメ（2811） 2004年3月1日～2004年10月29日

抵抗線
トレンドライン

Q41
株価が急騰後、大出来高、大陰線でひと相場終わったように見えますが、それからもみ合いが続いています。あなたなら売り、もしくは買いますか？

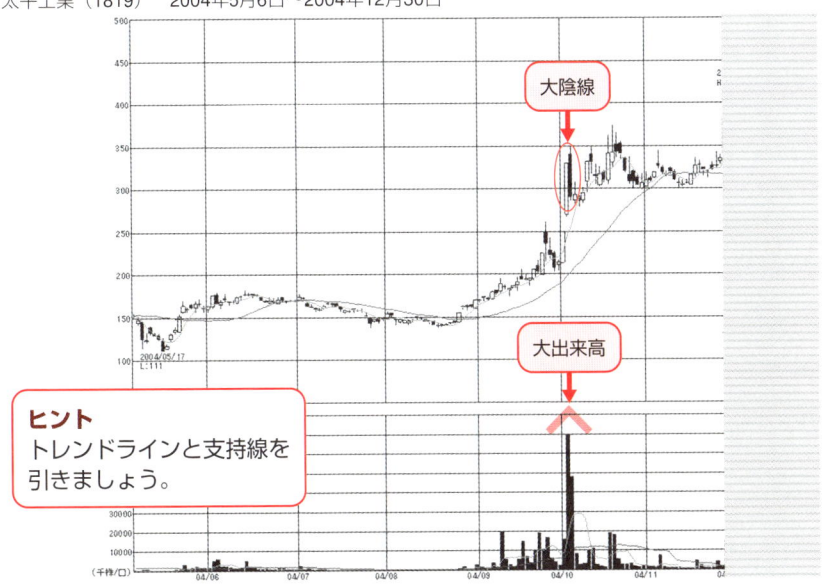

太平工業（1819） 2004年5月6日～2004年12月30日

大陰線
大出来高

ヒント
トレンドラインと支持線を引きましょう。

119

A40 もみ合いのブレイクアウトのチャートパターンなので、株価は上がると予測します。

カゴメ（2811） 2004年3月1日〜2004年10月29日

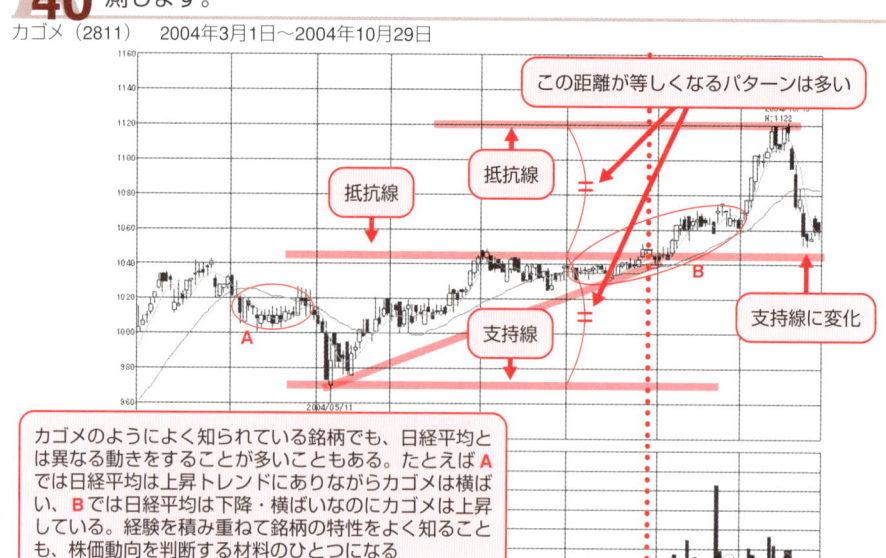

- 抵抗線
- 抵抗線
- この距離が等しくなるパターンは多い
- 支持線
- 支持線に変化

カゴメのようによく知られている銘柄でも、日経平均とは異なる動きをすることが多いこともある。たとえば **A** では日経平均は上昇トレンドにありながらカゴメは横ばい、**B** では日経平均は下降・横ばいなのにカゴメは上昇している。経験を積み重ねて銘柄の特性をよく知ることも、株価動向を判断する材料のひとつになる

A41 これは「高値もみ合いのブレイクアウト」というパターンで、買いです。一度相場が終わったように思えても、株価が上昇するケースがあります。

太平工業（1819） 2004年5月6日〜2004年12月30日

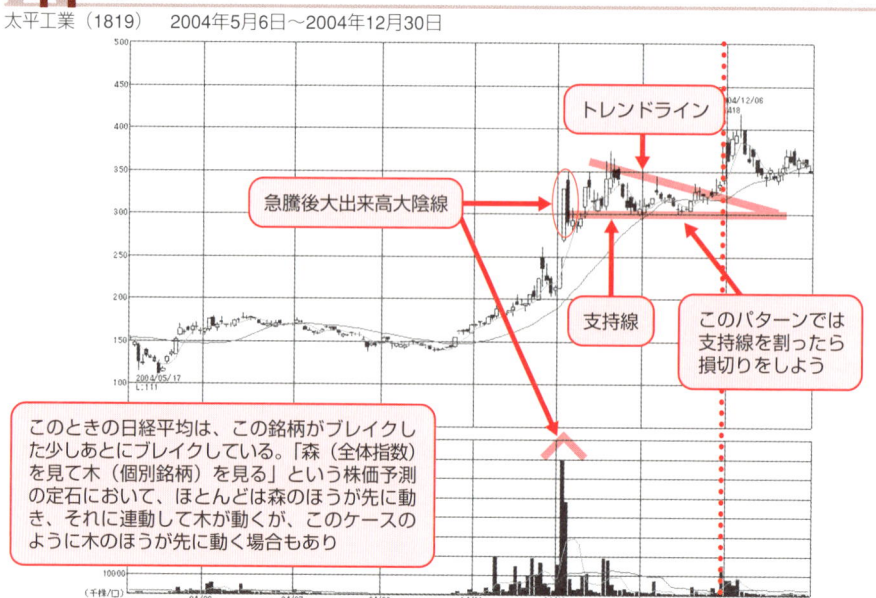

- 急騰後大出来高大陰線
- トレンドライン
- 支持線
- このパターンでは支持線を割ったら損切りをしよう

このときの日経平均は、この銘柄がブレイクした少しあとにブレイクしている。「森（全体指数）を見て木（個別銘柄）を見る」という株価予測の定石において、ほとんどは森のほうが先に動き、それに連動して木が動くが、このケースのように木のほうが先に動く場合もあり

PART3 チャートパターン別練習問題で実践力をつけよう！

Q42

日経平均は上昇トレンドなのに、本銘柄はずっともみ合いが続いています。テクニカル分析などをもとに、今後の動きを予測してください。

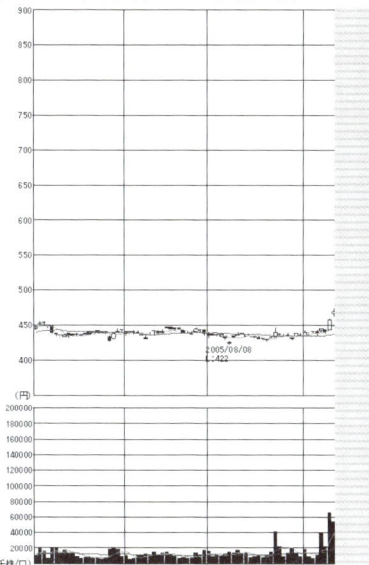

東芝（6502）　2005年6月1日～2006年1月31日

A42

この銘柄も上昇。日経平均と連動してほとんどの銘柄が上昇しているなか、東芝のような主力株なら、いずれ循環的な物色買いが来るであろうと予測。

東芝（6502）　2005年6月1日～2006年1月31日

大陽線が出ているのをチェック！

出来高増をチェック！

チャートパターン「ブレイクダウン」に関する練習問題

「ブレイクダウン」とは「ブレイクアウト」とは逆に、株価が横ばい状態のもみ合いから、トレンドラインや支持線を割ってしまうことをいいます。ブレイクダウンするとしばらく株価が下落するというパターンがあるので、ブレイクダウンしたら売りのサインです。

PART3 チャートパターン別練習問題で実践力をつけよう！

Q43
あなたならこの銘柄を買いますか？ 今後の株価の動きをテクニカル分析で予測してみてください。

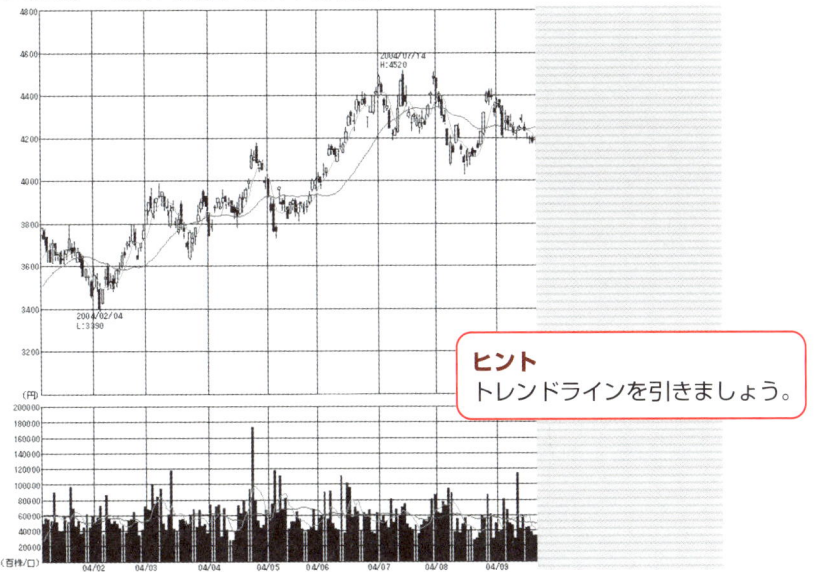

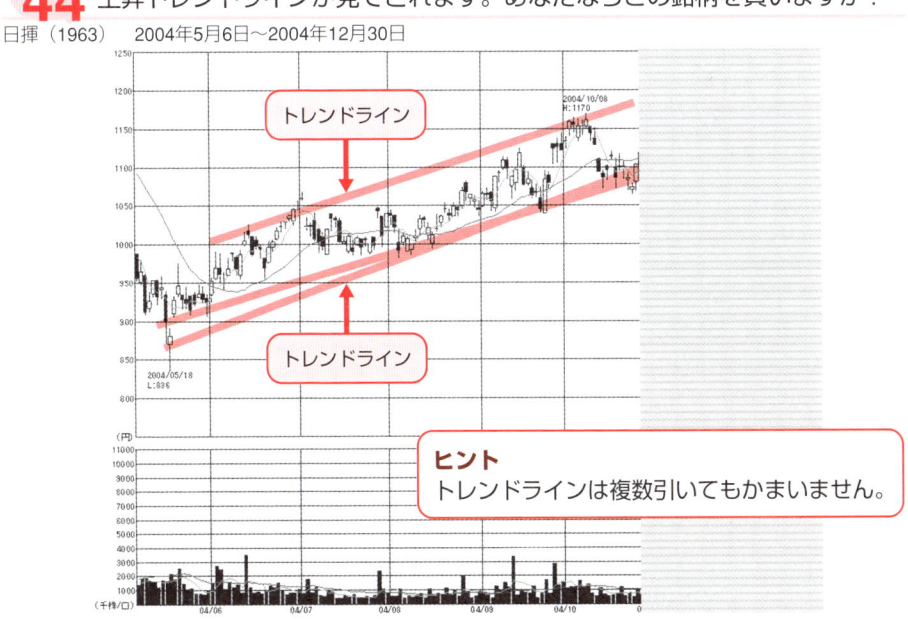

トヨタ自動車（7203）　2004年1月5日〜2004年12月30日

ヒント
トレンドラインを引きましょう。

Q44
上昇トレンドラインが見てとれます。あなたならこの銘柄を買いますか？

日揮（1963）　2004年5月6日〜2004年12月30日

トレンドライン
トレンドライン

ヒント
トレンドラインは複数引いてもかまいません。

123

A43

Aでトレンドラインを割り込んでいます。ブレイクダウンのパターンにより、しばらくは下方向に株価が動きやすいので、買ってはいけません。

トヨタ自動車（7203）　2004年1月5日～2004年12月30日

- トレンドライン
- トレンドライン
- トレンドライン
- トレンドライン
- 下降トレンドラインが引ける。**B**で株価がトレンドラインを突破しており、これが確認できたら買い

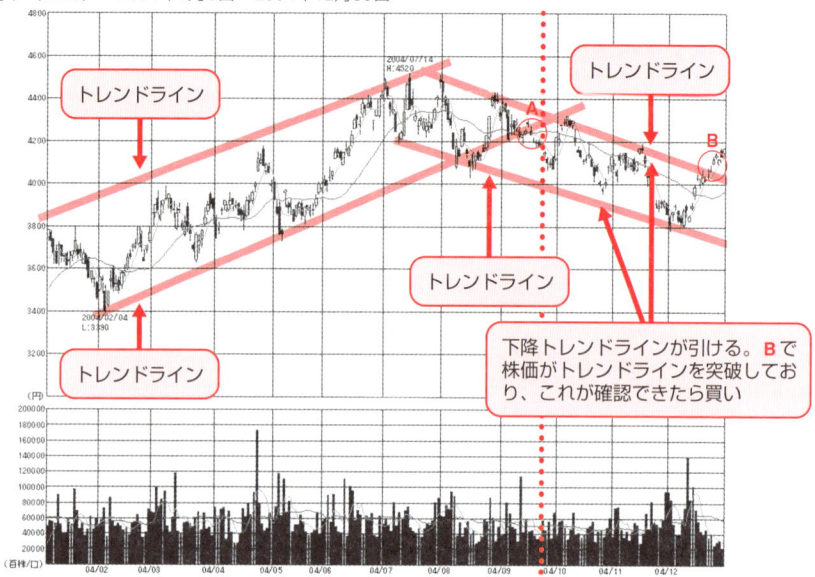

A44

トレンドラインをブレイクしたらその方向に一定期間動くというパターンがありますが、本銘柄はトレンドラインを割り込んでいます。買うのは危険です。

日揮（1963）　2004年5月6日～2004年12月30日

- トレンドライン
- トレンドライン
- トレンドラインを割っている
- 支持線
- W底を形成し、さらにトレンドラインを突破しているので、上昇トレンドに転換と判断。ここでは過去の支持線で株価が支えられている
- このとき日経平均は横ばいだったが、「日経平均が下落していないから」という願望に頼って買うのはNG

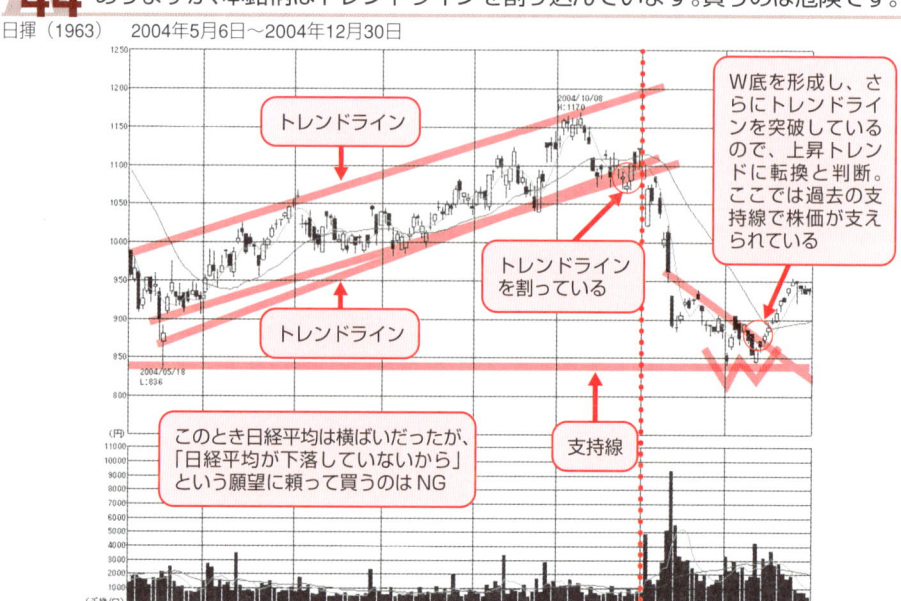

PART3 チャートパターン別練習問題で実践力をつけよう！

Q45
W底を形成したので上昇するかと予測したのですが、もみ合いに。トレンドラインと支持線が収束していますが、今後はどう動くと判断しますか？

NECフィールディング（2322）　2004年4月1日〜2004年10月29日

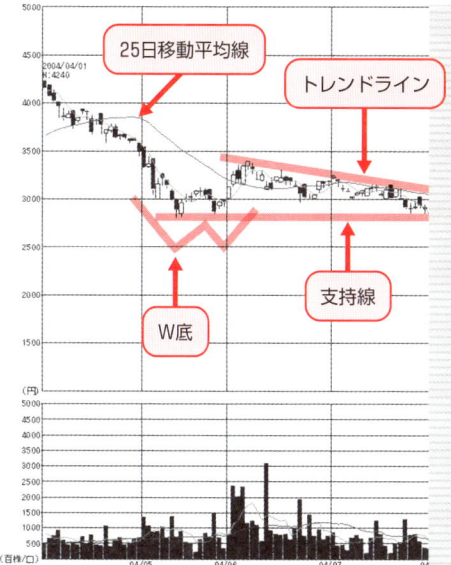

- 25日移動平均線
- トレンドライン
- W底
- 支持線

Q46
もみ合いのブレイクアウトも予測できそうですが、あなたなら買いますか？

アリアケジャパン（2815）　2004年5月6日〜2004年12月30日

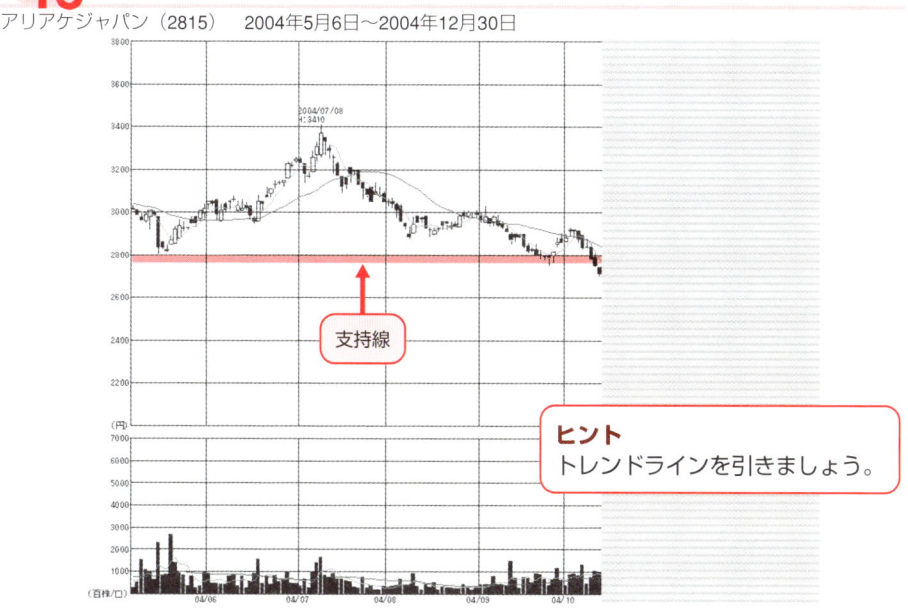

- 支持線

ヒント
トレンドラインを引きましょう。

125

A45

もみ合いのブレイクダウンのパターンで、株価が25日移動平均線を下まわった時点で、株価も下落すると予測できます。

NECフィールディング（2322）　2004年4月1日～2004年10月29日

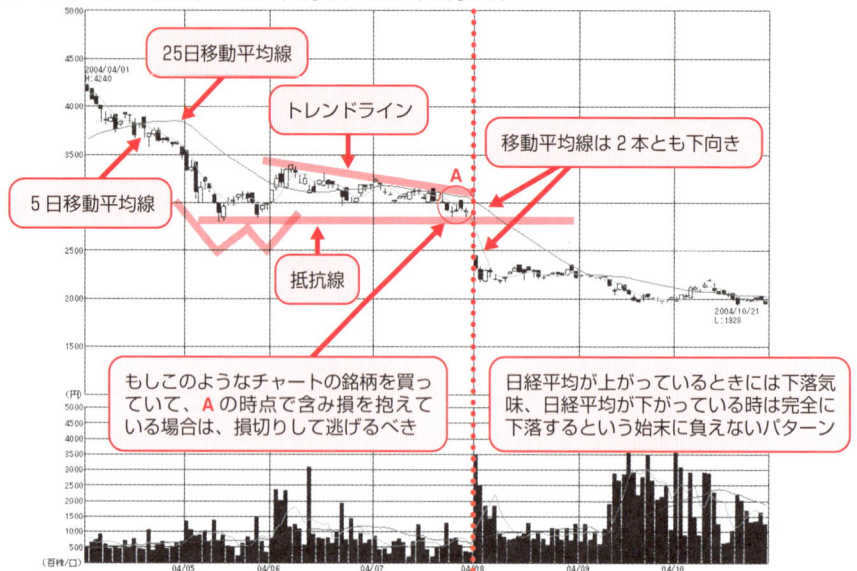

- 25日移動平均線
- トレンドライン
- 移動平均線は2本とも下向き
- 5日移動平均線
- 抵抗線
- もしこのようなチャートの銘柄を買っていて、Aの時点で含み損を抱えている場合は、損切りして逃げるべき
- 日経平均が上がっているときには下落気味、日経平均が下がっている時は完全に下落するという始末に負えないパターン

A46

現時点では株価が支持線を割ろうとしています。一度割り込んだら、今度は支持線が抵抗線になる可能性があるので、買わないほうがいいでしょう。

アリアケジャパン（2815）　2004年5月6日～2004年12月30日

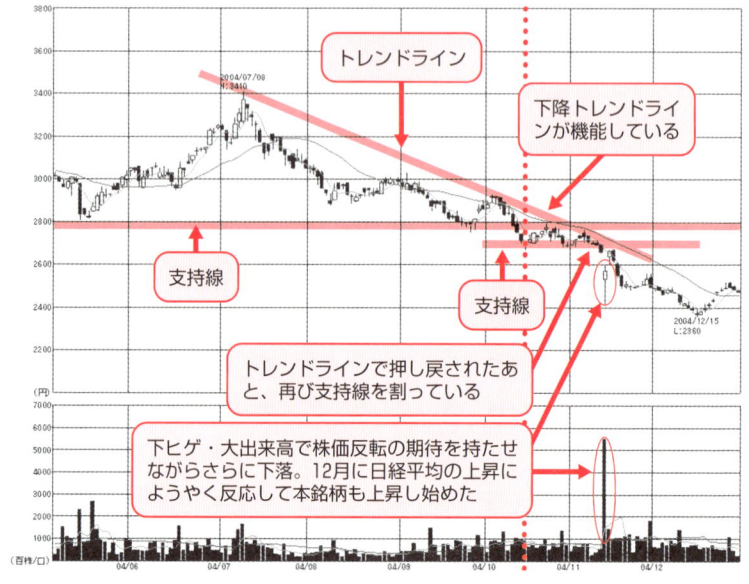

- トレンドライン
- 下降トレンドラインが機能している
- 支持線
- 支持線
- トレンドラインで押し戻されたあと、再び支持線を割っている
- 下ヒゲ・大出来高で株価反転の期待を持たせながらさらに下落。12月に日経平均の上昇にようやく反応して本銘柄も上昇し始めた

PART3 チャートパターン別練習問題で実践力をつけよう！

Q47
日経平均に連動していた本銘柄。日経平均はもみ合い後上昇したのですが、本銘柄は上昇せず、むしろ下降トレンドにあるようです。これは買いですか？

fonfun（2323）　2004年4月1日～2004年12月30日

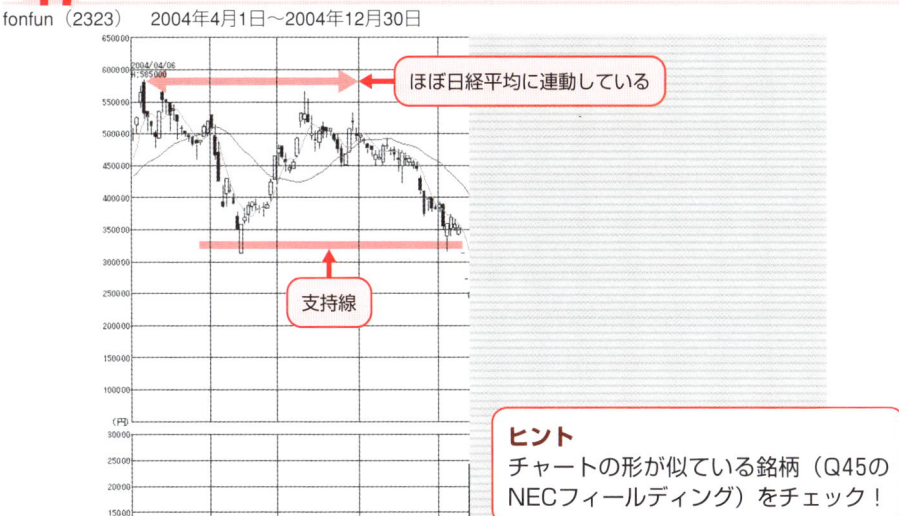

ほぼ日経平均に連動している

支持線

ヒント
チャートの形が似ている銘柄（Q45のNECフィールディング）をチェック！

Q48
もみ合いが続いているこの銘柄、今後はどのように動くと思いますか？

ゴールドウイン（8111）　2006年6月1日～2007年1月31日

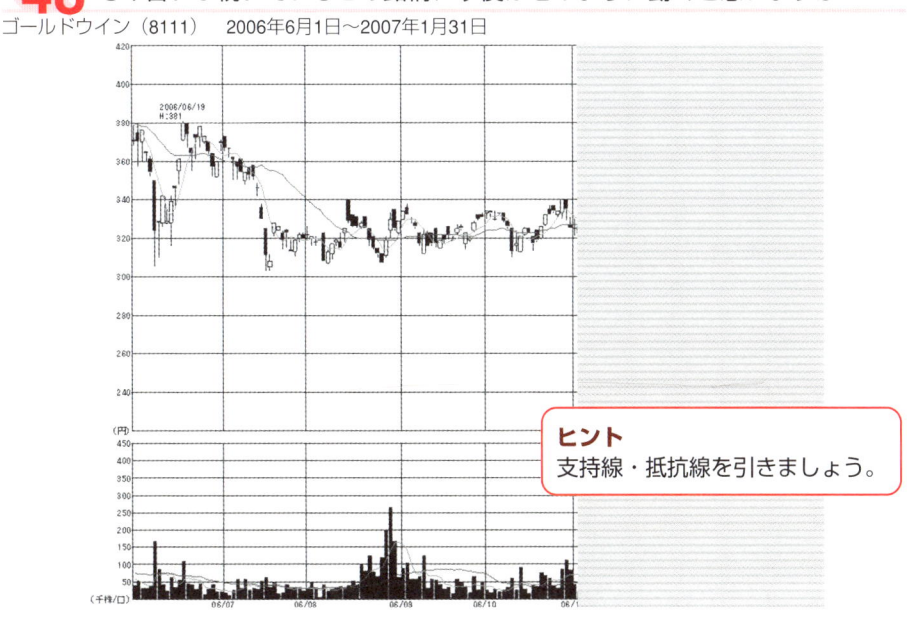

ヒント
支持線・抵抗線を引きましょう。

A47

買ってはいけません。株価が支持線で支えられたように見える**A**で、チャートの形が似ているNECフィールディングが急落したことに気づいた人もいるはずです。

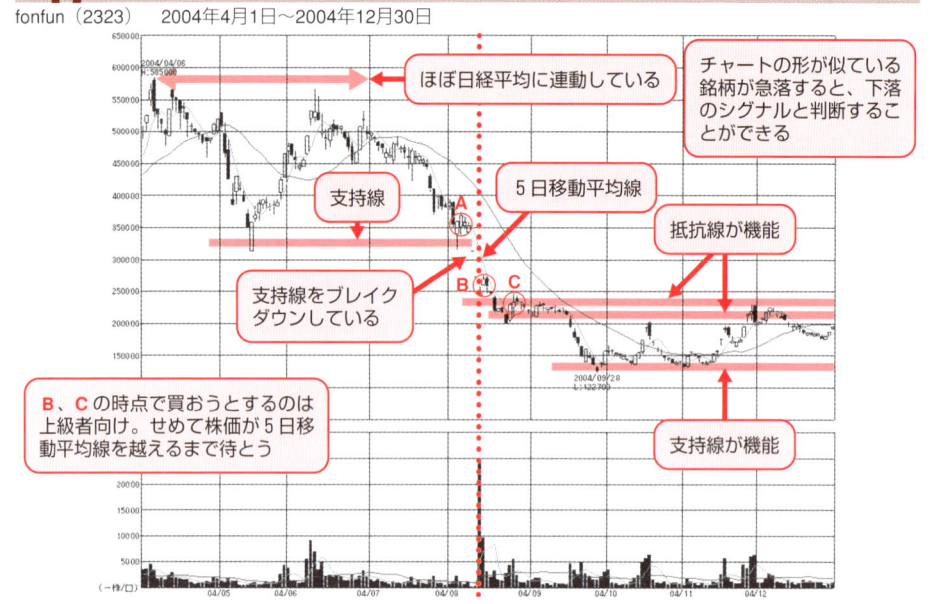

fonfun（2323）　2004年4月1日～2004年12月30日

- ほぼ日経平均に連動している
- チャートの形が似ている銘柄が急落すると、下落のシグナルと判断することができる
- 支持線
- 5日移動平均線
- 抵抗線が機能
- 支持線をブレイクダウンしている
- 支持線が機能
- **B**、**C**の時点で買おうとするのは上級者向け。せめて株価が5日移動平均線を越えるまで待とう

A48

抵抗線を突破することも期待できたのですが、株価が5日および25日移動平均線を下回っているので、株価下落を予測できます。

ゴールドウイン（8111）　2006年6月1日～2007年1月31日

- 抵抗線
- 支持線
- **A**のデッドクロスで危険信号が灯ってしまい、さらに**B**で支持線割れ。株を持っている場合は損切りする以外に手はない
- 25日移動平均線
- 5日移動平均線
- 2005年の日経平均は強い上昇トレンドがあったため、ほとんどの銘柄がもみ合い後、ブレイクアウトした。しかし、いつも2005年の動向と同じはずはない。危険信号を見逃さず、ラインを割ったら損切りすることを忘れずに

初心者からの質問コーナー

Q「ブレイクダウン」とは、どのように考えればいいのでしょうか？

A「ブレイクアウト」…高値更新、抵抗線の突破。
「ブレイクダウン」…安値更新、支持線割れということは、すでにお話しした通りです。

「どのように考えればよいか？」というご質問ですが、「最後の逃げ場」というイメージでいればよいと私は考えます。

たとえば、日足チャートをイメージして考えてみましょう。

5日、25日移動平均線が下向きになり、日々のローソク足が陽線よりも陰線が多い状態を考えてみます。

これは、売り圧力が増加しつつあることを暗示しています。

その銘柄を持っていた場合、せっかくの含み益が減少していく状態に、不安を覚えることでしょう。みんなが、売り払って利益を確定したいという気持ちが強くなってきている状態です。

そのような状態のなか、株価が支持線まで落ちてきました。支持線とは過去に何度か、株価がはね返された株価層なので、押し目買いが入りやすいといえます。

しかし、市場参加者が売りたいという気持ちがどんどん強くなってくると、押し目買いの力よりも、利益確定や損切り、加えて空売りなどの売り圧力のほうが強くなってしまい、支持線を割れて、安値更新を引き起こしてしまうのです。

これがまさに「ブレイクダウン」です。

こうなった場合、短期間で株価が回復することもありますが、割れた支持線が今度は抵抗線になってしまい、株価が少し戻っても、戻り売り圧力からすぐ下がってしまい、ダウントレンドが加速してしまうことも多いのです。

私も初心者の頃に何度も何度も、このブレイクダウン時でも損切りできず、損失を拡大させてきたことがありました。

しかし、いまでは逃げることができるようになっています。

それが、「最後の逃げ場」だとわかるようになったからです。

チャートパターン「支持線・抵抗線」に関する練習問題

「支持線」は株価が過去に何度か
反発しているライン
（そこで安値が切り上がっている）、
「抵抗線」は逆に
過去に反落しているライン
（そこで高値を切り下げている）
のことをさします。
ともに株価が反転するポイントであるため、
動向を予測するための手がかりになります。
トレンドラインのように
斜めに補助線を引くだけではなく、
横に引く支持線・抵抗線のことも
忘れないでください。

PART3　チャートパターン別練習問題で実践力をつけよう！

Q49
株価が横ばいから急騰しました。このまま上昇すると思いますか？　テクニカル分析から判断してください。

イビデン（4062）　2006年9月1日〜2007年5月31日

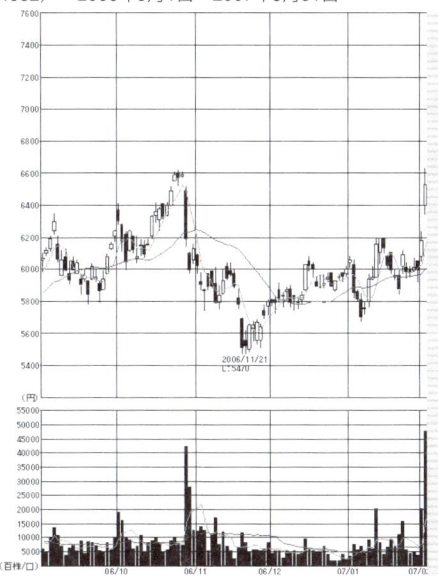

Q50
動きの激しいIPO株です。急騰しているのを見ると「乗り遅れてはならない」と買いたくなりますが、あなたならどうしますか？

クラスターテクノロジー（4240）　2006年4月12日〜2006年10月31日

> IPOとは？……未上場企業が、新規に株式を証券取引所に上場し、投資家に株式を取得させること

A49

このケースでは直近高値をもとに引いた抵抗線が生きており、そこで株価は押し戻されました。

イビデン（4062）　2006年9月1日〜2007年5月31日

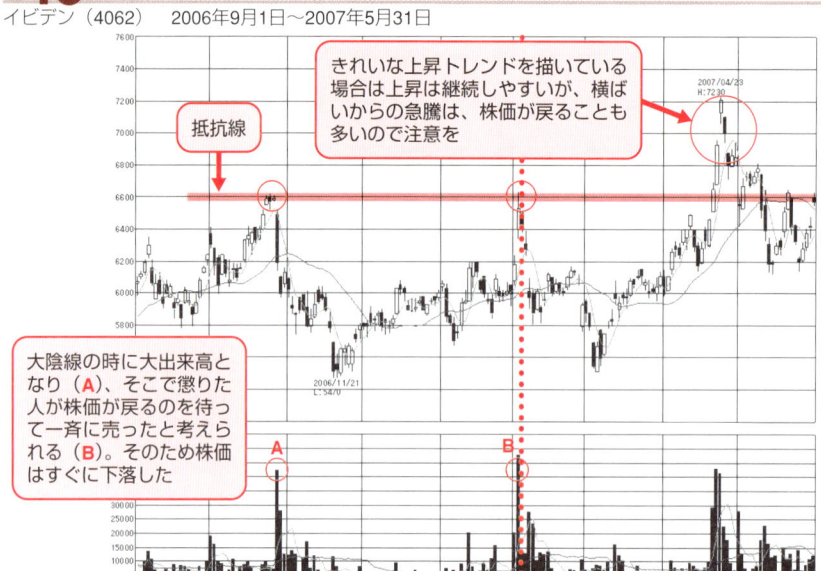

抵抗線

きれいな上昇トレンドを描いている場合は上昇は継続しやすいが、横ばいからの急騰は、株価が戻ることも多いので注意を

2007/04/23
H:7230

2006/11/21
L:5470

大陰線の時に大出来高となり（A）、そこで懲りた人が株価が戻るのを待って一斉に売ったと考えられる（B）。そのため株価はすぐに下落した

A50

出来高が相対的に多いところに支持線が引けます。つまり、ここで本銘柄を買った人が非常に多く、塩漬けになっているのです。よって、手出し無用です。

クラスターテクノロジー（4240）　2006年4月12日〜2006年10月31日

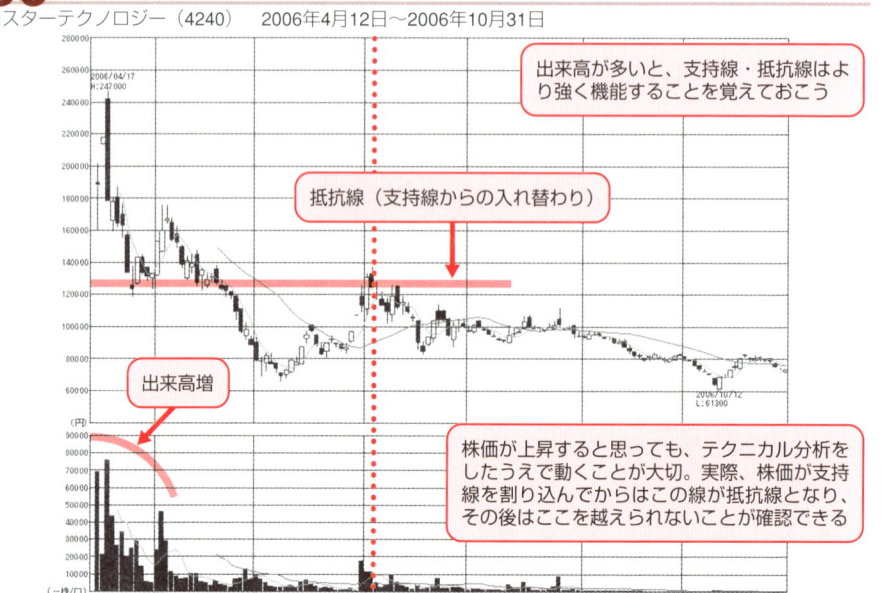

2006/04/17
H:247000

出来高が多いと、支持線・抵抗線はより強く機能することを覚えておこう

抵抗線（支持線からの入れ替わり）

出来高増

2006/10/12
L:61300

株価が上昇すると思っても、テクニカル分析をしたうえで動くことが大切。実際、株価が支持線を割り込んでからはこの線が抵抗線となり、その後はここを越えられないことが確認できる

PART3 チャートパターン別練習問題で実践力をつけよう！

Q51
株価が**A**と**B**を結んだトレンドラインで支えられていることがわかります。今後の株価の動きを予測してみてください。

トヨタ自動車（7203）　2006年6月1日〜2007年2月28日

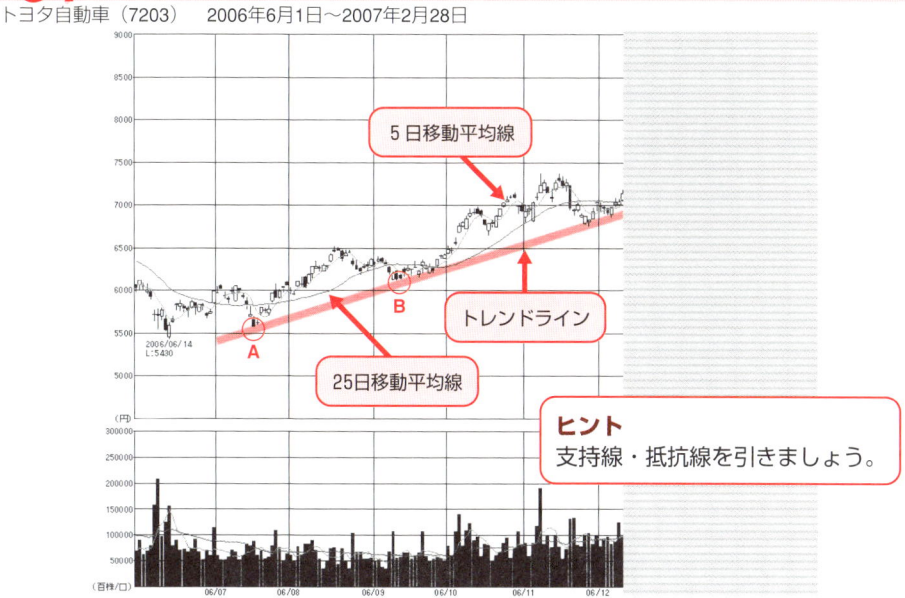

ヒント
支持線・抵抗線を引きましょう。

Q52
N字のチャートパターンを想定していたものの、デッドクロスしてしまいました。その後、株価が再び陽線で5日移動平均線を上回りました。ここで買いますか？

商船三井（9104）　2006年4月3日〜2006年12月30日

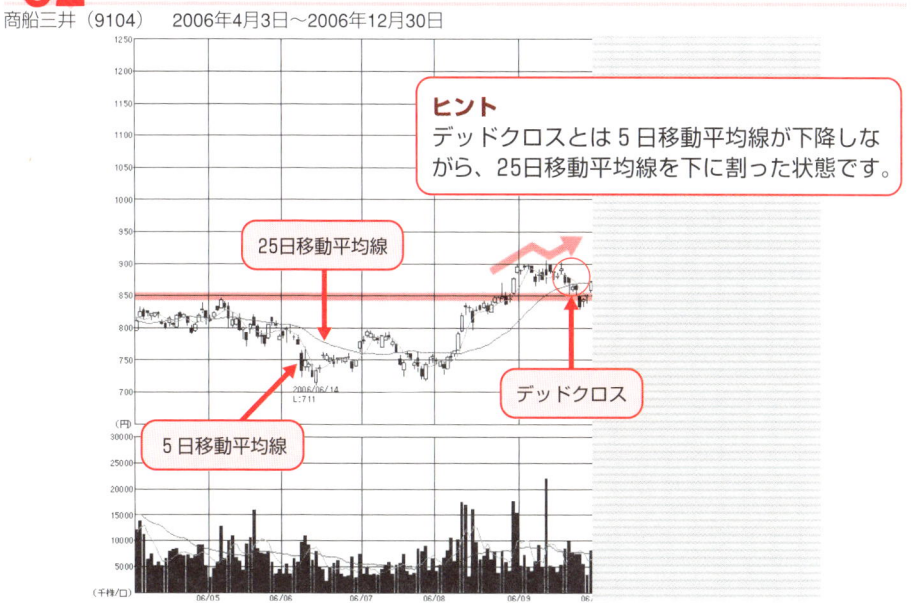

ヒント
デッドクロスとは5日移動平均線が下降しながら、25日移動平均線を下に割った状態です。

A51

ゴールデンクロスも出現しているので上がると予測。株価が抵抗線を突破したため支持線に入れ替わり、株価の下落を押し戻していることがわかります。

トヨタ自動車（7203）　2006年6月1日〜2007年2月28日

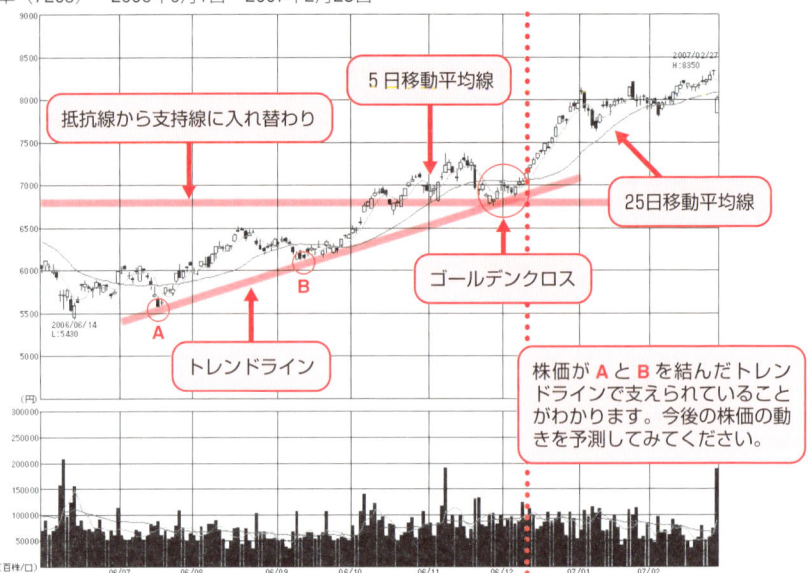

- 5日移動平均線
- 抵抗線から支持線に入れ替わり
- 25日移動平均線
- ゴールデンクロス
- トレンドライン

株価が **A** と **B** を結んだトレンドラインで支えられていることがわかります。今後の株価の動きを予測してみてください。

A52

買いです。株価が抵抗線を突破したことにより、支持線に入れ替わりました。このラインで株価が支えられていることを確認できます。

商船三井（9104）　2006年4月3日〜2006年12月30日

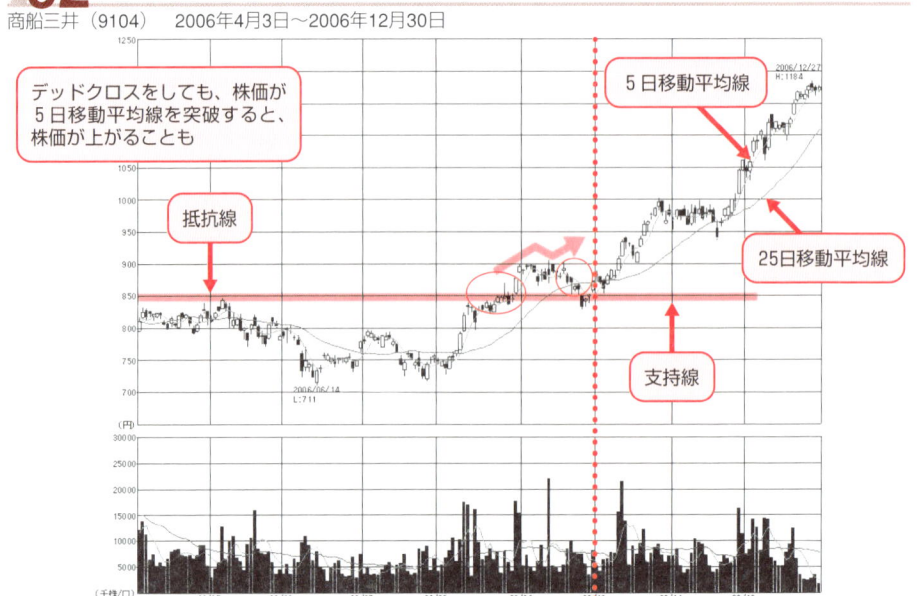

- 5日移動平均線
- 25日移動平均線
- 抵抗線
- 支持線

デッドクロスをしても、株価が5日移動平均線を突破すると、株価が上がることも

初心者からの質問コーナー

Q 「支持線・抵抗線」を見る場合のコツを教えて下さい。

A みなさんは、経済ニュース番組などで「戻り待ち売り」という言葉をよく聞かれるのではないでしょうか？

これこそが、抵抗線と言い換えることができるものです。株価が一定期間、ある株価格帯に滞留してから下落に転じた場合、その価格帯で買った投資家はすべて、含み損を抱えてしまうことになります。

例として、日経平均の週足を見てみましょう。

私がこの原稿を書いている2008年2月上旬頃、日経平均株価は約13000円から14000円の範囲を行ったり来たりしています。

この株価水準は、2005年11月以来の安い水準です。

極端な話、日経平均連動型投資信託をその2005年11月から2008年11月末までの約2年3か月の期間内に購入した投資家は、いますべての方が含み損を抱えていることになってしまうのです！

損をするために投資信託を買う個人投資家などいないはずです。

このように損をしたくない心理から、損切りがなかなかできないのが人間の性というものです。

含み損を抱えた嫌な気分を味わうと、投資家もせめて株価が回復したら損益ゼロでもいいから、いったん売却して現金に戻し、脱出したいと考えるようになるものです。

この人間心理の集合体が巨大な売り圧力、すなわち抵抗線になるのです（買いの場合はその反対に考えます）。

このように抵抗線を引くことによって、戻り待ち売りがたくさん出てくると推定される株価水準、すなわち、株価が上がっていても、強力な売りが入ってくることが予想される株価水準＝「抵抗線」や、押し目買いがたくさん出てくると推定される株価水準、すなわち、株価が下がってきても、強力な買いが入ってくることが予想される株価水準＝「支持線」のメドがつけやすくなるのです。

チャートパターン「出来高」に関する練習問題

「出来高」は
相場のエネルギーを示しています。
特に、出来高が急増したら注目です。
安値圏で出来高が急増したら
買いのサイン
（これから株価が上昇する可能性がある）、
高値圏で出来高が急増したら
売りのサイン
（これから株価が下落する可能性がある）
と判断できます。

Q53

今後の株価の動きをテクニカル分析、および日経平均株価やアメリカの状況から予測してみてください。

太平洋金属（5541）　2006年4月3日〜2006年11月30日

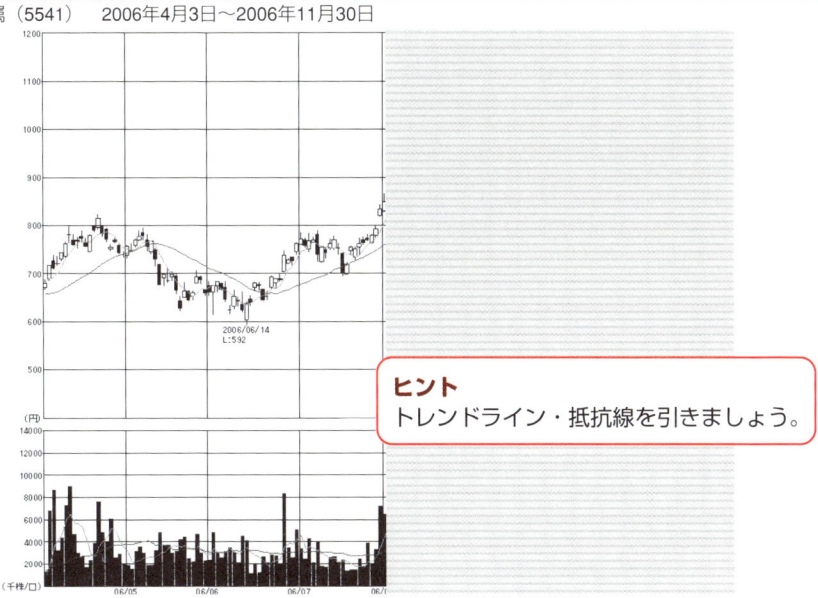

ヒント
トレンドライン・抵抗線を引きましょう。

Q54

下がり続けていた株価が上昇しそうです。あなたはいま買いますか？ それとも様子を見ますか？

クリナップ（7955）　2004年7月1日〜2005年2月28日

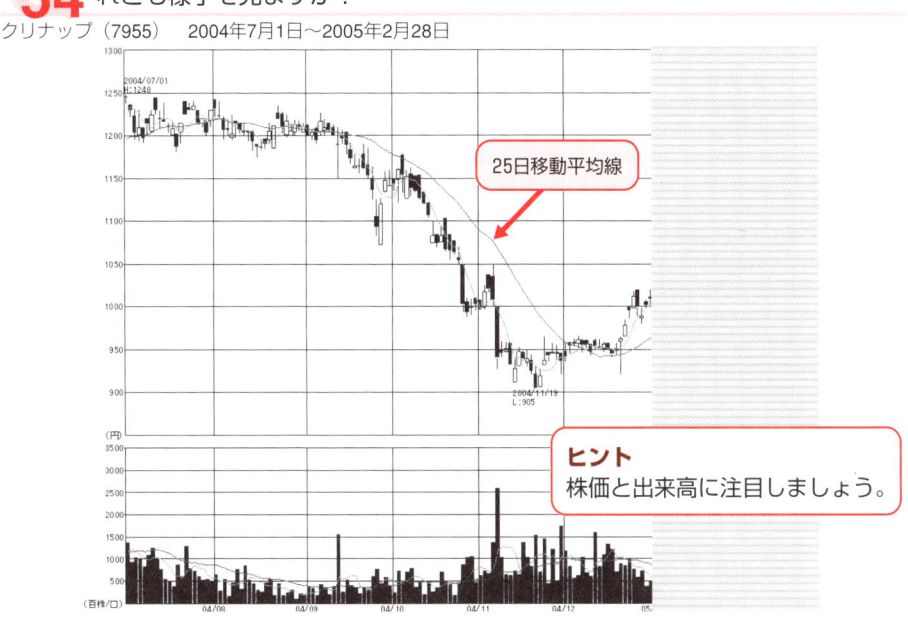

25日移動平均線

ヒント
株価と出来高に注目しましょう。

A53

出来高の増加をともなって抵抗線を突破しています。この時期は日経平均もアメリカも調子がいいので、ここから上昇すると判断できます。

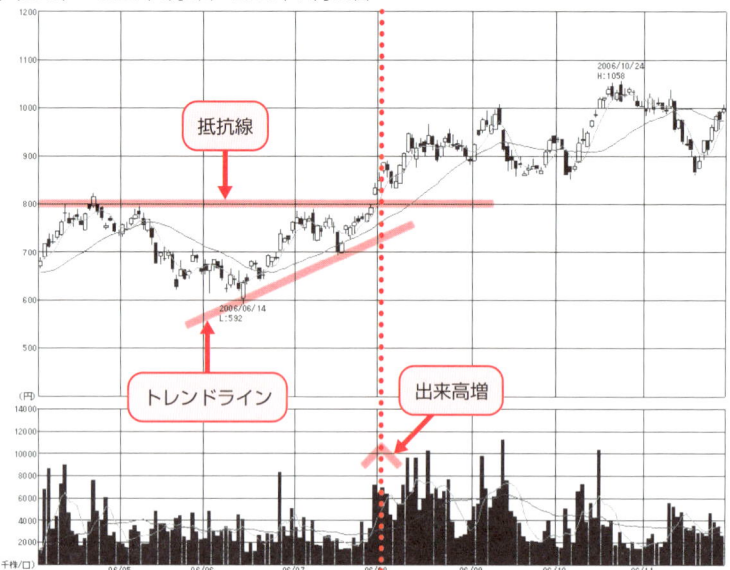

太平洋金属（5541）　2006年4月3日〜2006年11月30日

抵抗線
トレンドライン
出来高増

A54

底値圏で出来高が急増しているので買いのサイン。ただすぐに飛びつかないで、Aのように上昇トレンドを濃厚に示すサインをもうひとつ見つけましょう。

クリナップ（7955）　2004年7月1日〜2005年2月28日

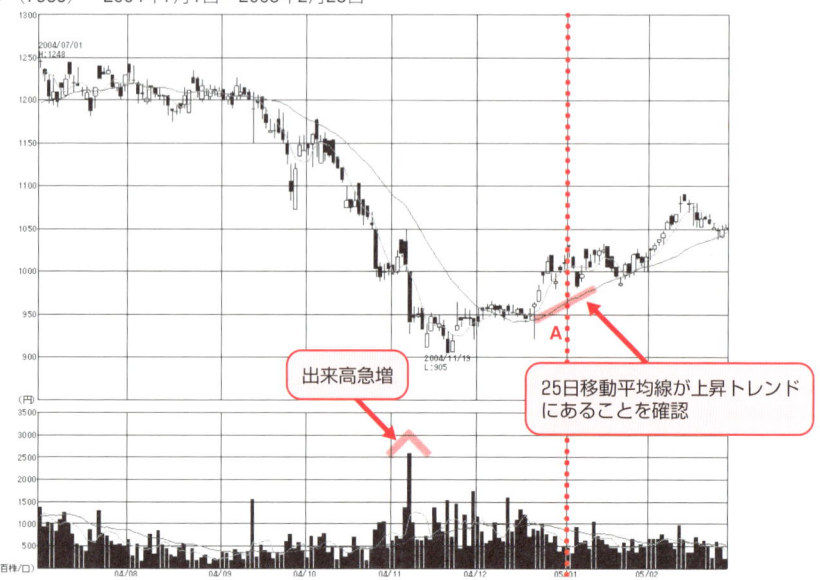

出来高急増
25日移動平均線が上昇トレンドにあることを確認

PART3 チャートパターン別練習問題で実践力をつけよう！

Q55 底値圏で出来高が増加しています。あなたなら買いますか？

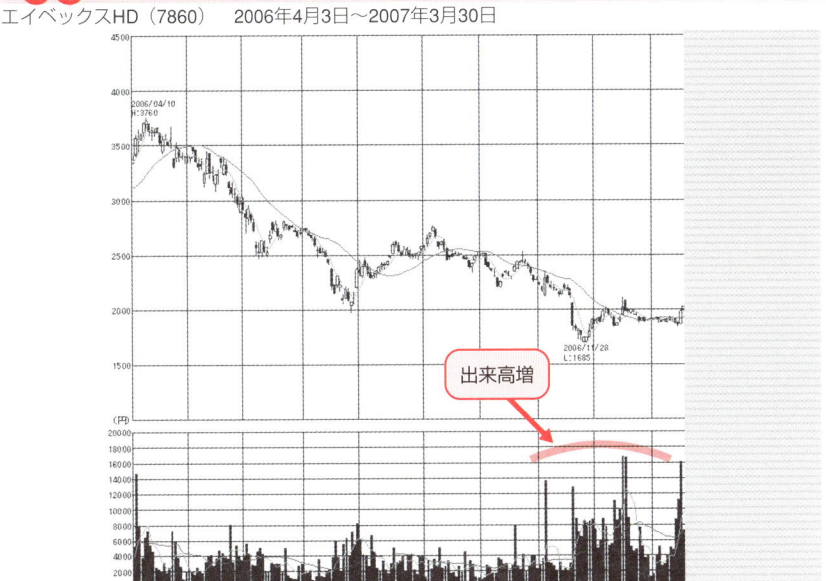

エイベックスHD（7860） 2006年4月3日～2007年3月30日

A55 底値圏で出来高が増加しているうえにAでトレンドラインを突破しました。ところが上昇は一瞬で、C以降は下落してしまいます。

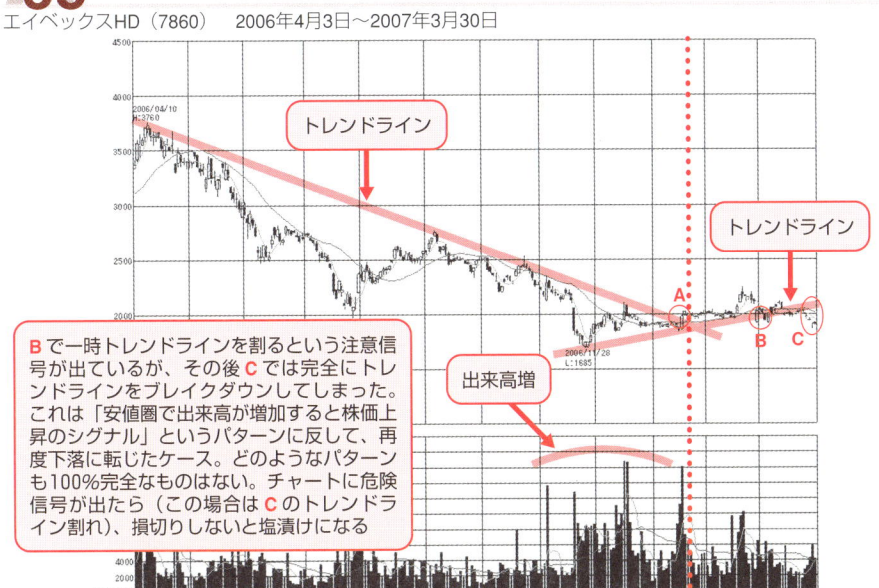

エイベックスHD（7860） 2006年4月3日～2007年3月30日

Bで一時トレンドラインを割るという注意信号が出ているが、その後Cでは完全にトレンドラインをブレイクダウンしてしまった。これは「安値圏で出来高が増加すると株価上昇のシグナル」というパターンに反して、再度下落に転じたケース。どのようなパターンも100％完全なものはない。チャートに危険信号が出たら（この場合はCのトレンドライン割れ）、損切りしないと塩漬けになる

チャートパターン
「ローソク足」に関する
（大出来高＋大ギャップ）
練習問題

「ローソク足」は
株の1日の値動きを示したものです。
注目すべき大陽線とは、
買い注文が絶え間なく入り、
強い上昇エネルギーを持っているもの。
安値圏で大陽線が出ると、
上昇トレンドになる可能性が高くなります。
警戒すべき大陰線とは、
売り注文が絶えず入り、
強い下落エネルギーを持っているもの。
高値圏で大陰線が出ると、
下降トレンドになる可能性が高くなります。

PART3 チャートパターン別練習問題で実践力をつけよう！

Q56
Aでギャップをあけた株価は反転して上昇しました。Bでもギャップをあけましたが、今後株価はどのように動くでしょうか。

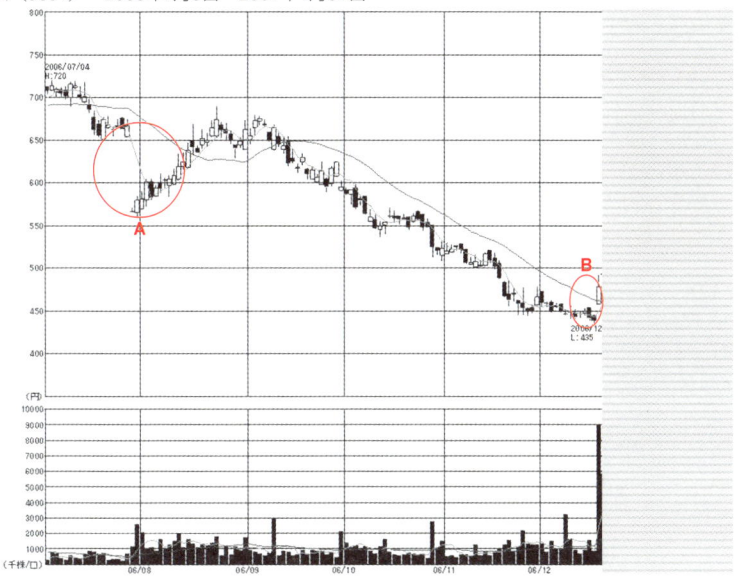

東京ドーム（9681） 2006年7月3日～2007年1月31日

Q57
大出来高＋大ギャップのチャートパターンです。今後株価はどのように動くかを予測してください。

日興コーディアルG（8603） 2006年8月1日～2007年2月28日 ※2008年1月23日に上場廃止

大ギャップ

大出来高

141

A56

株価が上にギャップをあけたとき出来高も急増しているので、上にあけたギャップと同じ方向、すなわち株価は上昇すると予測できます。

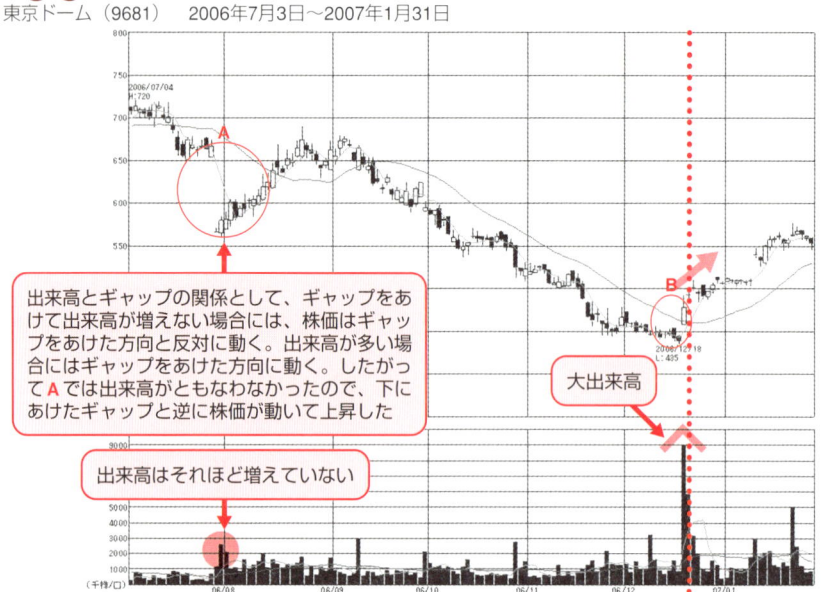

東京ドーム（9681）　2006年7月3日〜2007年1月31日

出来高とギャップの関係として、ギャップをあけて出来高が増えない場合には、株価はギャップをあけた方向と反対に動く。出来高が多い場合にはギャップをあけた方向に動く。したがってAでは出来高がともなわなかったので、下にあけたギャップと逆に株価が動いて上昇した

出来高はそれほど増えていない

大出来高

A57

大出来高をともなった大ギャップは、ギャップをあけた方向に株価が動くというパターンがあるが、これは例外でギャップがあいた方向と逆に動いた。

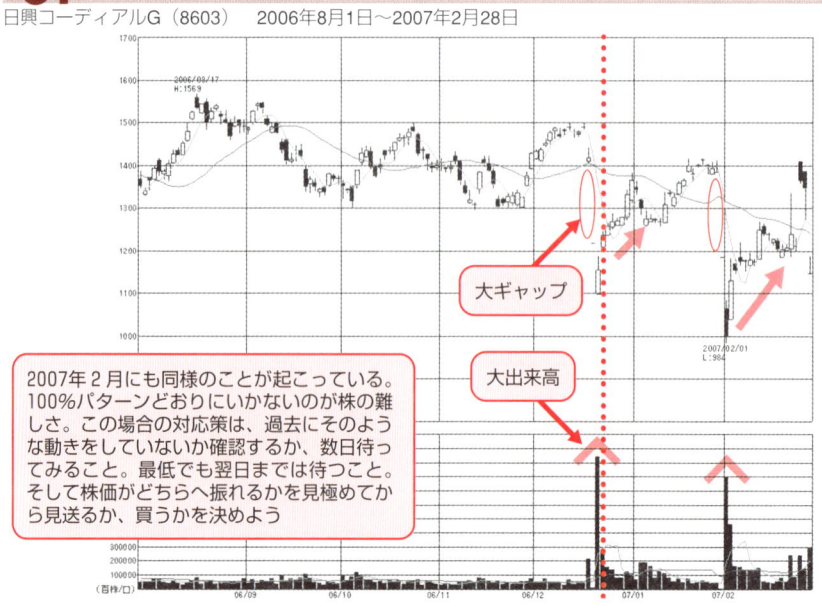

日興コーディアルG（8603）　2006年8月1日〜2007年2月28日

大ギャップ

大出来高

2007年2月にも同様のことが起こっている。100％パターンどおりにいかないのが株の難しさ。この場合の対応策は、過去にそのような動きをしていないか確認するか、数日待ってみること。最低でも翌日までは待つこと。そして株価がどちらへ振れるかを見極めてから見送るか、買うかを決めよう

PART3 チャートパターン別練習問題で実践力をつけよう！

Q58
日経平均が上昇トレンドにあるなか、本銘柄は上がるどころか、むしろ下がり気味です。今後の動きをテクニカル分析などをもとに予測してみてください。

芝浦メカトロニクス（6590）　2005年7月1日～2006年1月31日

ヒント
ローソク足と出来高に注目しましょう。

Q59
出来高が急増しました。ローソク足には陰線が出ていますが、あなたならこの時点で買いますか？

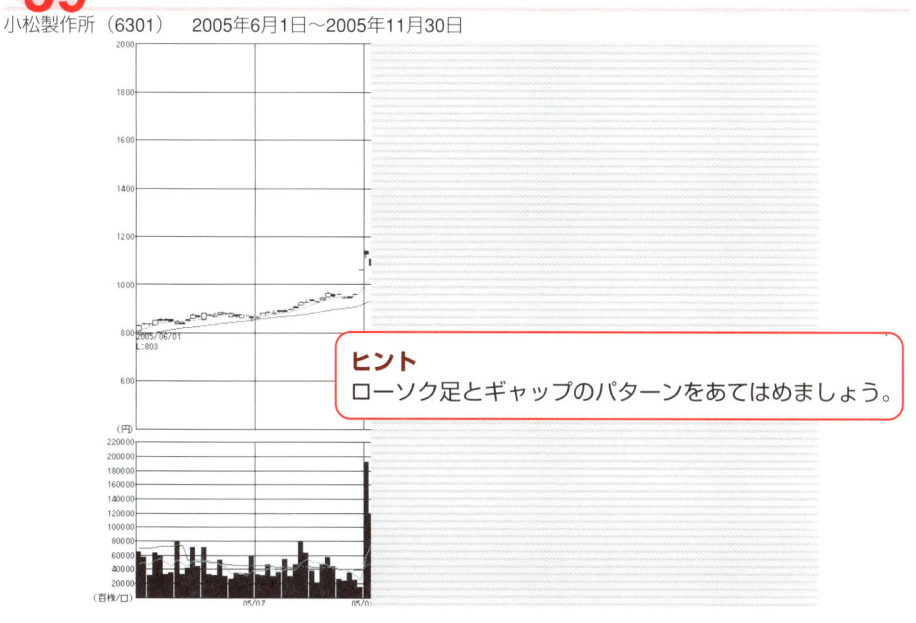

小松製作所（6301）　2005年6月1日～2005年11月30日

ヒント
ローソク足とギャップのパターンをあてはめましょう。

A58

株価の大ギャップと大出来高から、ギャップを空けた上向きに株価が動くと予測できます。

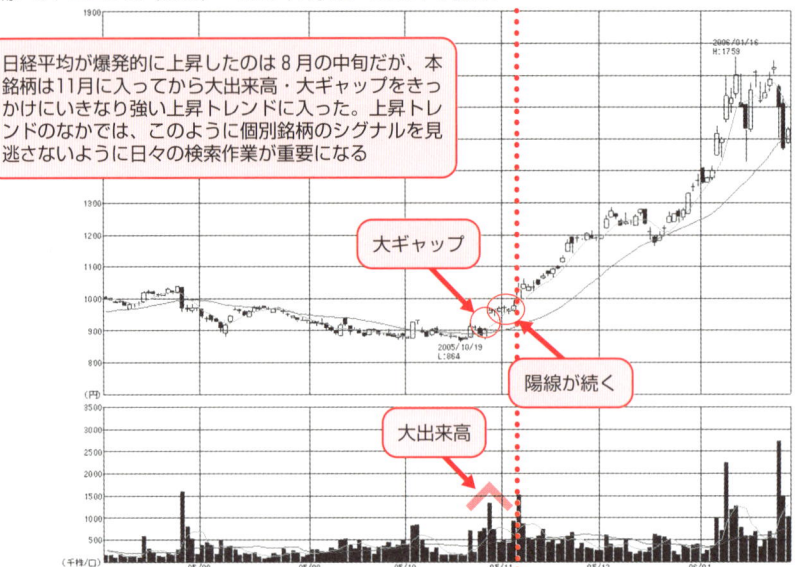

芝浦メカトロニクス（6590）　2005年7月1日〜2006年1月31日

> 日経平均が爆発的に上昇したのは8月の中旬だが、本銘柄は11月に入ってから大出来高・大ギャップをきっかけにいきなり強い上昇トレンドに入った。上昇トレンドのなかでは、このように個別銘柄のシグナルを見逃さないように日々の検索作業が重要になる

大ギャップ

陽線が続く

大出来高

A59

陰線が出ていますが、大出来高と大ギャップにより上に向かうと判断できます。日経平均も上昇トレンドにあるため、本銘柄も上昇すると予測できます。

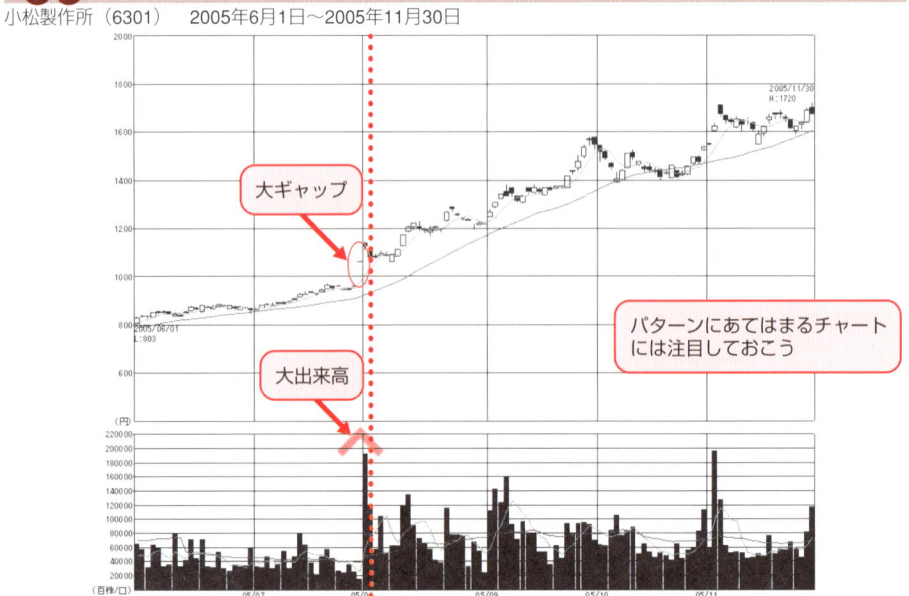

小松製作所（6301）　2005年6月1日〜2005年11月30日

大ギャップ

大出来高

パターンにあてはまるチャートには注目しておこう

PART3 チャートパターン別練習問題で実践力をつけよう！

60
大出来高、大ギャップ、しかもローソク足には上ヒゲが出ています。この場合、ギャップを埋めないで新規上昇トレンドに入るでしょうか？

KYB（7242） 2006年5月1日～2006年12月29日

大ギャップ

大出来高

ヒント
ローソク足とギャップのパターンをあてはめ、日経平均やナスダックも考慮に入れましょう。

61
今後、株価はどのように推移するか予測してください。

ボッシュ（6041） 2004年3月1日～2004年9月30日

ヒント
ローソク足とギャップのパターンをあてはめましょう。

145

A60

大出来高と大ギャップのパターンにより、株価は上に向かうと予測できます。日経平均やナスダックも上昇トレンドであったため、買いと判断できます。

KYB（7242）　2006年5月1日〜2006年12月29日

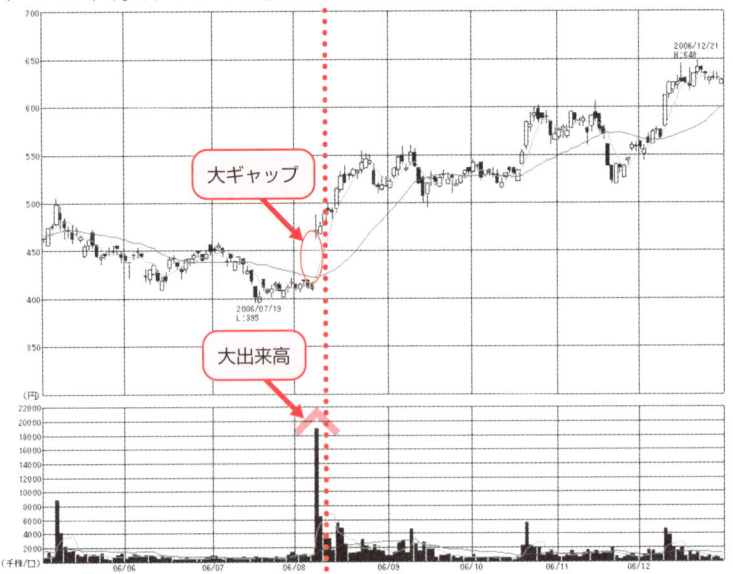

大ギャップ

大出来高

A61

大出来高、大ギャップのパターンです。大ギャップとともに出来高も増加しているので、ギャップをあけた方向に動くと予測できます。

ボッシュ（6041）　2004年3月1日〜2004年9月30日

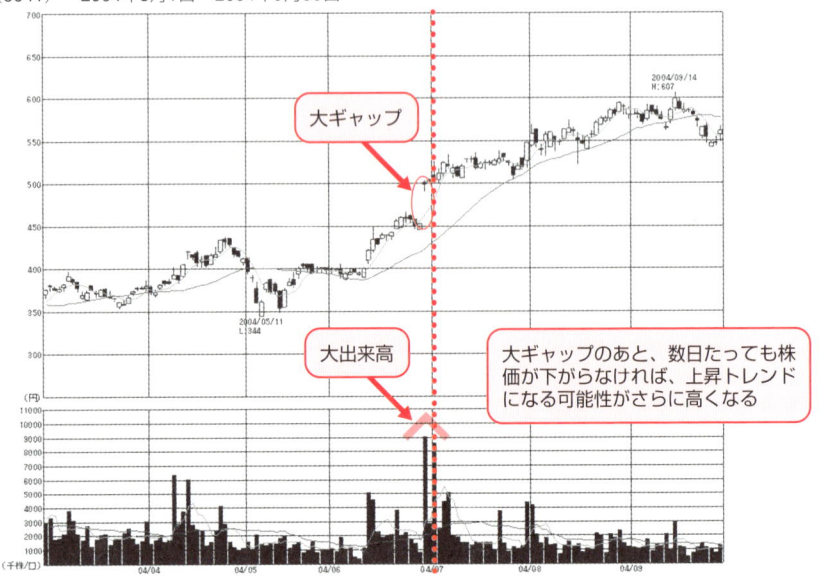

大ギャップ

大出来高

大ギャップのあと、数日たっても株価が下がらなければ、上昇トレンドになる可能性がさらに高くなる

PART3 チャートパターン別練習問題で実践力をつけよう！

62
パイオニア（6773） 2006年4月3日〜2006年9月29日

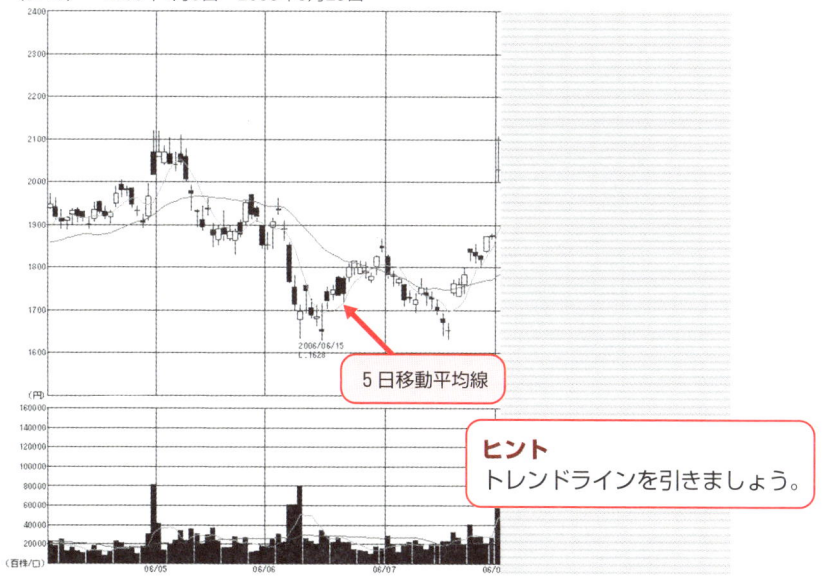

W底が見てとれ、ローソク足が5日移動平均線の上に来て陽線が多くなっています。今後の株価の動きを予測してみてください。

5日移動平均線

ヒント
トレンドラインを引きましょう。

63
アシックス（7936） 2006年5月1日〜2006年11月30日

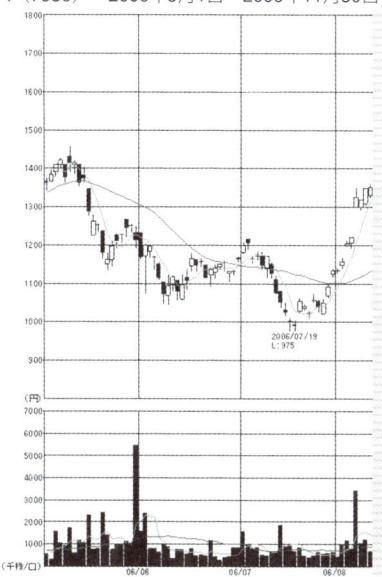

大出来高とともに、大ギャップをあけて株価が上昇しています。あなたなら買いますか？ そのときの利益目標はどのくらいですか？

ヒント
大ギャップラインと最安値ラインを引いてみましょう。

147

A62

トレンドラインを引きます。株価がトレンドラインをブレイクアウトしているので、株価は上昇すると予測します。

パイオニア（6773）　2006年4月3日〜2006年9月29日

- トレンドライン
- 5日移動平均線
- 25日移動平均線
- 陰線が3本並んでいるが、ゴールデンクロスが見られ、株価も5日移動平均線を割っていないことからも上昇すると判断できる

A63

株価が上にギャップをあけたとき出来高が急増、陽線も出現しているので、上にあけたギャップと同じ方向に株価が上昇すると予測できます。

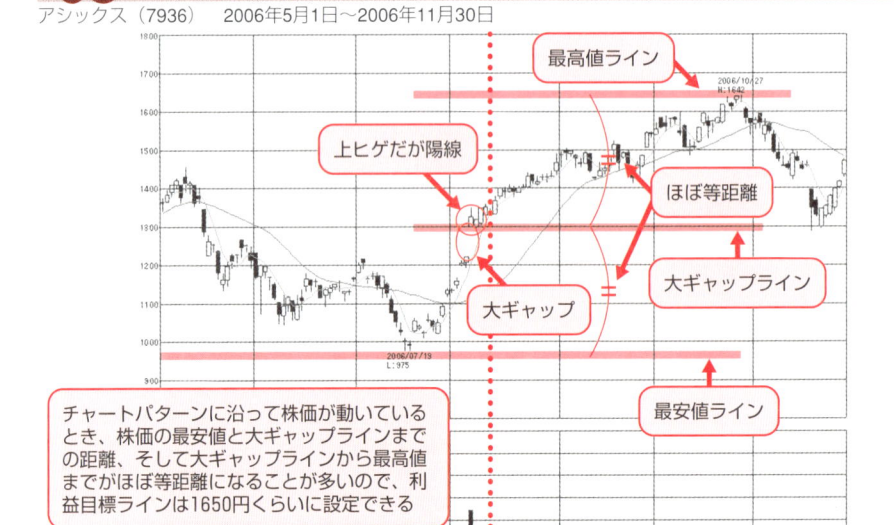

アシックス（7936）　2006年5月1日〜2006年11月30日

- 最高値ライン
- 上ヒゲだが陽線
- ほぼ等距離
- 大ギャップ
- 大ギャップライン
- 最安値ライン
- チャートパターンに沿って株価が動いているとき、株価の最安値と大ギャップラインまでの距離、そして大ギャップラインから最高値までがほぼ等距離になることが多いので、利益目標ラインは1650円くらいに設定できる

Q64

Aで陰線が出ながらも、株価は急騰。**B**では上ひげ陰線＋大陰線が出現。あなたならここで売りますか？　それともまだ利益を伸ばしますか？

シーフォーテクノロジー（2355）　2004年4月5日〜2004年11月30日

A64

株価の急騰、そして上ひげ陰線＋大陰線が出たら、株価が下落する可能性は高くなります。すみやかに利益を確定して、様子を見たほうがいいでしょう。

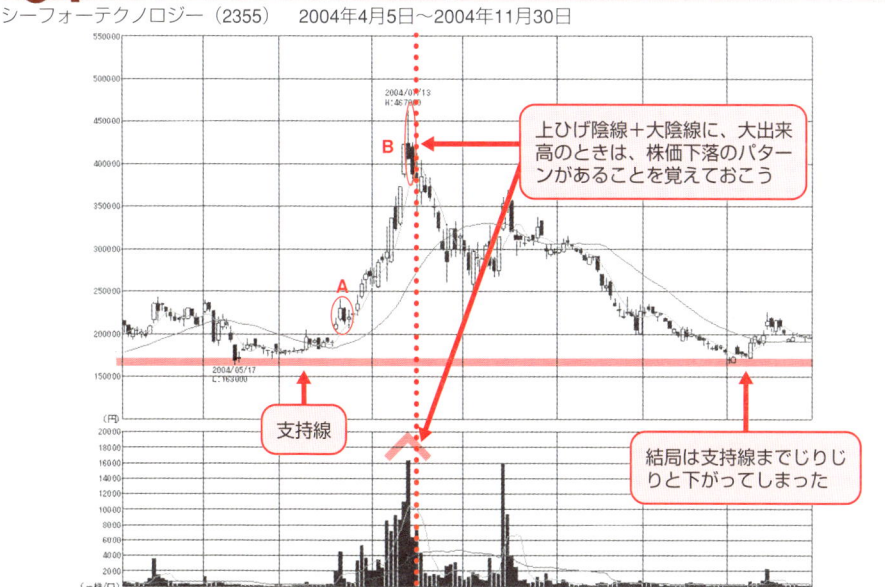

シーフォーテクノロジー（2355）　2004年4月5日〜2004年11月30日

- 上ひげ陰線＋大陰線に、大出来高のときは、株価下落のパターンがあることを覚えておこう
- 支持線
- 結局は支持線までじりじりと下がってしまった

チャートパターン
「ゴールデンクロス」に関する
練習問題

「ゴールデンクロス」とは、
5日移動平均線が
25日移動平均線を
下から上に抜いた状態をさします。
その後、
株価が上昇する可能性が
高くなります。

※ 株価チャートの移動平均線は、濃い線が25日移動平均線、
薄い線が5日移動平均線になります。

Q65 Aで株価が5日移動平均線の上に来たのでこの銘柄を買いましたが、すぐに下落。Bで再び株価が5日移動平均線を上回りましたが、あなたなら買いますか？

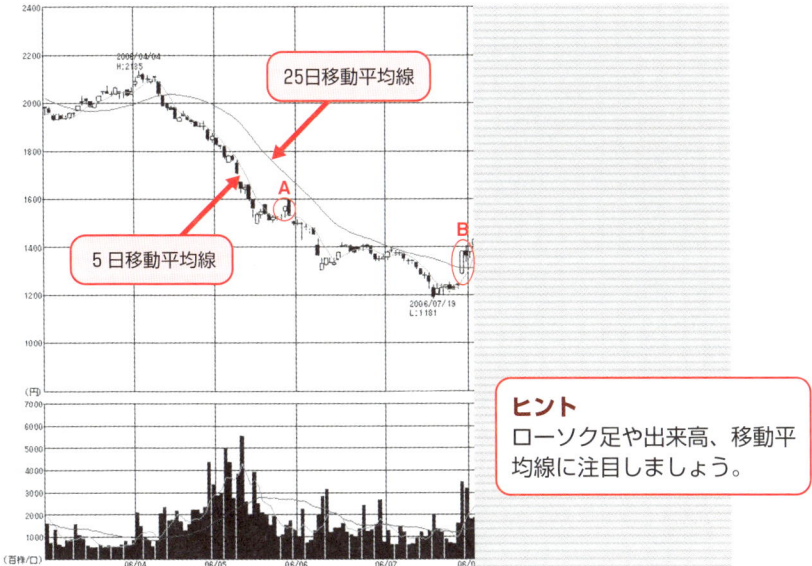

NECフィールディング（2322）　2006年3月1日～2006年10月31日

ヒント
ローソク足や出来高、移動平均線に注目しましょう。

Q66 株価はもみ合っているようですが、テクニカル分析から今後の株価の動きを予測してください。

住友金属鉱山（5713）　2006年8月1日～2007年3月30日

ヒント
トレンドラインを引きましょう。

A65

買いです。**B**ではゴールデンクロスをしているので、株価は上昇すると予測できます。それ以外に**A**と**B**の明暗を分けたポイントはチャート表のとおりです。

NECフィールディング（2322）　2006年3月1日～2006年10月31日

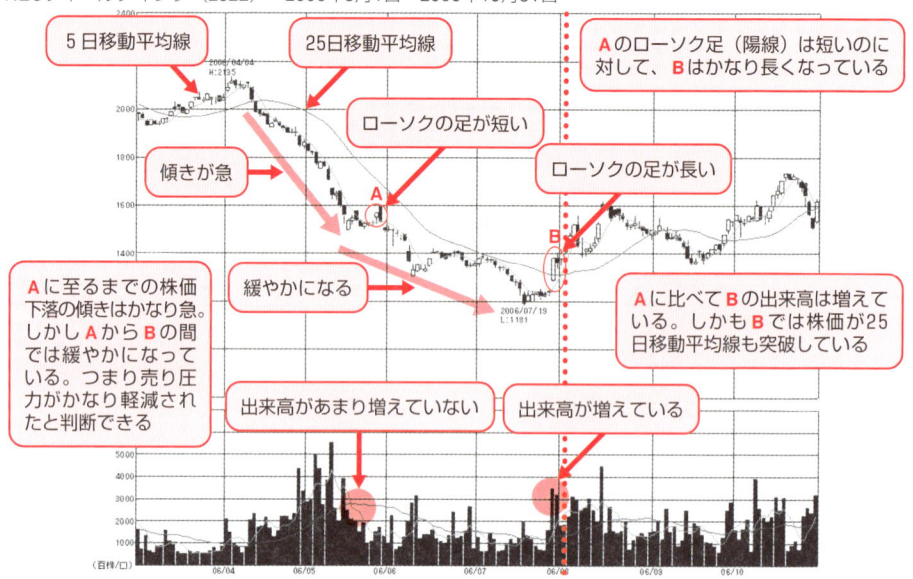

- 5日移動平均線
- 25日移動平均線
- **A**のローソク足（陽線）は短いのに対して、**B**はかなり長くなっている
- ローソクの足が短い
- 傾きが急
- ローソクの足が長い
- **A**に至るまでの株価下落の傾きはかなり急。しかし**A**から**B**の間では緩やかになっている。つまり売り圧力がかなり軽減されたと判断できる
- 緩やかになる
- **A**に比べて**B**の出来高は増えている。しかも**B**では株価が25日移動平均線も突破している
- 出来高があまり増えていない
- 出来高が増えている

A66

トレンドラインから、もみ合いのブレイクアウトで株価が上に抜けたのがわかります。移動平均線がゴールデンクロスをしていることからも判断できます。

住友金属鉱山（5713）　2006年8月1日～2007年3月30日

- トレンドライン
- 5日移動平均線
- ゴールデンクロス
- 25日移動平均線
- トレンドライン

Q67

逆三尊天井が形成され、移動平均線がゴールデンクロスしていますが、ここからどのような予測をしますか？

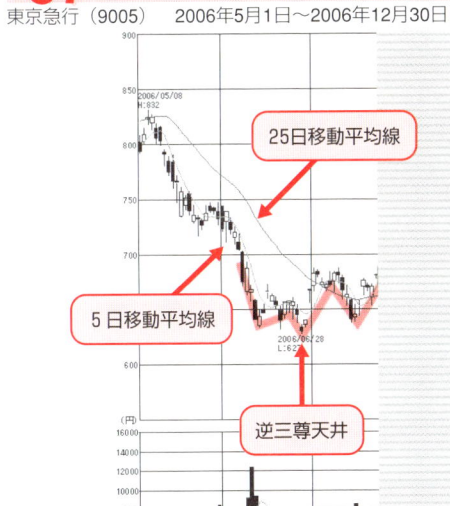

東京急行（9005）　2006年5月1日〜2006年12月30日

ヒント
逆三尊天井（61ページ参照）の知識を活用しましょう。

A67

ゴールデンクロスになっているうえに、株価は5日移動平均線を超えているので、上昇しそうだと判断できます。

東京急行（9005）　2006年5月1日〜2006年12月30日

逆三尊天井のパターンが見事にあてはまっている

チャートパターン「デッドクロス」に関する練習問題

「デッドクロス」とは、5日移動平均線が、25日移動平均線を上から下へ抜くことをいいます。「ゴールデンクロス」とは逆で株価が下落する可能性が高く、売りのサインのひとつと考えられます。

※ 株価チャートの移動平均線は、濃い線が25日移動平均線、薄い線が5日移動平均線になります。

PART3 チャートパターン別練習問題で実践力をつけよう！

Q68
三角もち合いのチャートパターンです。今後、株価は上昇すると思いますか？ 予測とその根拠を考えてください。

丸三証券（8613） 2006年5月1日～2006年12月29日

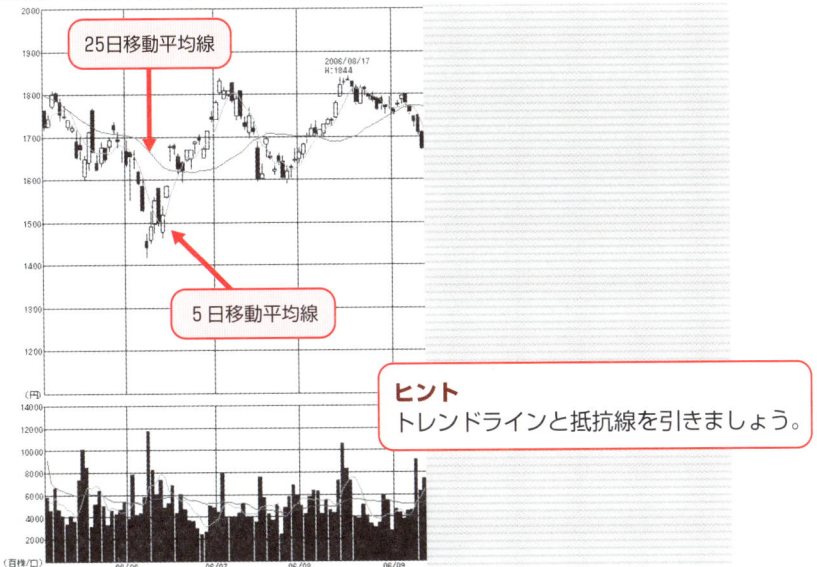

チャート内ラベル：
- 25日移動平均線
- 5日移動平均線
- 2006/08/17 H:1844

ヒント
トレンドラインと抵抗線を引きましょう。

Q69
W底が現れ、株価がトレンドラインを突破。しかも底値圏で大出来高となっています。好条件が3つそろっていますが、あなたなら買いますか？

有沢製作所（5208） 2006年4月3日～2006年11月30日

チャート内ラベル：
- 2006/04/28 H:2855
- 25日移動平均線
- トレンドライン
- 5日移動平均線
- W底
- 大出来高

A68

①抵抗線を越えられない、②トレンドラインを割ってしまった、③デッドクロスの出現、の3つのシグナルが出ているので株価は下降すると予測できます。

丸三証券（8613）　2006年5月1日～2006年12月29日

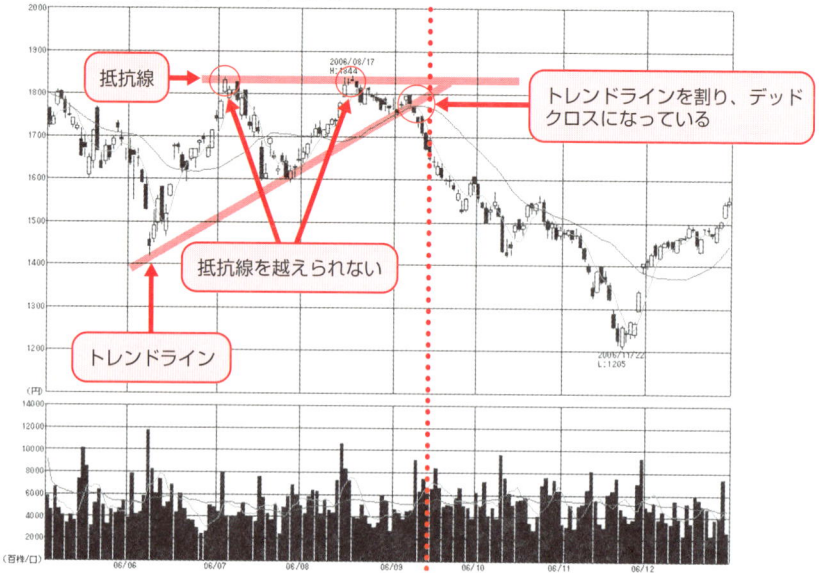

- 抵抗線
- トレンドラインを割り、デッドクロスになっている
- 抵抗線を越えられない
- トレンドライン

A69

よい条件が揃っていても、移動平均線がデッドクロスしたら買うべきではありません。これはテクニカル分析の基本中の基本といえるでしょう。

有沢製作所（5208）　2006年4月3日～2006年11月30日

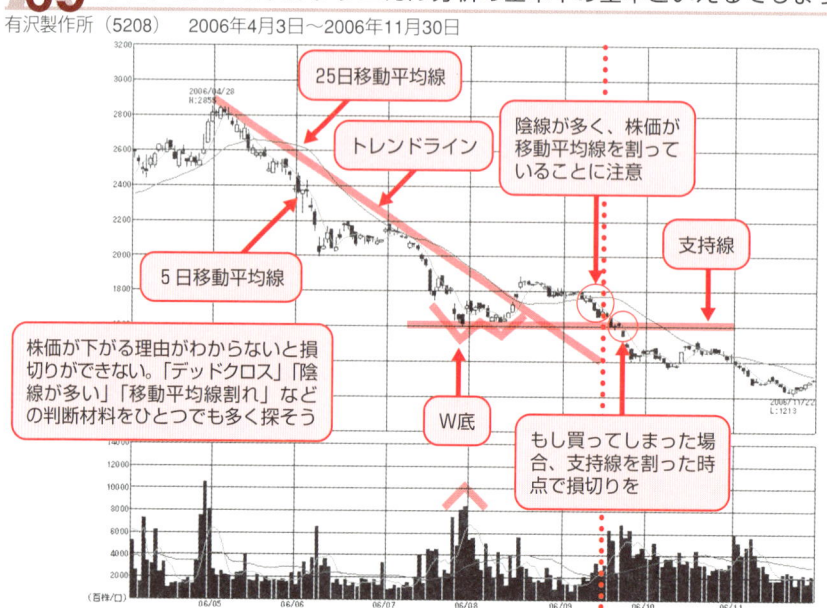

- 25日移動平均線
- トレンドライン
- 陰線が多く、株価が移動平均線を割っていることに注意
- 支持線
- 5日移動平均線
- 株価が下がる理由がわからないと損切りができない。「デッドクロス」「陰線が多い」「移動平均線割れ」などの判断材料をひとつでも多く探そう
- W底
- もし買ってしまった場合、支持線を割った時点で損切りを

PART3 チャートパターン別練習問題で実践力をつけよう！

70
株価がトレンドラインで反転し、5日移動平均線の上に来たのを確認して買いました。ところが再び株価が5日移動平均線の下へ。どうしますか？

住友ゴム（5110）　2006年7月3日～2007年2月28日

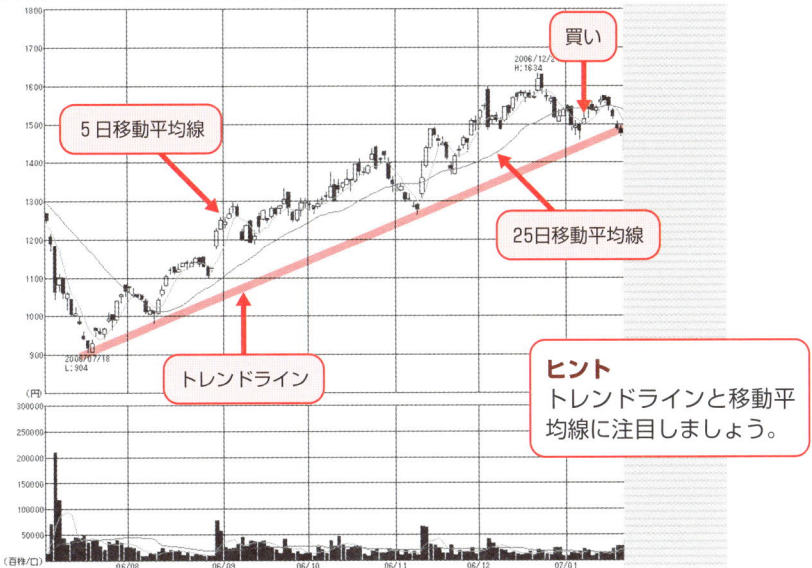

5日移動平均線
買い
25日移動平均線
トレンドライン

ヒント
トレンドラインと移動平均線に注目しましょう。

71
株価がトレンドラインを突破し、ローソク足が陽線、しかも5日移動平均線の上に来たので買いました。ところがその後、株価は下降。どうしますか？

有沢製作所（5208）　2006年4月3日～2006年11月30日

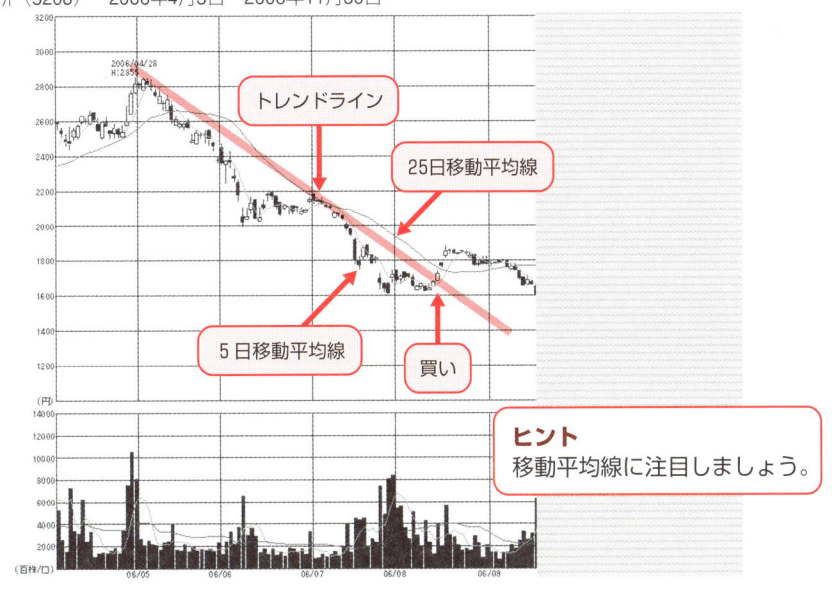

トレンドライン
25日移動平均線
5日移動平均線
買い

ヒント
移動平均線に注目しましょう。

A70 このときは世界同時株安前なので日経平均はいい調子でしたが、本銘柄では移動平均線がデッドクロスしているので、早めに損切りするほうがいいでしょう。

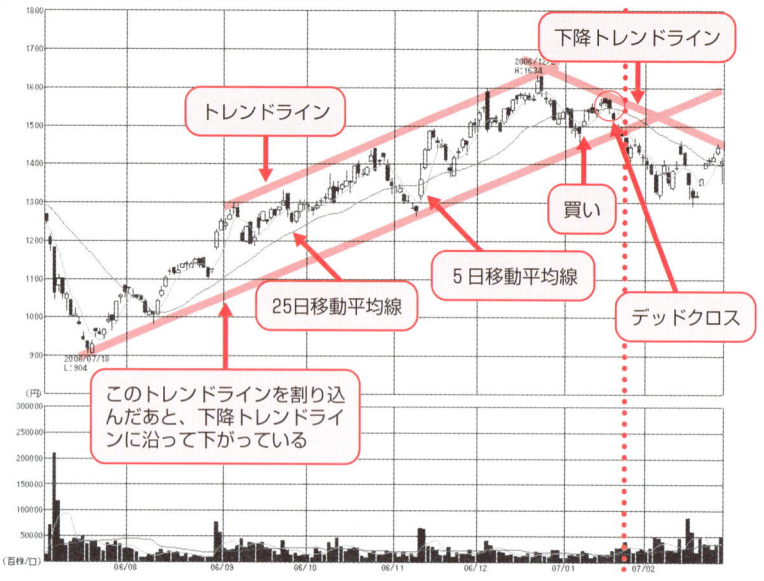

住友ゴム（5110）　2006年7月3日〜2007年2月28日

A71 株価がトレンドラインをブレイクアウトしたものの、移動平均線がデットクロスをし、陰線も多くなっています。早めに売ったほうがいいでしょう。

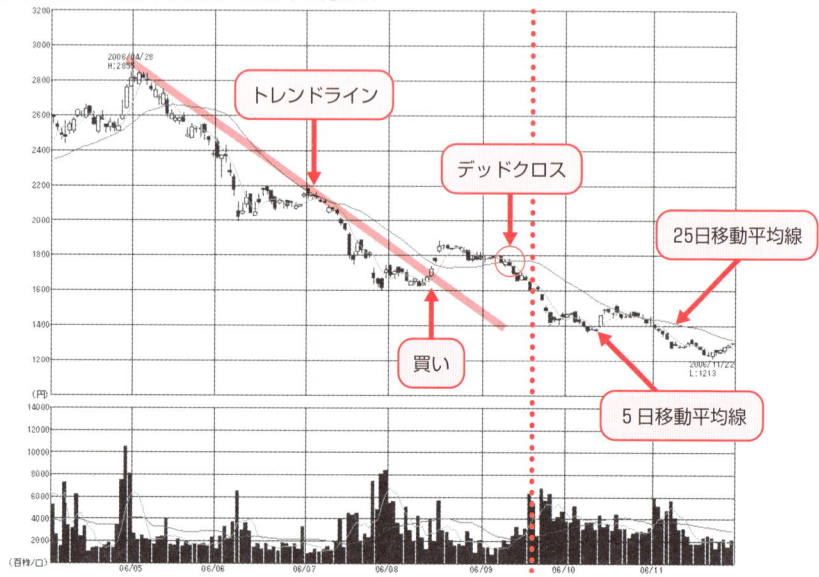

有沢製作所（5208）　2006年4月3日〜2006年11月30日

PART3 チャートパターン別練習問題で実践力をつけよう！

Q72
本銘柄は**A**でゴールデンクロスのあと、株価が上がっています。**B**ではデッドクロスをしていますが、あなたなら売りますか？

三井製糖（2109）　2004年2月2日〜2004年10月31日

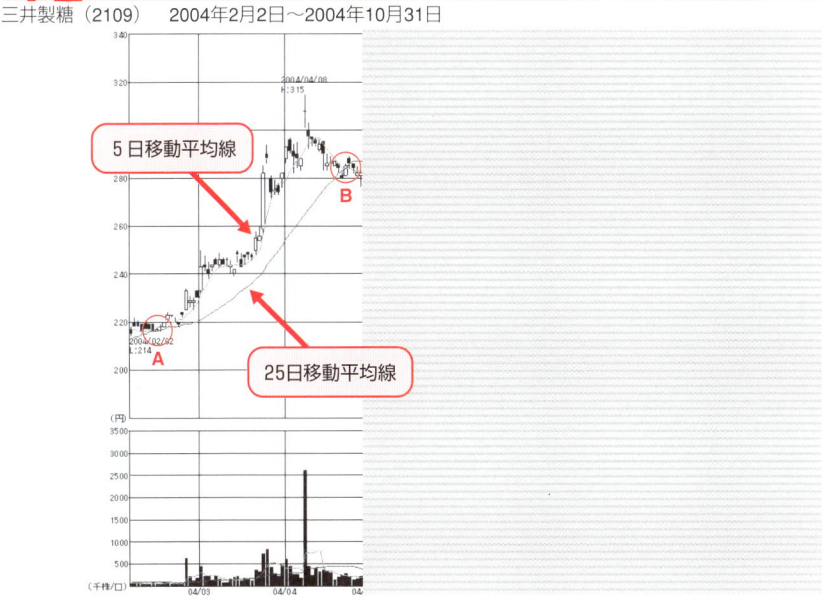

- 5日移動平均線
- 25日移動平均線

Q73
三尊天井が出現。もしあなたがこの銘柄を持っていたら、売りますか？それとも持ち続けますか？

丸井グループ（8252）　2006年7月3日〜2007年2月28日

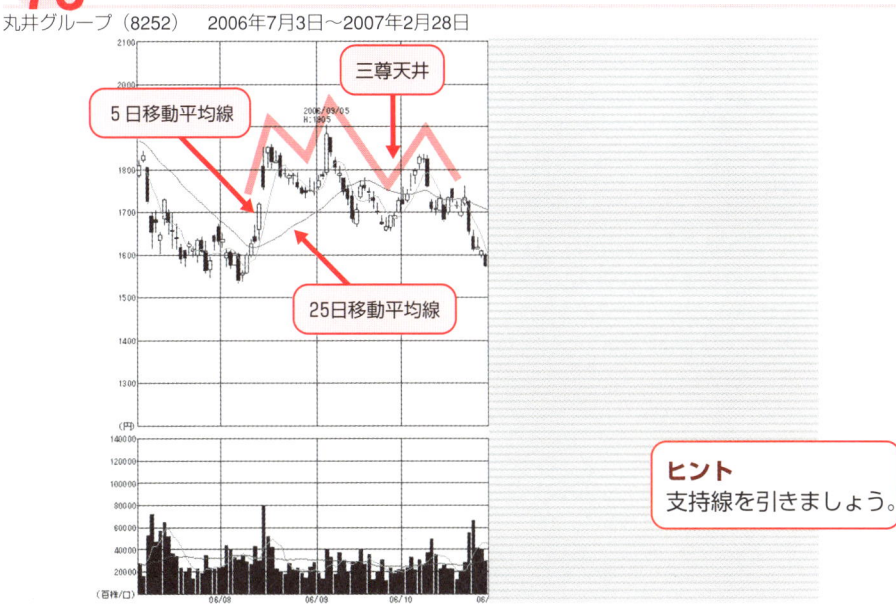

- 三尊天井
- 5日移動平均線
- 25日移動平均線

ヒント
支持線を引きましょう。

A72

Aでゴールデンクロスをしたあと、順調に株価が上昇しているパターンのため、デッドクロスをしたら、早めに売ったほうが無難でしょう。

三井製糖（2109）　2004年2月2日〜2004年10月31日

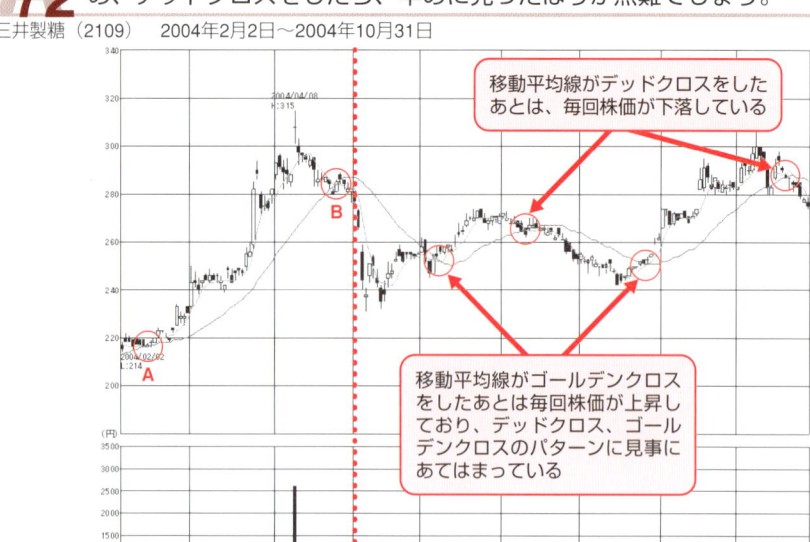

- 移動平均線がデッドクロスをしたあとは、毎回株価が下落している
- 移動平均線がゴールデンクロスをしたあとは毎回株価が上昇しており、デッドクロス、ゴールデンクロスのパターンに見事にあてはまっている

A73

移動平均線がデッドクロス（A）をしています。株価が支持線を割っている（B）ので早めに売って、損切りをしたほうがいいでしょう。

丸井グループ（8252）　2006年7月3日〜2007年2月28日

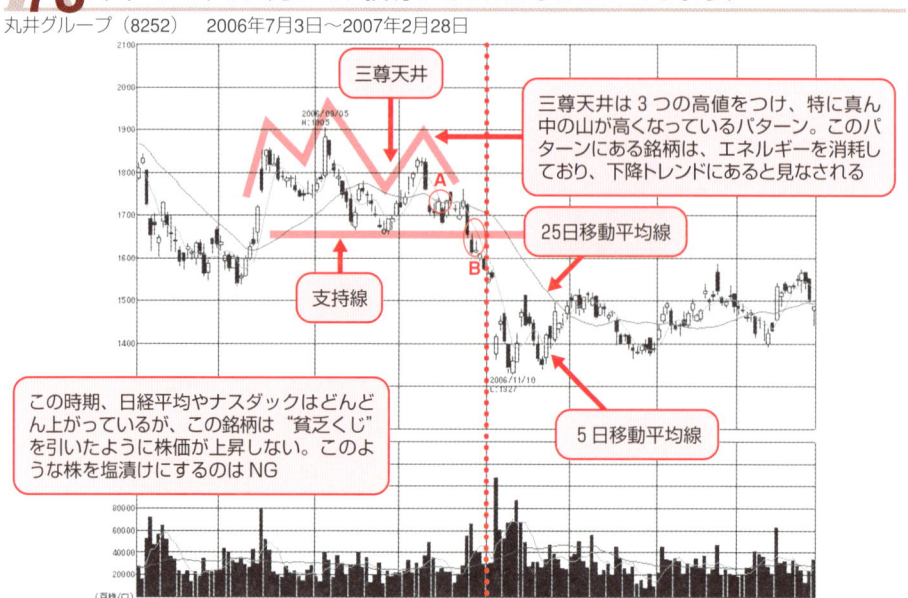

- 三尊天井
- 三尊天井は3つの高値をつけ、特に真ん中の山が高くなっているパターン。このパターンにある銘柄は、エネルギーを消耗しており、下降トレンドにあると見なされる
- 25日移動平均線
- 支持線
- 5日移動平均線
- この時期、日経平均やナスダックはどんどん上がっているが、この銘柄は"貧乏くじ"を引いたように株価が上昇しない。このような株を塩漬けにするのはNG

三尊天井のさまざまなパターン

カシオ（6952） 2006年5月1日～2006年12月29日

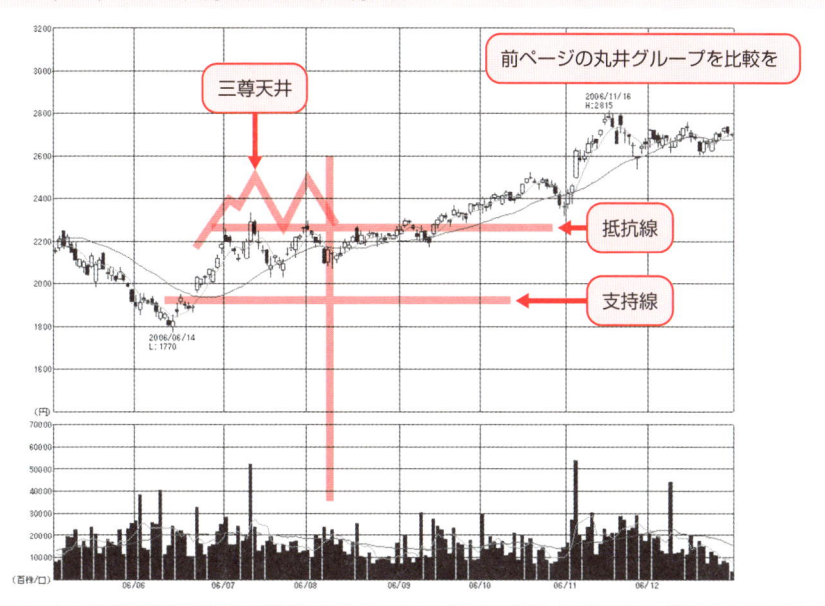

チャート注釈：三尊天井／前ページの丸井グループを比較を／抵抗線／支持線

損切りラインを判断の基準に

　上記のカシオとQ73の丸井グループは似たような三尊天井のチャートパターンが出ていますが、カシオの株価はパターンに反して上昇に転じました。そして、日経平均やナスダックが好調だったため、全体の大きな流れに沿ってさらに上昇していきました。

　全体指数の動向とあわせて見れば、予測の精度は高まります。

　しかし、丸井グループのように全体の動きとは異なるまれなケースもあり、株価の上下を100％的中させることは不可能です。

　損切りラインを割ったものは、いち早く切りましょう。

　「損は早く切って、利は伸ばす」という心得が大事です。

チャートパターン「W底」に関する練習問題

「W底」とは、
株価がアルファベットの
「W」の形の動きをすることで、
2回、底値になったあとに、
上昇し始めるパターンです。
特に、
ネックライン(2回の安値の間の戻り高値)を
突破すると、
上昇する可能性が高くなり、
買いのサインとなります。
そのとき出来高が急増していれば、
さらに株価が上昇すると判断できます。

Q74

W底が形成されています。株価は上昇トレンドにあるようですが、あなたは利益目標ラインをどこに設定しますか？

日本カーボン（5302）　2006年3月1日～2006年10月31日

W底

ヒント
ネックラインを引きましょう。

Q75

W底を形成し、出来高も増加しています。あなたはこの銘柄を買いますか？

ノリタケ（5331）　2006年4月3日～2006年11月30日

ヒント
ネックラインを引きましょう。

W底

出来高増

A74

W底での利益目標は、安値とネックラインの値幅と同じ分をネックラインに上積みしたところ。W底を形成し、株価がネックラインを越えたら買いです。

日本カーボン（5302）　2006年3月1日〜2006年10月31日

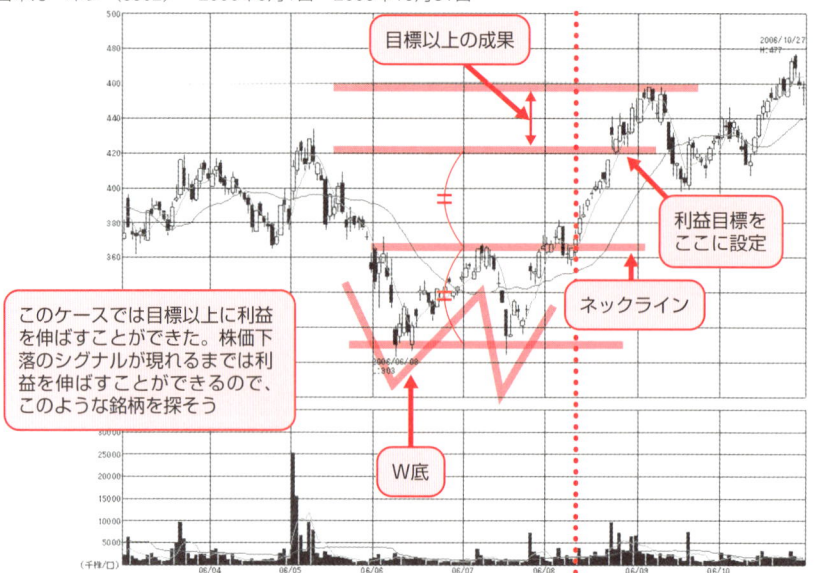

チャート内注記:
- 目標以上の成果
- 利益目標をここに設定
- ネックライン
- W底
- このケースでは目標以上に利益を伸ばすことができた。株価下落のシグナルが現れるまでは利益を伸ばすことができるので、このような銘柄を探そう

A75

株価がトレンドラインを割っており、W底のネックラインも越えられずにいるので、買わないほうが無難です。

ノリタケ（5331）　2006年4月3日〜2006年11月30日

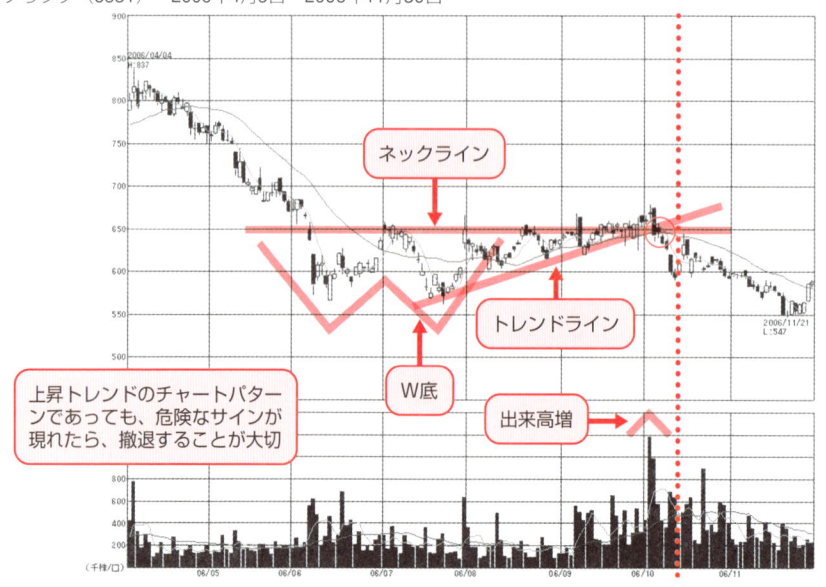

チャート内注記:
- ネックライン
- トレンドライン
- W底
- 出来高増
- 上昇トレンドのチャートパターンであっても、危険なサインが現れたら、撤退することが大切

164

Q76

チャートにW底が形成されています。あなたなら買いますか？ 買うとすれば利益目標ラインをどこに置きますか？

モスフードサービス（8153） 2006年9月1日〜2007年3月16日

ヒント
W底のネックラインを引きましょう。

Q77

チャートはW底を形成しているように見えます。あなたなら買いますか？今後の株価の動きを予測してください。

三菱UFJニコス（8583） 2006年6月1日〜2007年1月31日

A76

W底を形成しており、ネックラインを超えているので、買いです。利益目標は、底値からネックラインまでの値幅と同じ分をネックラインに上乗せしたところ。

モスフードサービス（8153）　2006年9月1日～2007年3月16日

- 利益目標ライン
- ほぼ等距離
- 25日移動平均線
- 5日移動平均線
- W底のネックライン
- W底
- 上ヒゲ陰線が出ているので心配に。しかし、終値ベースでは移動平均線を割っていないので我慢のしどころ

A77

W底が成立しそうですが、崩れてしまっています。株価がW底を割ってしまい、下降トレンドに入りそうなので、買わないほうが無難でしょう。

三菱UFJニコス（8583）　2006年6月1日～2007年1月31日

- W底を割っている
- W底
- ずっと低迷

PART3 チャートパターン別練習問題で実践力をつけよう！

Q78

このチャートにW底が形成されているのを見て、株価は上昇すると予測しました。あなたならどこで買いますか？　買いのポイントを指摘してください。

よみうりランド（9671）　2006年5月1日〜2007年2月28日

ヒント
W底のネックラインを引きましょう。

Q79

このようなチャートパターンを描く銘柄があります。あなたなら買いますか？　売りますか？　もし買いならば、利益目標も指摘してください。

東武鉄道（9001）　2004年7月1日〜2005年2月28日

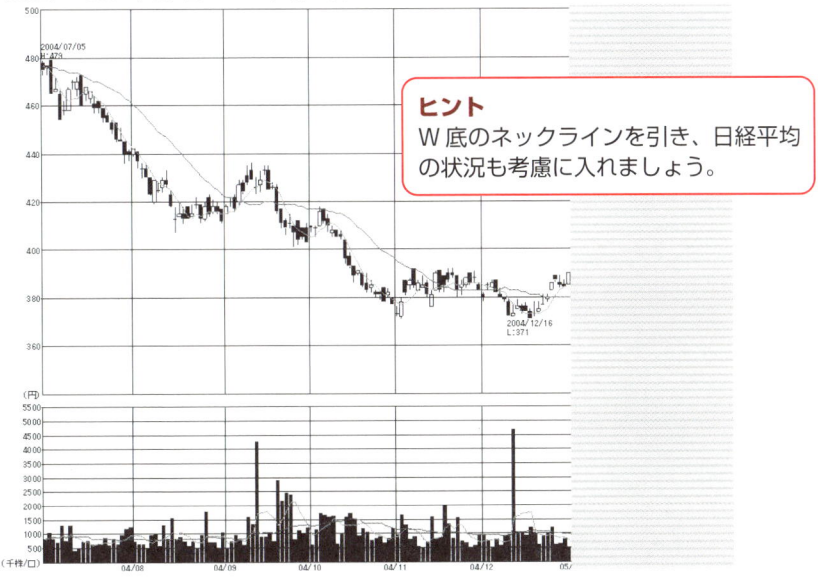

ヒント
W底のネックラインを引き、日経平均の状況も考慮に入れましょう。

A78

2番底をつけて株価が5日移動平均線の上に来たら、W底を形成したと考えてOK。ここが買いのポイントです。

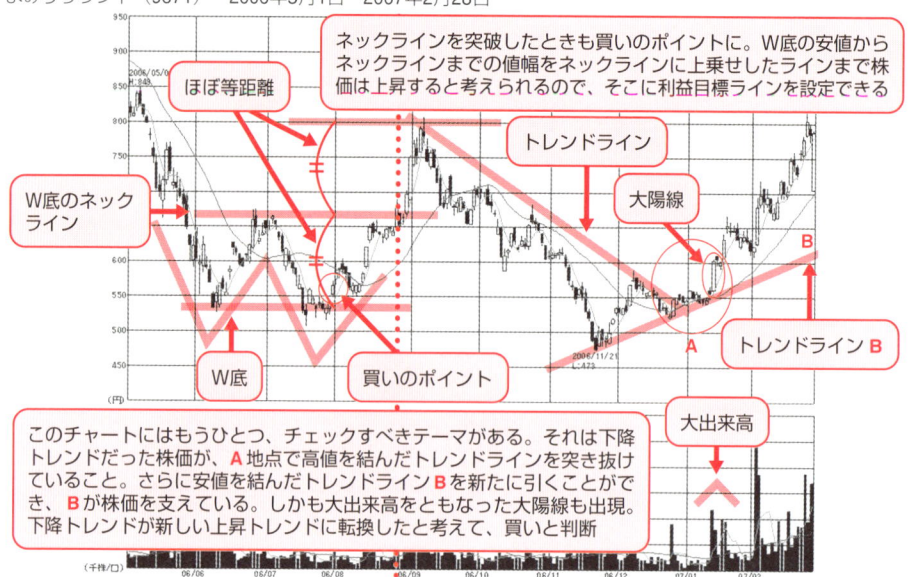

よみうりランド（9671） 2006年5月1日～2007年2月28日

ネックラインを突破したときも買いのポイントに。W底の安値からネックラインまでの値幅をネックラインに上乗せしたラインまで株価は上昇すると考えられるので、そこに利益目標ラインを設定できる

- ほぼ等距離
- トレンドライン
- 大陽線
- W底のネックライン
- W底
- 買いのポイント
- トレンドラインB
- 大出来高

このチャートにはもうひとつ、チェックすべきテーマがある。それは下降トレンドだった株価が、A地点で高値を結んだトレンドラインを突き抜けていること。さらに安値を結んだトレンドラインBを新たに引くことができ、Bが株価を支えている。しかも大出来高をともなった大陽線も出現。下降トレンドが新しい上昇トレンドに転換したと考えて、買いと判断

A79

日経平均の上昇と同じタイミングでW底を形成しているので、上昇トレンドにあると予測。ネックラインを突破したことを確認して、買います。

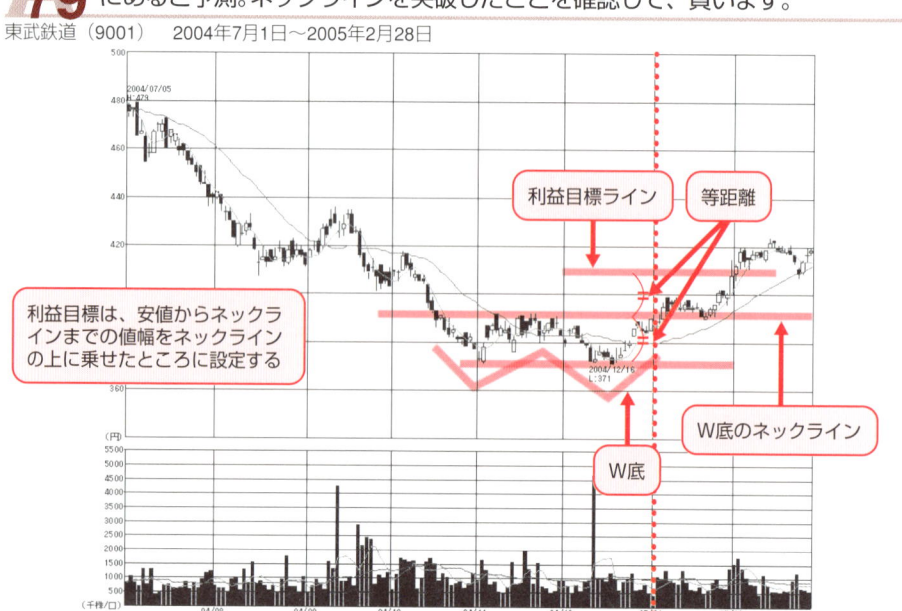

東武鉄道（9001） 2004年7月1日～2005年2月28日

- 利益目標ライン
- 等距離
- 利益目標は、安値からネックラインまでの値幅をネックラインの上に乗せたところに設定する
- W底
- W底のネックライン

PART3 チャートパターン別練習問題で実践力をつけよう！

Q80
このようなチャートパターンを描いている銘柄があります。あなたはこの株を買いますか？ もしあなたがこの株を持っていたら売りますか？

GMOインターネット（9449） 2004年6月1日〜2005年1月31日

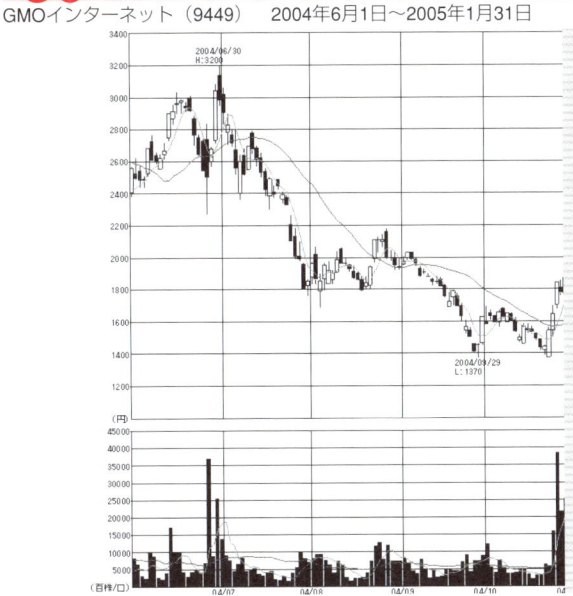

ヒント
日経平均の状況も考慮に入れましょう。

Q81
この銘柄は今後、上昇すると思いますか？ それとも下落するでしょうか？ テクニカル分析で判断してください。

住友軽金属（5738） 2006年8月1日〜2007年3月30日

169

A80

W底で、2本の移動平均線が上向きで、株価もその上に来ています。出来高増で上昇トレンドにあるので、株価がネックラインを突破したら買います。

GMOインターネット（9449） 2004年6月1日〜2005年1月31日

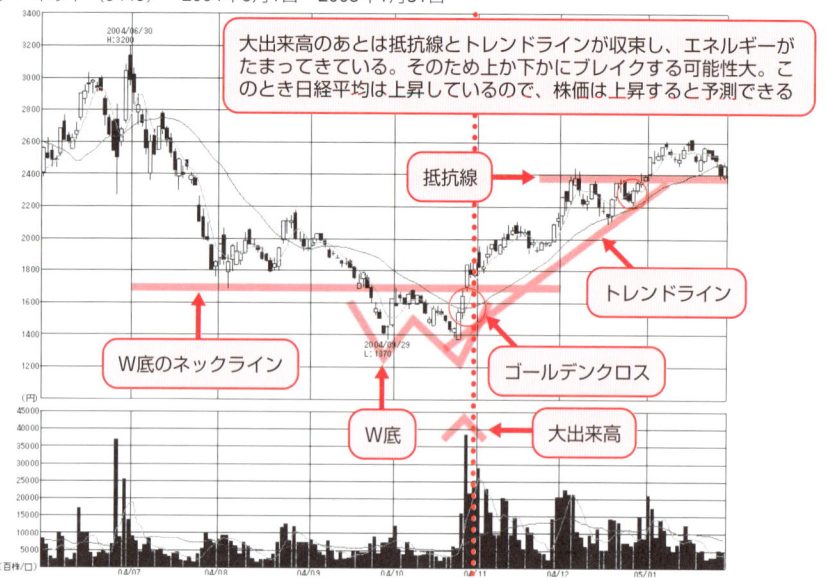

大出来高のあとは抵抗線とトレンドラインが収束し、エネルギーがたまってきている。そのため上か下かにブレイクする可能性大。このとき日経平均は上昇しているので、株価は上昇すると予測できる

抵抗線
トレンドライン
W底のネックライン
ゴールデンクロス
W底
大出来高

A81

逆三尊天井が形成されています。これはW底の進化形で、株価上昇のシグナルです。

住友軽金属（5738） 2006年8月1日〜2007年3月30日

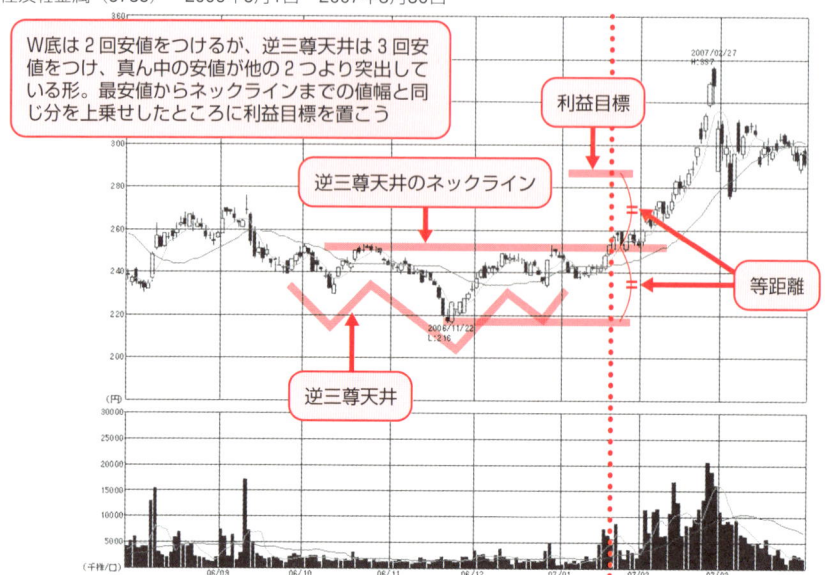

W底は2回安値をつけるが、逆三尊天井は3回安値をつけ、真ん中の安値が他の2つより突出している形。最安値からネックラインまでの値幅と同じ分を上乗せしたところに利益目標を置こう

利益目標
逆三尊天井のネックライン
等距離
逆三尊天井

初心者からの質問コーナー

Q W底の見方がよくわかりません。
このパターンを見る場合のコツがあれば教えて下さい。

A W底を見る場合に難しいのは、あとになって振り返って見れば結果的にW底だったのに、毎日チャートを見ていても、いままさにW底を形成しつつあると、なかなか気づけないことにあります。

たとえば、2007年の日経平均のチャートを見てください。

2月末から3月頭にかけて発生した世界同時株安のとき、また8月に発生したサブプライムローン問題のときのいずれも、ほどなくしてチャートが「W」のような形になってから反発していったことがわかります。

このように、あとになってから冷静な精神状態で振り返って見れば、W底なんて一見簡単そうに見えるのですが……。

上記いずれの場面も、急激な株価大暴落の直後。投資家は精神的ショックを受けていることが多く、冷静になれていないことが多いものです。

それだけでなく、その後数日から1カ月程度の期間、株価が激しく上下に振動することも多く、投資家はそれに翻弄されがちとなります。

大暴落直後で、ただでさえ冷静な精神状態ではないのに、株価が上下に激しく右往左往していれば、投資家は自分を見失いがちになるでしょう。

よって、あとになってから
「あのときがチャンスだった」
と後悔することは多くても、いざそのとき、その場面で的確な行動を起こすことは、意外と難しいものなのです。

では、どのように対処すればよいのでしょうか？

大暴落のあとに株価がいったん反発したものの、再び下落してきた場合に（いわゆる、2番底と呼ばれるものです）、このW底のチャートパターンをイメージしながら、日経平均のチャートを1日1度は見るようにするとよいでしょう。

するとほどなく、W字右底のあたりで、ローソク足が5日移動平均線を越えてくる場面にめぐり合い、買いのチャンスだとわかることがあるでしょう！

チャートパターン「日経平均」に関する練習問題

> 個別銘柄が全体指数の動向に
> 連動するケースは多いので、
> 予測する際には
> 必ず日経平均を確認してください。
> ただし、
> 日経平均に連動しない銘柄もあります。
> 各銘柄のチャートパターンを見ていくと、
> 日経平均に連動しやすい銘柄か、
> あまり影響を受けない銘柄なのか、
> なども見えてくることがあります。

PART3 チャートパターン別練習問題で実践力をつけよう！

Q82
上昇トレンドに見えるチャートですが、直近で陰線が出ているので、不安もあります。あなたがこの銘柄を買っていたら、この後はどうしますか？

アビリット（6423）　2006年2月1日～2006年8月31日

ヒント
日経平均で株価のトレンドをチェックしましょう。

Q83
株価は下落から立ち直り、トレンドラインに沿って上昇中。上のトレンドラインまで上がると見込んで、あなたなら買いますか？

GMOインターネット（9449）　2006年4月3日～2006年11月30日

トレンドライン

トレンドライン

173

A82

デッドクロスに加え、株価が2本の移動平均線を割っています。日経平均の急落の場面と重なっているので、早めに売ったほうがいいでしょう。

アビリット（6423）　2006年2月1日〜2006年9月29日

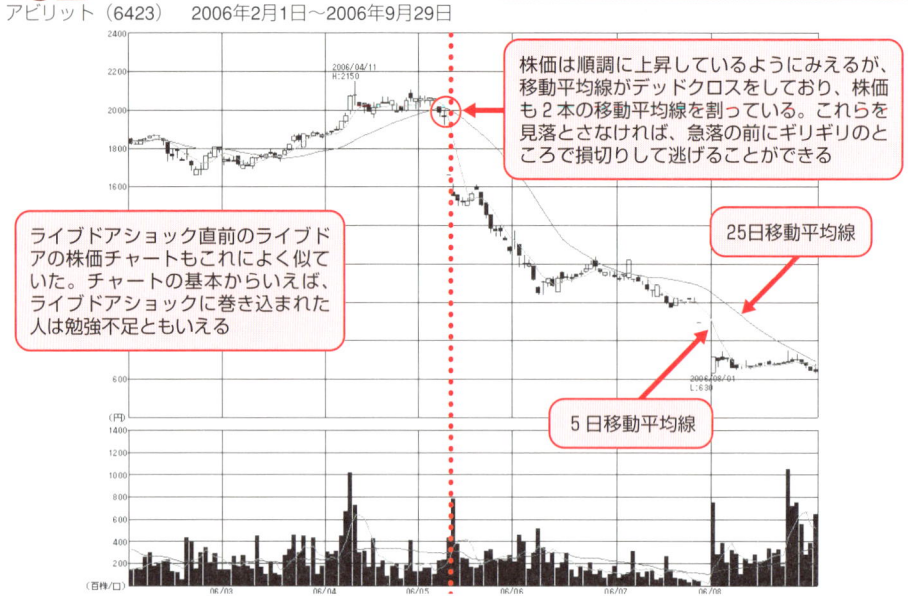

- 株価は順調に上昇しているようにみえるが、移動平均線がデッドクロスをしており、株価も2本の移動平均線を割っている。これらを見落とさなければ、急落の前にギリギリのところで損切りして逃げることができる

- ライブドアショック直前のライブドアの株価チャートもこれによく似ていた。チャートの基本からいえば、ライブドアショックに巻き込まれた人は勉強不足ともいえる

- 25日移動平均線
- 5日移動平均線

A83

トレンドラインを割りそうになっているときは要注意。割った時点でそのまま下降トレンドになることがあるので、少し待ったほうがいいでしょう。

GMOインターネット（9449）　2006年4月3日〜2006年11月30日

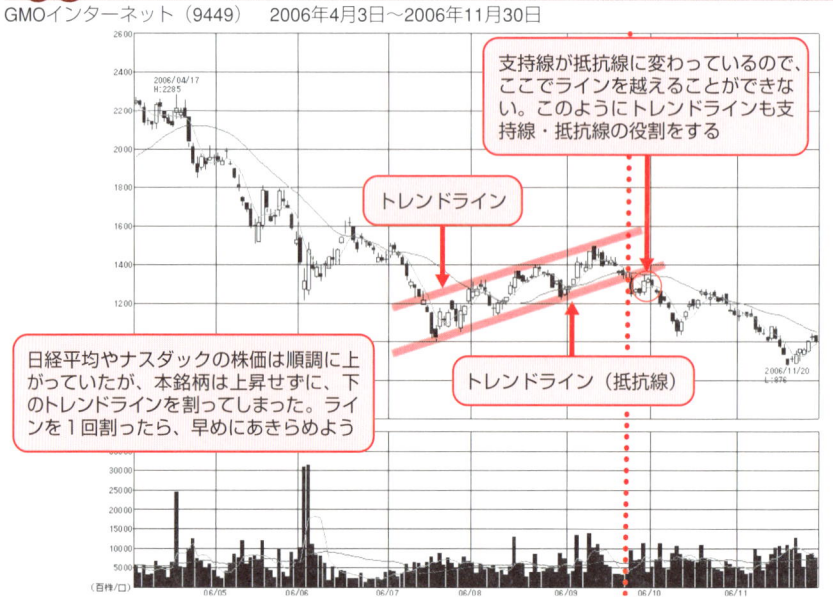

- 支持線が抵抗線に変わっているので、ここでラインを越えることができない。このようにトレンドラインも支持線・抵抗線の役割をする

- トレンドライン
- トレンドライン（抵抗線）

- 日経平均やナスダックの株価は順調に上がっていたが、本銘柄は上昇せずに、下のトレンドラインを割ってしまった。ラインを1回割ったら、早めにあきらめよう

174

Q84

逆V字型の動きをしていますが、株価変動幅の大きさが魅力。株価が5日移動平均線の上に一時来たので買うことに。この判断は正しいでしょうか？

ジェイ・ブリッジ（9318） 2006年3月1日～2006年9月29日

[チャート図：5日移動平均線、25日移動平均線、支持線が示されている]

ヒント
支持線を引いてみましょう。

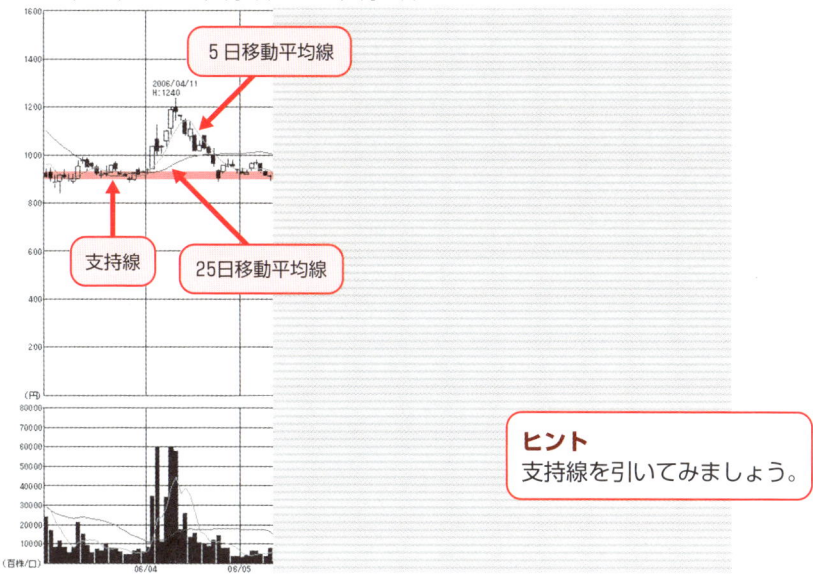

A84

支持線を割りそうになったら買うのは危険です。さらに、日経平均株価急落と重なっているので、買うシナリオは成り立たないと判断します。

ジェイ・ブリッジ（9318） 2006年3月1日～2006年9月29日

[チャート図：支持線、支持線→抵抗線にが示されている]

取引できないストップ安が2回も発生。大陽線が出ているが、日経平均の動きと照らし合わせながら、慎重に見守ろう

支持線が抵抗線に入れ替わっている。株価が下落していくたびに支持線と抵抗線は入れ替わるので、問題を先送りすればするほど傷口は広がってしまう

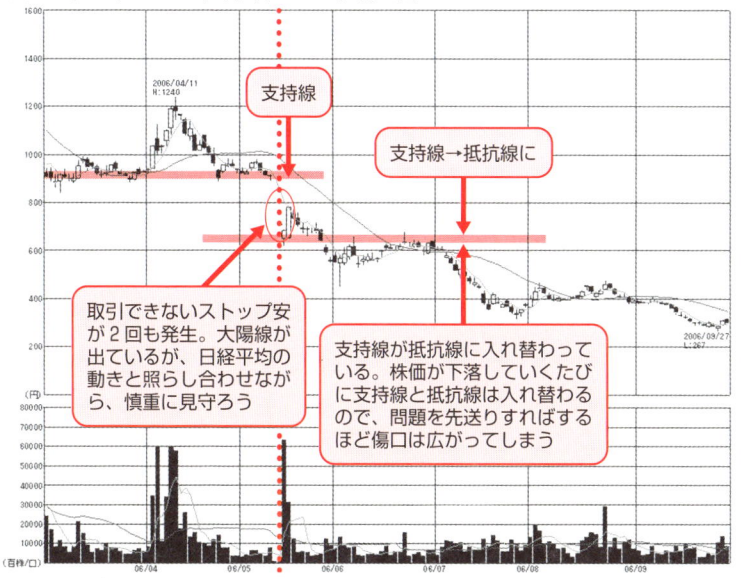

チャートパターン
「好条件と悪条件」に関する練習問題

スイングトレードでは、どちらかというとファンダメンタル分析よりもテクニカル分析を重視します。しかし、決算報告やニュースで経営にかかわる情報が出されたときは要注意。その影響で株価が反転する可能性があるからです。いいニュースが上昇に結びつく、あるいは悪いニュースが下落につながるとは限りませんが、チェックは怠らないようにしましょう。

PART3 チャートパターン別練習問題で実践力をつけよう！

Q85

株価は抵抗線にさしかかり、ブレイクアウトしそうです。その後の展開をどう予想しますか？　また、そのように判断した根拠は？

東京電力（9501）　2006年3月1日〜2007年2月28日

抵抗線

ヒント
トレンドラインを引き、日経平均やナスダックの状況も考慮に入れましょう。

Q86

底値切り返しと読み、株価が5日移動平均線を突破後、陽線の出現で購入。3日後に25日移動平均線を突破して再度陽線が出現。このあと、どうしますか？

芝浦メカトロニクス（6590）　2006年5月1日〜2006年12月29日

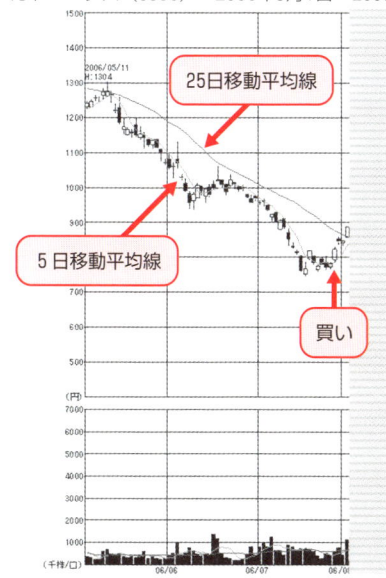

25日移動平均線

5日移動平均線

買い

177

A85 トレンドラインに沿って株価は上昇すると予測。ナスダックもトレンドラインをブレイクして急上昇中。日経平均もW底のネックラインを突破していることから判断。

東京電力（9501）　2006年3月1日～2007年2月28日

抵抗線

トレンドライン

支持線

一度株価が落ちたが、すぐに戻った。抵抗線が支持線に入れ替わり、さらにトレンドラインが機能していることが確認できるので、まだ上昇すると判断できる

A86 業績に関する悪材料発表がありました。まさに青天の霹靂。日経平均は上昇中のため悔しさ千万ですが、損切り以外の選択肢はありません。

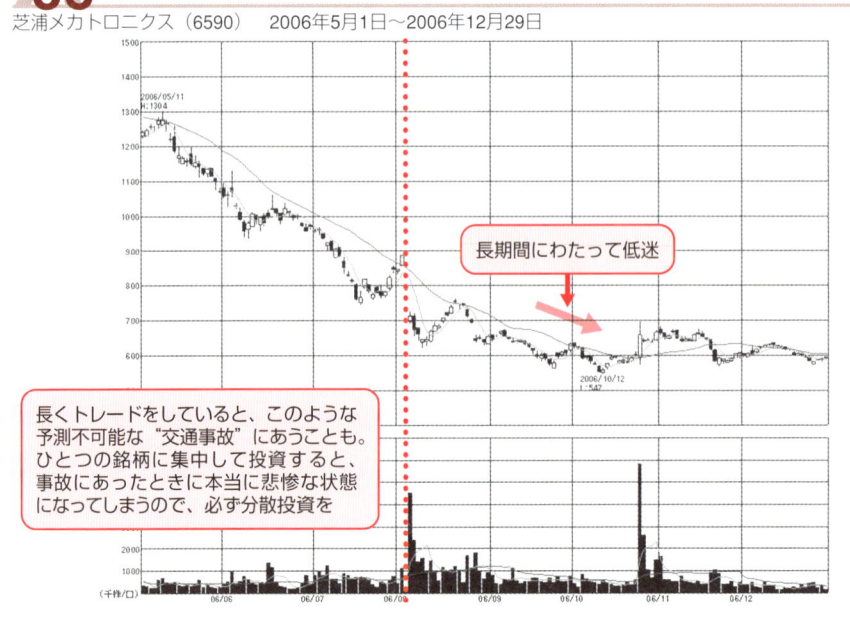

芝浦メカトロニクス（6590）　2006年5月1日～2006年12月29日

長期間にわたって低迷

長くトレードをしていると、このような予測不可能な"交通事故"にあうことも。ひとつの銘柄に集中して投資すると、事故にあったときに本当に悲惨な状態になってしまうので、必ず分散投資を

PART3 チャートパターン別練習問題で実践力をつけよう！

Q87
トレンドラインが収束しており、日経平均も上昇トレンド。ところが2月の決算発表で業績悪化が判明。今後の株価の動きをどのように判断しますか？

フジクラ（5803） 2006年9月1日〜2007年4月27日

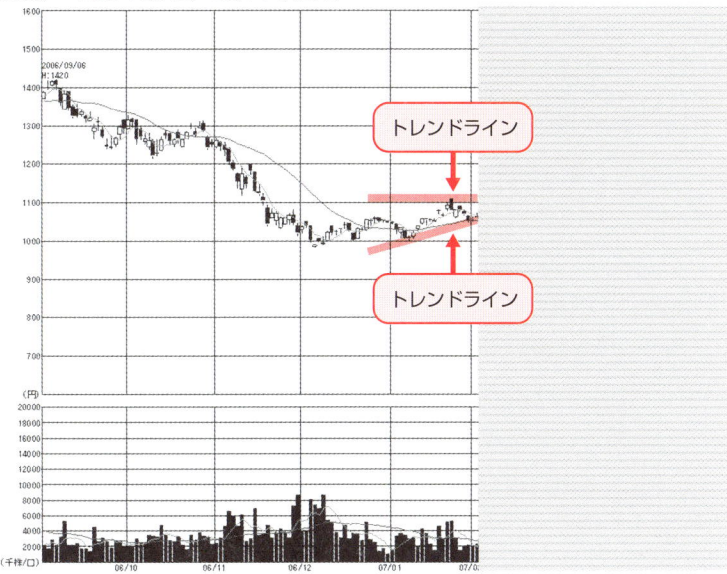

Q88
Aでゴールデンクロスをしており、Bでもクロスしそうな気配なので1点集中で購入しようと思ったところ、大幅なリストラを発表。あなたならどうしますか？

エネサーブ（6519） 2006年1月5日〜2006年8月31日

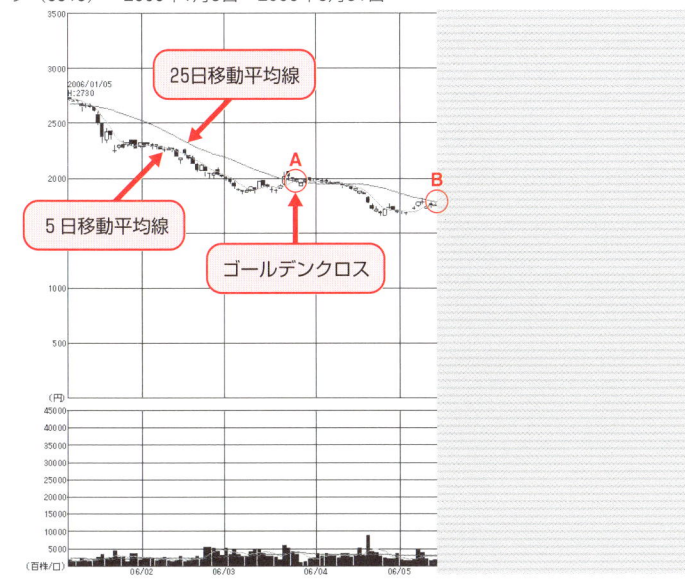

A87

決算発表で業績悪化が判明すると、売り注文が相次ぐので、当然株価は下がります。基本的なことですが、決算発表の時期は必ずチェックを。

フジクラ（5803）　2006年9月1日〜2007年4月27日

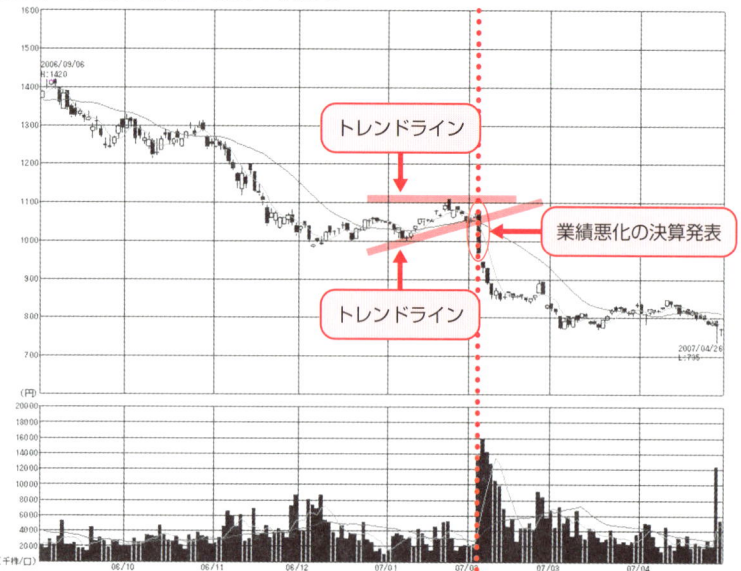

A88

ゴールデンクロスが現れて上昇トレンドに思われましたが、2006年5月期に社員の大幅リストラを発表。悪条件直後は買わないほうが無難です。

エネサーブ（6519）　2006年1月5日〜2006年8月31日

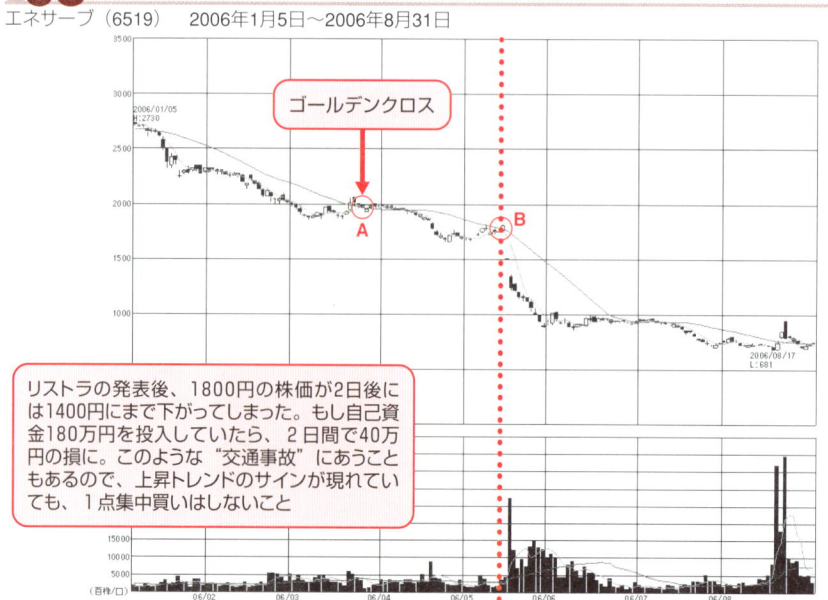

リストラの発表後、1800円の株価が2日後には1400円にまで下がってしまった。もし自己資金180万円を投入していたら、2日間で40万円の損に。このような"交通事故"にあうこともあるので、上昇トレンドのサインが現れていても、1点集中買いはしないこと

事故に巻き込まれたら損切りする

　前ページで見たエネサーブのように、好条件が多かったにもかかわらず、降って湧いたような悪い材料・情報によって株価が急落することがあります。どんなに気をつけていても、避けて通れないときはあるのです。このような"交通事故"に巻き込まれたら、どうすればいいのでしょうか。

●**分散投資のすすめ**
　その前に、もう一度Q88の問題文を振り返ってください。
　好条件がそろっているために「1点集中で購入」と書かれています。しかし1点集中はやってはいけません。
　最初は一生懸命トレードをしていても、そのうち仕事が忙しくなったり、面倒くさくなったりすると、「この銘柄はよさそうだから、これでいいや。これで勝負しよう」と資金を集中させてしまいます。これは人間心理のワナです。エネサーブのような事故はたまに起こりますから、それをできるだけ避けるために、ぜひ分散投資をしてください。
　1点集中だと、下落したときに意地になって、株を持ち続けてしまうというデメリットもあります。つまり、分散投資をしていれば、1銘柄がダメでも他のもので挽回すればいいと考えられますが、「これしかない」という状況だと思い入れも強いために、その銘柄にしがみついてしまうのです。

●**株価が戻ることを期待しない**
　エネサーブは、下落のサインもなく、いきなり翌日に大暴落するような最悪のケースでした。逃げる間もありません。
　このような場合は1点集中で投資しているときはもちろん、たとえ分散投資をしていたとしても、損切りしなければなりません。ナンピン買いや塩漬け株にしたりしても、このような銘柄の株価は、相場状況によってはもう戻ってきませんから、損失を大きくするだけです。
　私の株友達に、この銘柄が急落したところで「ここまで下落したのだから、もう下がらないだろう」と考えて買った人がいたのですが、1200円で買ったものが400円にまで下がりました。
　とにかく損切りをして、その後新しいチャートのパターン、上昇トレンドのサインが現れたところでまた買えば、トータルでプラスになります。
　わかっていても、心理的になかなかできないかもしれません。しかし「事故に巻き込まれたら損切りすること」「資金を1点集中投入しないこと」は大切なポイントです。それができない人は、投資では成功できないと断言できます。

「例外」のチャートパターン

ここまで何度もお話ししましたが、
勝率100%の予測を
することは不可能です。
基礎知識やチャートパターンを
駆使して分析しても、
例外的な動きをする銘柄に
あたってしまうことがあるのです。
そのようなときには
どう対処したらいいのか、
私の経験をまじえて説明します。

世界同時株安後に株価が上がった

吉野家ホールディングス（9861）　2006年9月1日〜2007年4月27日

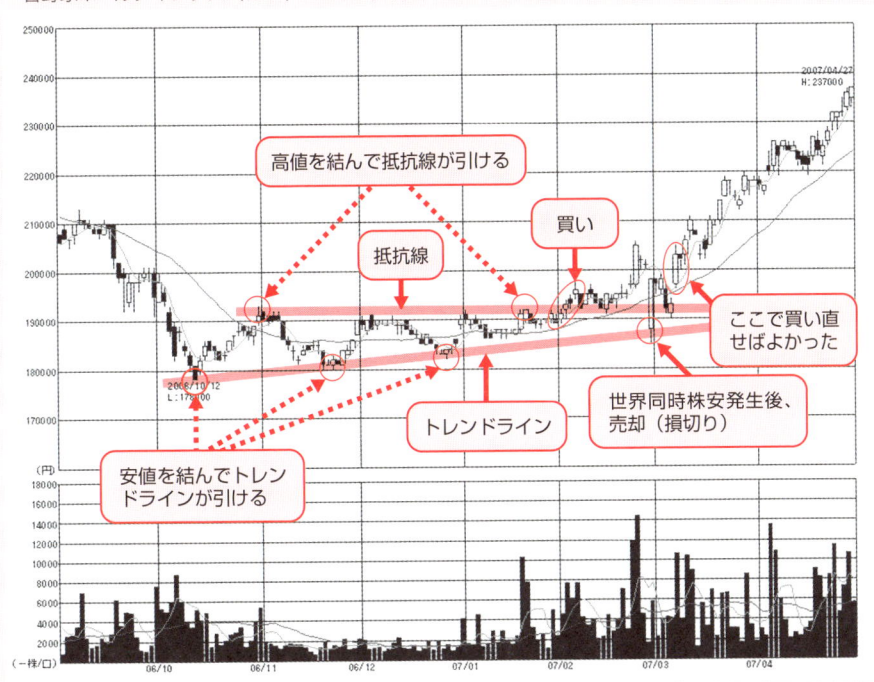

（チャート内の注釈）
- 高値を結んで抵抗線が引ける
- 抵抗線
- 買い
- ここで買い直せばよかった
- トレンドライン
- 世界同時株安発生後、売却（損切り）
- 安値を結んでトレンドラインが引ける

損切りしたあと、買い直したほうがいいケースもある

　これは、私の失敗例です。

　本銘柄はしばらくもみ合っていましたが、抵抗線を突破したので、もみ合いのブレイクアウトと判断して購入しました。

　しかし、世界同時株安の影響で下落したため、損切りしました。このこと自体は、間違った成功体験が身につくことを防止したという意味で正しかったと思います。

　ところが、株価は再び上昇。5日移動平均線を上回ったところで買い直すべきでした。自分が損切りした価格と、買い直さなければいけない価格が少し離れていたので、「くやしい」と感情的になっている間に置いていかれた格好です。

　トレンドラインが機能している間は、それよりも下がらない限り、上昇すると考えたほうがいいでしょう。

　まさに「感情」こそが、トレードの最大の敵かもしれません。

　そう、敵は自分の心のなかに潜んでいるのです。

汚いチャートには手を出さないほうがいい

日清食品（2897）　2004年1月5日〜2004年12月30日

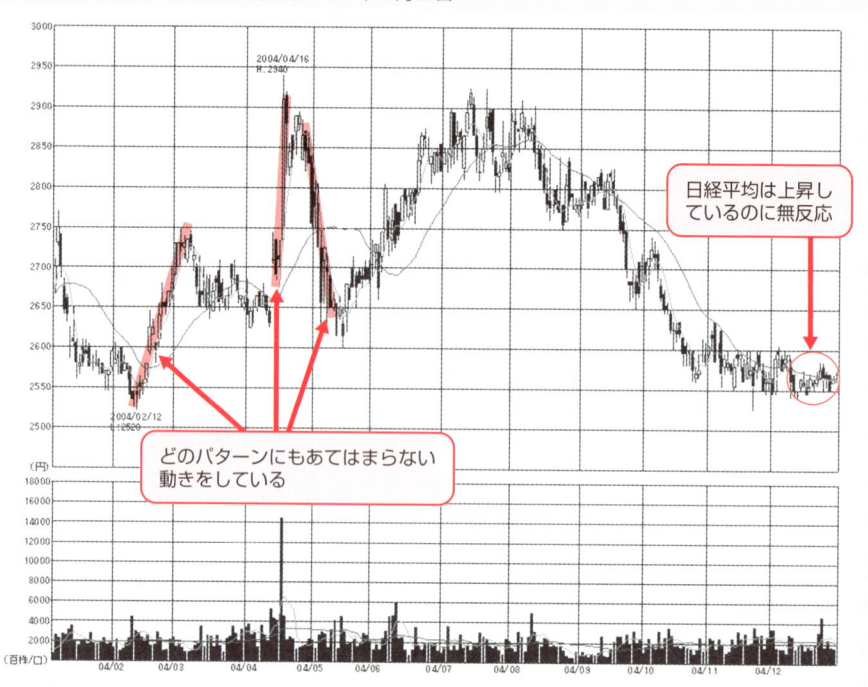

（チャート内の注釈）
- 2004/04/16 H:2940
- 2004/02/12 L:2520
- どのパターンにもあてはまらない動きをしている
- 日経平均は上昇しているのに無反応

ラインが引けないチャートには要注意

　日清食品はまともな銘柄だというイメージがあります。
　出している商品も人気が高いものばかりですし、企業イメージもいい。
　しかし、株のトレードとなると話は別です。
　12月には日経平均はブレイクアウトしているのですが、本銘柄は無反応。さらにチャートを見ればわかるように、トレンドラインや支持線・抵抗線がうまく引けません。
　上昇なら上昇、下降なら下降と、多少なりともきれいなトレンドを形成していればいいのですが、ローソク足がくっついたり、上下を繰り返したりするような汚いチャートは、いくら優良銘柄であってもトレードを避けるほうがいいでしょう。

株の世界では「確信は禁物」

セガサミーホールディングス（6460）　2006年5月1日～2006年12月30日

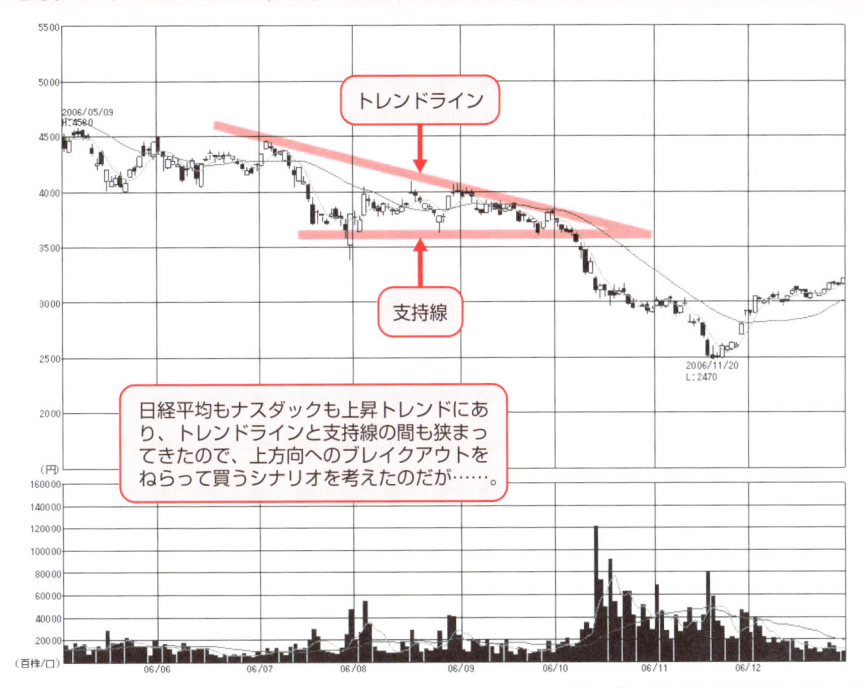

（チャート内の注釈）
- トレンドライン
- 支持線
- 日経平均もナスダックも上昇トレンドにあり、トレンドラインと支持線の間も狭まってきたので、上方向へのブレイクアウトをねらって買うシナリオを考えたのだが……。

パターンにあてはまらないケースがあることを知っておこう

　日経平均やナスダックが上がっているにもかかわらず、株価は下落しました。しかもエネルギーがたまっていた分、下落幅も大きくなりました。

　「木（個別銘柄）を見て森（全体指数）を見ず」ではいけないと本書に書きましたが、森のなかに枯れる木が混じるのは仕方ないこと。木が枯れたら、テクニカル分析のパターンにしたがって、支持線を割ったら損切りします。もしくは、支持線を割ったら手を出さないことです。

　往々にして「安いから買っておこう」と考えがちですが、このケースでは株価はなかなか戻らないことも多いのです。

　人間は確信を持ちたがるものです。「2本の線が収束してエネルギーがたまっている。日経平均もナスダックも上昇トレンド。だから、この銘柄は絶対に上がる」といった確信を持つと、そのとおりにいかなかった場合、「マーケットが間違っている。正しいのは自分。これは一時的な動きにすぎない」と放置して、塩漬けにしてしまうことが多いのです。

　株のトレードとは、決して確信を持ってはいけない世界なのです。

もみ合いゾーンの入れ替わりには注意を

アコム（8572）　2006年7月3日～2007年3月16日

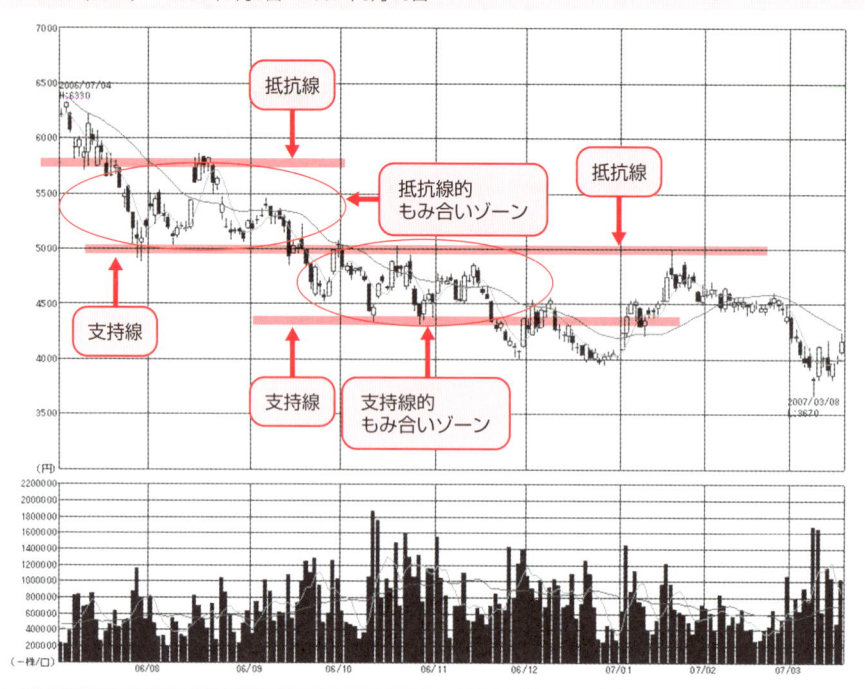

もみ合いゾーンが入れ替わると、株価が戻りにくい

　支持線と抵抗線が入れ替わるという話は、これまでに何度もしてきました。
　しかし、ラインだけではなく、もみ合いゾーンが入れ替わることもあります。
　上のチャートは、最初は「抵抗線的もみ合いゾーン」でしたが、株価が支持線を割ってからは「支持線的もみ合いゾーン」に入れ替わっています。
　ゾーンが下方に入れ替わると、株価がなかなか戻ってきません。株価が戻ってくるのを待って、売ろうと考えている人が多いからです。

日経平均が強くても「下がるものは、下がる」

フォーサイド・ドット・コム（2330）　2005年1月4日〜2006年2月28日

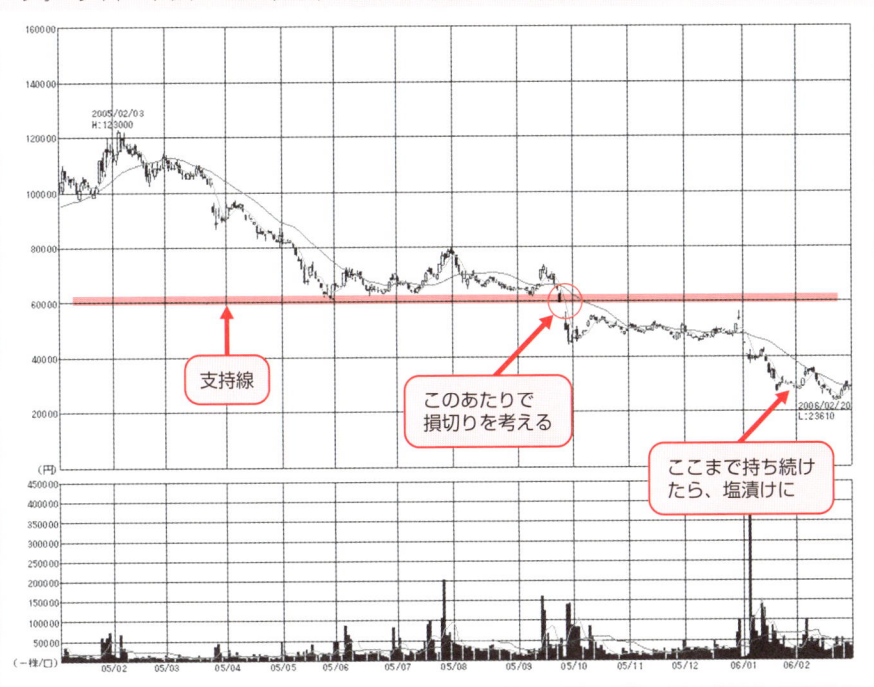

（チャート図）
- 支持線
- このあたりで損切りを考える
- ここまで持ち続けたら、塩漬けに

上げ相場でも、損切りの基準をつくっておくことが大事

　2005年の日経平均の動きには、次のような背景があります。

　2005年8月、参議院での郵政民営化関連法案否決後の衆議院解散を契機に、日経平均は長い間、はね返されて越えられなかった12000円を上に突破。「もみ合いのブレイクアウト」のチャートパターンをつくりました。

　2005年はそれに追随するチャートパターンを探し出して、ブレイクアウトでエントリーする、もしくは仕込むということが非常に有効でした。

　ところが、どんなに相場が強くても勝率100％はいきません。下がるものは下がる。株トレードのプロだって"貧乏くじ"を引いてしまうことはあります。私もこの銘柄を引き当ててしまい、損切りしました。

　「支持線を割ったら損切りする」など、どこかで基準をつくっておかないと、せっかくの上げ相場のなかで、足を引っ張ることになります。

　「損をしたくない」という気持ちにかられても、くれぐれもナンピン買いなどしないように気をつけましょう。

平成 19 年分の所得税の 確定 申告書（分離課税用）

番号 03224429

この表は、「分離課税の所得」、「山林所得」又は「退職所得」がある場合に、その所得金額や所得税額を計算するために使用するものです。

住所
屋号
フリガナ シブヤ タカオ
氏名 渋谷 高雄

特例適用条文	法	条	項	号
	所 法 措 法	条 の	項	号
	所 法 措 法	条 の	項	号
	所 法 措 法	条 の	項	号

第三表　○この用紙は控用です。

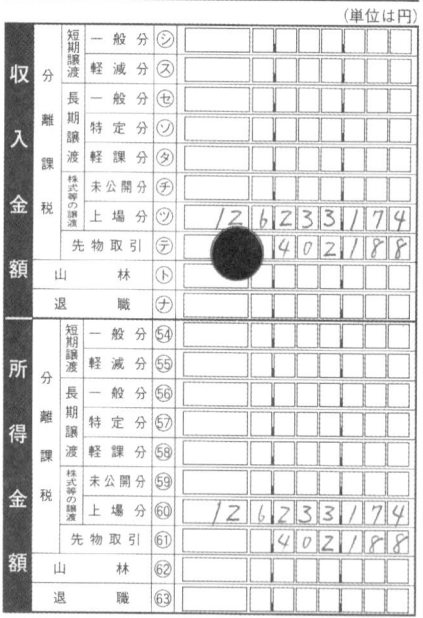

（単位は円）

収入金額

分離課税

短期譲渡	一般分	㋙	
	軽減分	㋚	
長期譲渡	一般分	㋛	
	特定分	㋜	
	軽課分	㋝	
株式等の譲渡	未公開分	㋞	
	上場分	㋟	126,233,174
	先物取引	㋠	402,188
山林		㋡	
退職		㋢	

所得金額

分離課税

短期譲渡	一般分	㊹	
	軽減分	㊺	
長期譲渡	一般分	㊻	
	特定分	㊼	
	軽課分	㊽	
株式等の譲渡	未公開分	㊾	
	上場分	㊿	126,233,174
	先物取引	61	402,188
山林		62	
退職		63	

税金の計算

総合課税の合計額	⑨	

※申告書B第一表の⑨欄の金額を転記してください。

所得から差し引かれる金額	25	

※申告書B第一表の㉕欄の金額を転記してください。

課税される所得金額

⑨ 対応分	64	
㊺㊹ 対応分	65	000
㊼㊻㊽ 対応分	66	000
㊾㊿ 対応分	67	125,853,000
61 対応分	68	402,000
62 対応分	69	000
63 対応分	70	000

税金の計算

税額	64 対応分	71	
	65 対応分	72	
	66 対応分	73	
	67 対応分	74	8,809,710
	68 対応分	75	56,280
	69 対応分	76	
	70 対応分	77	
71から77までの合計		78	8,973,590

※申告書B第一表の㉗欄に金額を転記してください。

その他

株式等	本年分の㊾㊿欄から差し引く繰越損失額	79	
	翌年以後に繰り越される損失の金額	80	
先物取引	本年分の61欄から差し引く繰越損失額	81	
	翌年以後に繰り越される損失の金額	82	

○ 分離課税の短期・長期譲渡所得に関する事項

区分	所得の生ずる場所	必要経費	差引金額（収入金額－必要経費）	特別控除額
		円	円	円
	合計	83		

○ 退職所得に関する事項

所得の生ずる場所	退職所得控除額
	円

平成19年に株で1億2000万円以上稼いだ確定申告書の控えを掲載

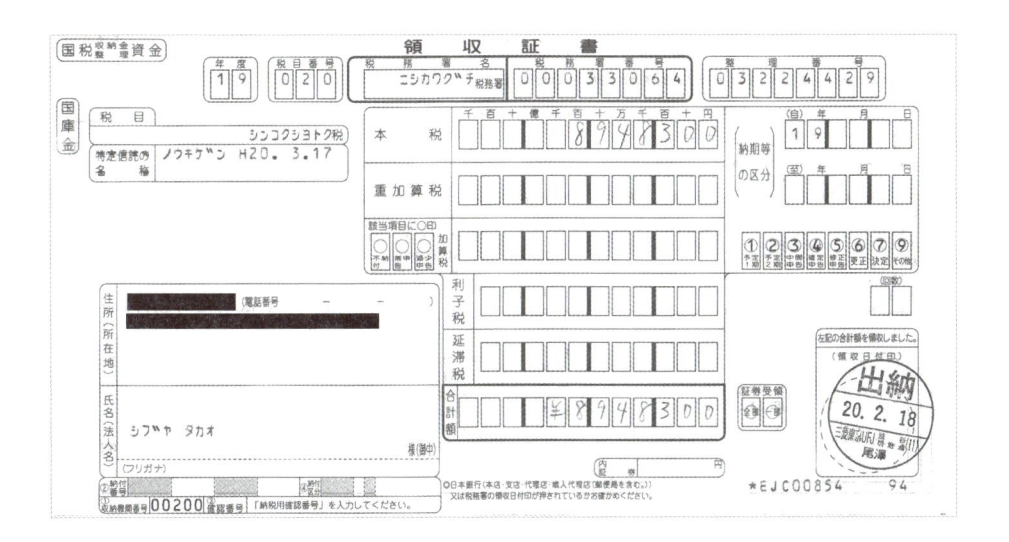

❶ **株で稼いだ金額**

  上場分 126,233,174円

  先物取引 402,188円

❷ **納税額**   8,948,300円

 （収入の7％）

おわりに

「渋谷さんの夢って何ですか？」

セミナーや講演会などの合間に、受講生の方からこのような質問を受けることがあります。昔の私なら、

「株で1億円！」

と答えていましたが、それが達成されたいま、答えに窮することが多くなりました。

数字だけで考えれば、稼ぎたい金額は1億の次は2億、その次は3億、次は5億、その次は10億……、キリがありませんね。

個人投資家の最高峰には200億円近くまで到達している方もいますが、凡人の私には無理な話です。

仮にそれだけ稼いでも、一般的なサラリーマン家庭に育った私には、何に使っていいのかわかりません。

それなのに、なぜ株式トレードを続けているのかというと、その理由は2つあります。

ひとつ目。

生涯トータルで考えれば、金融資産1億円ではまだ足りないでしょう。

ほかに仕事をするか、もしくはさらに株式トレードを続けて、利益を拡大していかなければなりません。

それに、足りないのはお金だけではないはずです。

仕事にせよ、投資にせよ、人間は満足感を得るために生きているのではないでしょうか？

そして、私には1億では、その満足感が得られませんでした。

まだまだ戦わなくてはならないようです。

2つ目。

あなたがもし、戦国時代の小さな大名家の跡取りとして生まれたとしたら？

妙な仮定ですが、想像してみてください。

小さな領地と、少ない兵の数。

いまは1000人の軍隊しか持てない小大名でも、いつの日か、1万、いや10万人の大軍をその手で指揮してみたいと思いませんか？

　大人であっても、子どもが見るような夢をいつまでも持ち続けることができるのなら、どんなにつらいことがあったとしても、株式トレードはあなたに向いているかもしれませんね。

　必ずしも、万人にあてはまるわけではありませんが……。

　ただひたすらに、より多くの「大軍」を指揮してみたいという欲求は、出世したいというサラリーマンの欲求とあまり変わらないものだと思います。

　私はかつて300万円から株式トレードを始めましたが、一時期2000万円近くまで拡大することに成功しました。ですが、信用取引で大損して、一時は150万円くらいにまで激減したのを乗り越えて、いまに至っています。

　せっかくここまで来たのだから、3億、いや5億円の資金を運用するというのはいったいどんな気持ちなのか体感したいし、この手でパソコンのマウスを通じて確かめたい――キリがないのはわかっているのですが……。

　いまの私を支えているのは案外こんな子どもじみた気持ちなのかもしれません。

　もし滅ぶことなく、私が生き残り続けることができたら、いつの日かまた4冊目でお会いしましょう。

　今回の企画を提案してくださったあさ出版の四本恭子さん、私の乱雑な原稿を読みやすくまとめてくださったライターの島田比早子さん、本当にありがとうございました。お二人の力がなければ、この本は完成できませんでした。この場をお借りして深く御礼申し上げます。

　それでは、読者の方々が株式トレードで少しでも多くの利益が得られることを心よりお祈りしています。GOOD LUCK！

2008年2月

渋谷　高雄

読者限定　渋谷のプレミア音声ファイルを無料プレゼント
「隠された秘密」ページの関係で本書の中では語りきれなかったトレードの秘密を限定公開！！
http://www.shibuyatakao.com/present.html

著者略歴

渋谷高雄（しぶや・たかお）

1970年生まれ。東京工芸大学卒業後、宅建取得を機に不動産会社に勤める。平凡なサラリーマンで終わるのではなく、人生一度きりの挑戦をしようと、5年かけて貯金した300万円を元手に2年間、専業デイトレーダーとして生活する。株取引は、コツさえわかればトレードに時間をかけなくても、利益を増大させられることを実感。その後、友人が不動産コンサルティング会社を起業するにあたり声をかけられ、仕事と株取引が両立できるという条件で参画。現在では専業トレーダーとして、月平均1000万円前後を安定的に稼いでいる。現在では業務のかたわら、かつてのトレード仲間たちと共に、個人投資家向けの悩み事相談室としてのNPO法人も設立。

◎渋谷高雄オフィシャルサイト
　http://www.shibuyatakao.com/
◎特定非営利活動法人　株式トレーディング技術・心理研究所
　http://www.gishinken.com/
◎特定非営利活動法人　資産活用研究所　賃貸経営110番
　http://www.chintai110.or.jp/

世界一わかりやすい！株価チャート実践帳　〈検印省略〉

2008年 3 月17日　第 1 刷発行
2011年 5 月22日　第15刷発行

著　者——渋谷　高雄（しぶや・たかお）
発行者——佐藤　和夫
発行所——株式会社あさ出版
　　　〒171-0022 東京都豊島区南池袋2-9-9 第一池袋ホワイトビル6F
　　　電　話　03（3983）3225（販売）
　　　　　　　03（3983）3227（編集）
　　　Ｆ Ａ Ｘ　03（3983）3226
　　　Ｕ Ｒ Ｌ　http://www.asa21.com/
　　　E-mail　info@asa21.com
　　　振　替　00160-1-720619
　　　　印刷・製本　神谷印刷（株）
　　　　　　　乱丁本・落丁本はお取替え致します。

©Takao Shibuya 2008 Printed in Japan
ISBN978-4-86063-252-6 C2034